U0068435

現行國小語文教育的缺失與改善途徑

石國鈺 著

序

　　本書針對現行語文教育的現況提出建議並期盼能為現今的語文科教學提供不一樣的新思維。以所有的學科來說，語文是所有學科的基礎。在國小階段，語文學科學習的成果的好壞對於學習其他學科都具有相當程度的影響。

　　本研究將針對現行語文教育的政策與發展的缺失加以探討，並且提出改善建議。範圍包括九年一貫課程實施後，對國小語文教育的影響、語文教育的演進、整體課程的統整和改革、開放教科書民間審定本等等相關問題的探究。有別於其他研究針對教科書的內容進行分析，本研究將聚焦語文教育政策改革後和使用民間出版商所編印的教科書，對本國語文科教學法的影響，並針對其現況進行深入分析和探討，希望藉由本研究能更清楚地了解我國語文教育所面臨的問題；並能將其缺失改進，提升整體學習效果。

　　本研究為作者就讀於臺東大學語文教所的碩士論文，其內文引用許多專家學者的說法來輔助作者的論點，希望本研究也能讓更多人更重視我國的語文教育。

　　在臺東大學求學的這三年，我遇到很多貴人。首先，我最要感謝的貴人是我的指導教授，周慶華教授。想當時，剛進臺東大學就是由周慶華教授擔任導師，非常感謝老師一直很照顧我，不但在學位論文上給予我協助，對於我的在外生活也相當關心，讓我在外地求學也能感受到溫暖，今天我可以順利完成學位，最要感謝的貴人

i

就是周老師。感謝周慶華老師帶領我進入學術的領域,並能獨立完成一本屬於自己的專著,不僅本研究的題目構思、研究架構到整本論文的撰寫,還有每一章節的修改,經過這種種的過程,讓我學會如何作研究。

三年的時光,就這樣過去,我也再次感謝陪我一起走過的 95 級碩士班的每位同學,感謝你們一路的陪伴,讓我能完成這本學術論文。

我要感謝論文口試委員屏東教育大學簡光明教授和本校華語系傅濟功教授,謝謝兩位對我的論文提出相當多實用的建議,也再次提點我沒有發現的問題,真的相當感謝。

最後,我要感謝語文教育所給我這三年來的考驗和訓練,謝謝本所提供一個這樣的求學環境,讓我獲益良多。

目次

表目次

圖目次

第一章　緒論

第一節　研究動機與研究目的

　　大體上，語文中的語是指口頭聲音，字是指書面文字。但為了方便彈性指稱，語文可以有四種不同的說法：（一）語文指語言、文字；（二）語文指語言、文學；（三）語文指語言、文章；（四）語文指語言的意思，兼包口頭語言和書面文字、文章、文學等。（何三本，2002：3-4）。此外，語文包含本國語文、英語等，注重對語文的聽說讀寫、基本溝通能力、文化與習俗等方面的學習。臺灣在1998 年公布九年一貫的課程總綱，強調教給學生帶得走的能力，並將課程標準改為課程綱要，由「學科本位」課程改為「能力本位」課程。（蔡婉君，2005：1）九年一貫課程的訂定，對於所有基礎課程都有相當程度的更改，特別是語文教育的相關課程；其中語包括說話、朗讀和演講，文泛指文章。

　　本國基礎教育針對語文教育的教學部分，大多是由師範學院體系來負責，所以教育部在九所師院都設有語文教育相關科系，主要目的在於培育專業的語文教學師資，由於語文學科不同於一般教育教學科系，除了具備教育基本相關知識外，文學的素養不可少，說話表達的訓練更不可缺乏；然而，近年來師範學院漸漸改制為教育大學，語文教育系已被分割為兩種語文教學的系所，一種為英語學系，另一種則為傳統中國語文學系或語文教育系，將語文教育以語言作為劃分，師資也專注於專業知識的師資，已失去當初語文教育

的設系目標。全臺灣以語文教育系所繼續招生只剩臺中教育大學與臺東大學；不過，臺東大學的語文教育系已於三年前停招，只剩語文教育所。向來語文教育專業師資培育管道漸漸消失，九年一貫課程修改與加入其他語言的學習課程（鄉土語言、英語和原住民族語等等），瓜分了原本本國語文授課時數，加上教科書由出版社所編輯，有證照的期限，以往編纂教科書都是國立編譯館所統一發行，今日由各家出版社聘請大學教授、資深授課教師、文學家或專業人士共同編輯而成，造成今日一綱多本的問題嚴重，審定的速度、嚴謹度和編輯團隊的專業知識是否足夠、選用的教材內容是否適合該年級學生學習程度、與進階課程銜接是否能夠跟上等等許多重要的問題；這些專業的問題已成為教育界討論的重要議題，也在在考驗教育部九年一貫課程實施後所需要面臨的應變能力是否充足課題與接受許多學者專家的詢問詰難。

原本九年一貫課程的實施是提供更多元教育的學習與更佳的學習方式，旨在培育學生更多元的能力，也能減輕學生的學習和升學壓力，但就現況來看，除了無法減輕學生學習壓力外，還形成一股畸形的學習風潮，也就是造就許多補教業的招生機會。學生不但要面對以後升學教科書一綱多本的問題，還有在學期間，因為九年一貫課程實施，縮減語文教育課程的時數，語文學科為所有專業學科之母，在基礎教育階段無法將本國語文學至精熟，只得依靠外在學習管道的幫助。如此一來，形成教育資源的浪費。而這也讓我國的師培制度培育出的語文教師，無法發揮本身的專業能力和所學；受限於教科書與時數縮減政策的影響，除了把教科書內容傳達給學生之外，課外讀物的補充和語文知識的累積都會因為沒有充足的時間，而效果打折扣。這也是基層教師所面臨的教學困境和無奈之處！本國語文的教師在基礎國小教育的課程

中，必須與英語教師和鄉土語言教師一起分享語文科的教學時數，但本國語文的學習範圍相當廣，教科書只是基本的學習素材，必須大量且廣泛的閱讀名家之作才是學習效果進步快速的不二法門。這些除了教師的努力外，家長陪伴學習語文教材也是減少現今語文教育制度缺點產生的良藥。在九年一貫課程修改之後，小學生的國語文能力似乎更為低落。（蔡婉君，2005：1）文字簡化的問題可以說是電腦網路普及化的產物，火星文的使用之頻繁讓學校教師與家長傷透腦筋，如何擺脫錯別字和文不對題的學習問題，儼然成了現今語文教育制度需要加強檢討的主要議題。新時代的來臨，全臺灣國小語文教育籠罩在學習外語熱的狀態，幾乎每個都會區的國小都在競爭誰先學英文、哪個學校低年級已經先行偷跑學習英語的狀態。這樣狂熱學習英文，卻忽略本國語文的學習基礎的重要性。殊不知在學生低年級時，應給予充足的時數學習本國語文，把基礎打好，能將聽說讀寫四種能力培育至一定的水準，這樣對學習外國語文才能有事半功倍的效果。語文的學習大致都相差不遠，學習的方式也大多雷同，本國語文和外國語文同時學習並不會造成嚴重混淆的狀況；但倘若是在本國語文都無法運用自如時，就拚命學習外國語，恐怕會造成本末倒置的問題。國民中小學九年一貫課程，自 2001 學年度起由國民小學一年級開始實施。國小五、六年級自 2001 學年度同步實施英語教學；國小三、四年級自 2005 學年度起同步實施英語教學。（教育部，2005）學習總節數分為「領域學習節數」與「彈性學習節數」。各年級每週分配情形如下表：

表 1-1-1　九年一貫「領域學習節數」與「彈性學習節數」分配表

節數 年級	學習總節數	領域學習節數	彈性學習節數
一	22-24	20	2-4
二	22-24	20	2-4
三	28-31	25	3-6
四	28-31	25	3-6
五	30-33	27	3-6
六	30-33	27	3-6
七	32-34	28	4-6
八	32-34	28	4-6
九	33-35	30	3-5

（資料來源：教育部，2008a）

　　當中要求學校課程發展委員會應於每學年開學前，依下列規定的百分比範圍內，合理適當分配各學習領域學習節數：語文學習領域佔領域學習節數之百分之二十至百分之三十。但國民小學一、二年級語文領域學習節數得併同生活課程學習節數彈性實施。基於本國語文為基礎教育的重要學習工具，整個學習過程需講求循序漸進、按部就班來進行教學，奠定穩定且紮實的語文基礎。教育部（2008）除了強調培養學生具備：聆聽、說話、閱讀、作文、注音符號應用、識字及寫字的基本能力，並說明鄉土語文首重在日常生活的溝通為主要學習目的，以聽說為主，讀寫為輔。英語國小階段以聽說為主，國中階段則聽說讀寫並重。

　　此外，本國語文科主要的課程目標為：

表 1-1-2　本國語文科主要的課程目標

課程目標／基本能力	本國語文課程
一、了解自我與發展潛能	應用語言文字，激發個人潛能，發展學習空間。
二、欣賞、表現與創新	培養語文創作之興趣，並提升欣賞評價文學作品之能力。
三、生涯規畫與終身學習	具備語文學習的自學能力，奠定終身學習之基礎。
四、表達、溝通與分享	應用語言文字表情達意，分享經驗，溝通見解。
五、尊重、關懷與團隊合作	透過語文互動，因應環境，適當應對進退。
六、文化學習與國際了解	透過語文學習體認本國及外國之文化習俗。
七、規畫、組織與實踐	應用語言文字研擬計畫，及有效執行。
八、運用科技與資訊	結合語文與科技資訊，提昇學習效果，擴充學習領域。
九、主動探索與研究	培養探索語文的興趣，並養成主動學習語文的態度。
十、獨立思考與解決問題	應用語文獨立思考，解決問題。

（資料來源：教育部，2008b）

而鄉土語文以課程目標與基本能力為例：

表 1-1-3　閩南語文課程目標與基本能力

課程目標／基本能力	閩南語文課程
一、了解自我與發展潛能	透過閩南語的學習，建立自信，以為自我發展之基礎。
二、欣賞、表現與創新	培養閩南語創作之興趣，並提升欣賞能力。
三、生涯規畫與終身學習	從了解本土文化與語言，擴展生涯規畫空間，奠定終身學習之基礎。
四、表達、溝通與分享	應用閩南語表情達意和溝通意見。
五、尊重、關懷與團隊合作	透過閩南語互動，關懷別人、尊重各種民族語言和文化。
六、文化學習與國際了解	透過閩南語學習認識本土文化，並認識不同族群之文化習俗。

七、規畫、組織與實踐	應用閩南語與別人協調聯絡,以執行工作。
八、運用科技與資訊	運用科技與資訊進行閩南語學習和交流,擴充語文學習方式。
九、主動探索與研究	使用閩南語探索並拓展文化視野。
十、獨立思考與解決問題	應用閩南語文獨立思考及解決問題。

(資料來源:教育部,2008c)

　　至於英語科課程,則分為國小及國中兩階段:國小階段:國小三、四、五、六年級。國中階段:國中一、二、三年級。(本研究只探討國小階段的語文科學習,但因九年一貫的能力指標和基本能力涵蓋國小與國中階段,因此將會呈現參考資料,主要研究對象還是國小階段的語文科教育制度)。其課程目標為:(一)培養學生基本的英語溝通能力,俾能運用於實際情境中。(二)培養學生學習英語的興趣與方法,俾能自發有效地學習。(三)增進學生對本國與外國文化習俗的認識,俾能加以比較,並尊重文化差異。茲將九年一貫英語課程所發展的能力或態度與十項基本能力的對應,列舉數例如下:

表 1-1-4　英語課程的能力指標

課程目標／基本能力	英語課程
一、了解自我與發展潛能	了解身體部位之說法。
	了解如何以簡易英語表達個人之興趣與嗜好。
	了解如何以簡易英語描述個人之外表與個性。
	了解如何以簡易英語描述日常生活作息。
	了解如何以簡易英語描述個人專長。
	認識不同的職業類別。
二、欣賞、表現與創新	欣賞英語之音韻節奏。

6

	吟唱和朗讀簡易歌謠及韻文。
	欣賞簡易兒童故事。
	欣賞簡易卡通影片。
	欣賞簡易廣播、電視、電影等節目。
三、生涯規畫與終身學習	培養英語之基本能力，奠定終身學習的基礎。
四、表達、溝通與分享	使用簡易教室用語。
	參與課堂口語練習。
	使用簡易英語參與課堂討論活動。
	使用簡易英語從事日常生活對話。
	使用簡易英語介紹自己、家人和朋友。
	使用簡易英語表達個人需求與感受。
	使用簡易英語表達個人意見。
	使用簡易英語分享個人經驗。
	使用簡易英語描述生活中相關之人、事、物。
	使用簡易英語進行提問、回答和敘述。
	使用簡易英語回應或解釋別人所說的話。
	使用基本的社交禮儀用語。
	了解英美人士之溝通方式。
	依情境場合，使用簡易英語適切表達自我，與他人溝通（如問候、同意、道歉、告別等）。
五、尊重、關懷與團隊合作	透過英語學習，培養對人權、兩性、及弱勢族群之尊重。
	透過英語學習，培養對家人、朋友及社區之關懷。
	透過英語學習，培養環保觀念。
六、文化學習與國際了	認識中外節慶習俗。
	了解中外風土民情。
	欣賞簡易兒童文學作品，藉以了解他國文化。
	了解國際社會禮儀。

	欣賞、接納不同之文化習俗。
	培養國際觀。
七、規畫、組織與實踐	利用有效之外語學習方法安排規畫英語之學習。
八、運用科技與資訊	認識一些生活常見的科技、資訊用語。
	利用科技提升英語學習興趣。
	利用網路查詢資料。
九、主動探索與研究	使用字典及其他工具書查詢資料。
十、獨立思考與解決問題	培養利用英語解決問題之能力。

（資料來源：教育部，2008d）

　　九年一貫的語文課程授課節數，比現行上課節數要減少掉一半，如想要達成語文領域的六項能力指標（聆聽能力、說話能力、注音符號應用能力、識字與寫字能力、閱讀能力及寫作能力這六項），就要採取分組教學流程及方法，以前那樣填鴨式的學習方式已無法達成既定的目標。（何三本，2002：269）只是要減少教學時數的政策上的缺憾，學生、家長和教師這三方面的努力缺一不可。既然無法改變時數被瓜分的事實，那針對學生語文閱讀部分的累積與增進可依賴教師將境教帶入教學，讓學生閱讀素材唾手可得，使語文學習便利，強化學生的閱讀能力。有鑑於現行語文教育的諸多弊病，本研究將針對我國語文教育制度上的缺失予以全面性的探討，深入了解其成因和結果，並將語文教育制度的問題帶入每個章節作主要議題的討論，從九年一貫開頭，一一分析其構成的主要原因。探討的重點包括先前提到語文學科時數減少、教科書的編審問題、師資培育下語文教師不足及其他教師語文專業知識會更不足、外來語文的強烈攻勢和積極搶灘的後果等等問題。換句話說，後續章節會逐次討論現有的語文教育缺失和給予建議，並期待提供更有意義的改善途徑。其中會將教育學的觀念和現況語文教育缺失的部

分作詳盡的比對細較，藉由各章節討論的重點議題帶出如何找出語文教育現行制度上的缺點和提供有建樹的改善方法供教育界參考。

第二節　研究問題與研究方法

　　有人認為國小語文科教育是基礎教育中一門具有工具性和很強的思想性的重要學科。這門學科對於學生學習其他學科，獲取新的知識和能力，促進學生德、智、體、群、美的全面發展，培養有理想、有道德、有文化、有紀律的公民。（杜文偉　1994：3）這樣語文科對國小學生的學習就有舉足輕重的地位。這是一門相當重要的學科，它不但是所有學科之母，更是向上提升自我能力的一項利器。國小語文科教育不只是給學生識字、表達和獲取新知的能力培養，更是邁入許多新學科一個重要的墊腳石。它在學問的學習上佔有相當的份量外，對陶冶人的性情和培養正確的思想也捨此難有它途。換句話說，端賴語文科的六項能力訓練學生獨立思考的能力外，還能激勵學生有勇於批判和質疑真相的勇氣，這樣才算是完整的語文教育，也可驗證其他學科的學習和能力養成。本研究分為九章，包含三十六節，當中所要探討的問題以及解決該問題所需的方法，則分別如下：

　　第一章緒論，為整體論述的總提，相關方法運用將於後面各章中交代，現在只先將現行的語文教育制度上的缺失，包括九年一貫的關鍵政策、學生學習時數的減少、外來語文造成的學習問題等，先作簡單的討論。在第一節，將研究此課題的動機和目的作個說明；不僅僅是對現行語文教育所遭遇到的困難和已發生的缺失加以表述，並作為整篇研究論述的引言和開場白。在第二節，將把各章所運用的研究方法介紹清楚，並藉由解釋各個小節把問題帶出來，

企盼將整篇論述的架構更清晰的呈現，而我也將針對各小節相關問題與制度現況作完整表達。第三節研究範圍及其限制，這部分將會把討論範圍設定為國小語文科教育，國中以上部分不作討論。由於語文教育的範圍相當大，我個人受限於時間、本身教學經驗不足、相關經歷不夠豐富及文獻披閱有限等因素下，只能針對國小語文教育作現階段所遭遇的困難點和缺失的探討，企盼經過逐章釐清其問題點，能提供有助益的建議。

　　第二章文獻探討，我將運用現象學方法來討論。現象學方法，是指解析語文現象或以語文形式存在的事物所內蘊的意識作用的方法。現象學原為胡塞爾於二十世紀初所創立，他又歸結了先前的一些零碎的現象學說，而後繁衍為結構主義學者、詮釋學學者、精神分析學學者、後結構主義學者、解構主義學者等等。（周慶華2004a：94）第一節現行本國語文教育制度的檢討，呼應第一章的引言作更深入的解釋，討論先前所談到九年一貫的關鍵問題，並作本國語文教育制度上的解說；然後再進行檢討，解析語文教育制度上所存在形式並加入現象學的意識作用來作檢討。第二節國小語文教學的概念與現況，運用現象學方法詳述出現行國小語文教學的概念與現況，其中將把國小語文科領域範圍界定為本國語、鄉土語和英語等三種語文科課程，並將現今語文教學的實際現況作解說，討論教育部頒布的語文課程綱要與教師在進行教學時遇到的相關問題。第三節現行語文教材版本的特色與缺失，此節將把語文教材範圍限定於康軒、南一和翰林這三家市場佔有率較大的出版品作討論。由於語文教材五花八門、版本眾多，受限於此節主要討論現行語文教材版本的特色與缺失，所以利用討論較多學校機構所使用的教材，更能貼切本節的重點。本節將對現行語文教材的重點特色作分析，也會對其教材中未盡完善或勘誤的地方，一併提出作討論。

第四節鄉土語文課程加入對本國語文教學的影響和第五節英語教學的崛起帶給本國語文教學的衝擊會一併作討論，並將納入相關研究成果的不同觀點，來釐清大家對第二外語與鄉土語併入國小語文的領域教學裡，是利或弊？是否對本國語文的學習造成影響和衝擊，而導致現今國小學生的語文程度嚴重落後，出現學習語文科這項學科頭重腳輕、有失平衡的結果？由於英語與閩南語均屬其他語言，而且都屬於國小語文科的範圍，除了平均分攤語文科學習時數這個問題外，同時接受三種不同的語言學習是否對學生的整體學習效果打折扣？另外，學校、家長和整個教育環境對外語的重視是否已經超出合理限度，過度強調外語學習的重要而對本國語文學習方面是否有忽略及缺失的地方？鄉土語的學習是否過於僵化？由於鄉土語教材不同於本國語和英語，編輯和收集教材不容易，再加上專業師資難尋，通常由學校老師兼任或委派巡迴教師；而鄉土語教師的專業度難鑑定和待遇不如一般教師，所以優秀專業師資難覓也難留，這些問題都會影響學生在學習鄉土語上的困擾。教材部分曾用過羅馬拼音的方式所編成，但效果不彰。其最主要原因為學習一項語言（不論是本國語或外語）都需要環境來協助學習，一味的用拼音強迫學生記憶，無非是讓鄉土語學習學科化，讓學生用一貫死記的方法學習，對於鄉土語最精華的俚語和對聯式語句的進階學習，並未有明顯助益。教育部一再重申鄉土語的學習首重日常生活的溝通，教材的編輯是有其難度，如何讓學生自然地將鄉土語運用至生活中，實屬英語學習外的一項課題。

第三章語文教育史，我將採用系譜學方法來討論。系譜學方法，是指針對相關的語文現象或以語文形式存在的事物追蹤它的「系譜脈絡，找出前身，並解釋認知本質是如何出現的一種方法」。（周慶華，2004a：68）此章主要討論臺灣國小語文科教育制度的

過程，針對教育部的教育政策、語文教育上的重大轉變（語教系所的轉型）、近年來主要的政策改革與階段目標、語文教育上的重大決策與施行等等作探討。當中除了介紹臺灣國小語文教育制度上的演進，許多教育的政策度對於語文教育發展上有何幫助？有何需要改進的地方？2000 年開始增加第二外語──英語課程，由國小五年級學生開始學習英語，而後往下降低學習的年級，現在大多是三年級學生開始學習英語課程，一個星期一節課。有些學校為了競爭表現特色，甚至打著一年級就開始接受學習英語課。這項重大的改變對本國語文教育產生相當大的改變。此後，更加入鄉土語和有些特定地區需要學習原住民族語，提倡不忘本的精神，這些重大決策都在在影響學生的語文教育。到底需要學這麼多種語言嗎？值得大家深思熟慮。本國語文教育的重大決策有上述幾點問題外，教科書的改版，由廠商進入基礎教育教材的設計，版本眾多除了造成學生學習上的負擔，對於家長的經濟也是壓力加重；為避免孩子在學習上造成困擾，紛紛求助補習教育機構，把多元化教材的學習扭曲原本的美意，也讓補習教育更加盛行，增加學生上課的時間。這不僅已違背九年一貫的本意，更未達到當初開放教科書和九年一貫教改的目標。開放教科書之後，直接影響的就是升學考試。國中基測顯然未有完整的配套措施，使得整個語文教育制度呈現畸形的情景：國中生補習風盛行，國小學生也跟進，語文科也成了坊間補教業界搶食的一塊大餅；不只國中生升學考試的準備，連國小學生學習英語和本國語文的作文班這種風氣也因此蔓延開來。這些都表示語文教育制度從演進到近年來重大決策和施行整個過程，都與當初所設定的目標背道而馳，其學習效果也有限。

第四章語文教育政策與制度的影響，此章我也將採用現象學方法，接續討論語文教育政策施行之後對國小基礎教育的影響。此章

將更細分為四節，把現行的語文教育政策的癥結點提出來詳加說明，並回應研究動機所提到語文教學時數不足的問題。第一節增加鄉土語文與外來語文的教學時數問題，自從教育部將英語和鄉土語一同併入語文科領域後，瓜分原來本國語文的授課時數，也造成本國語文授課時數不夠的問題，進而影響本國語文授課的品質。與其一同瓜分語文科教學時數，倒不如增加各個語文學習的時數，讓授課教師能有更充足的時間可以完成教學，並可以多加補充多元的教材，讓整個語文科學習更能與九年一貫的中心思想接軌——培養帶得走的能力，能讓學生徹底將所學運用於日常生活。第二節接受的文化刺激不足問題，此節談到的文化刺激不單只是對語文背後文化的了解，更廣泛可以談到以多閱讀文學作品來增進學生對本身文化的認同與認識，也可利用欣賞文學作品更加了解外語和鄉土語這兩種語文所蘊含的深度文化。文化是不容易傳授的，它需要讓學生自主性的去感覺、感受。文學教育的最大作用就是認識人生社會及深化自己的情感與思想。（何三本，2002：9）此節主要談的是學生接受語文教育的同時，一般卻無法脫離制式化學習的模式，此時教師如果沒有提供多元且全方面的學習、多準備一些經典名著帶入課程、或者運用各種媒材給予學生除了學習語文知識外思考語文背後隱藏的文化意含，這樣長久下來，對語文教育的發展會產生令人遺憾的負面效應。語文不是只有表達和書寫的能力，更深層的涵義是能對全世界人發聲；不僅宣揚自身的文化，還可以藉由了解其他語言所代表的文化，以拓展視野。第三節課程多元化導致學習的時間缺乏問題，與先前所談到的時數不足外，將討論現行教學內容推陳出新、花招百出，原本是希望用不同的學習方式增加學生學習的興趣，卻忽略語文課程學習的本質。第四節應用層面不夠無法發揮學習的效果問題，語文的學習成功與否，和整個學習環境息息相關。

近年來，國小學生的語文能力明顯較以往低落，教育單位想盡各種辦法推動閱讀活動，先是大考恢復考作文並以級分方式評分，到近期的讀報學習以提高學習語文的成效。其實，回到問題的根本，語文只要常運用就會流利，就可減少錯別字和文句不通順的現象。如何提供多種不同方式讓學生練習，又不會增加學生原本要學的課程份量，這都是學校、教師和家長需要一起努力的。

第五章語文課程設計與統整的檢討，我將運用詮釋學方法來討論。詮釋學方法，是指解析語文現象或以語文形式存在事物所內蘊的意義的方法。（周慶華，2004a：101）此章將針對現行所採用的教材作概述性的詮釋整理，將主要的架構找出來，並討論整體課程規畫與內容設計的部分，是否有闕漏之處？是否符合既定的教學目標？採用的文章篇段是否適合該年級學生的程度？統整這個學習課程之後，是否可以能為爾後銜接的進階課程作完美的升級？語文課程的設計不只是依單元目標所設計，整體課程環環相扣，不僅要融合多元化的主題，還要能達到溫故知新的功效，讓學生在學習新課程時，也能回想起已學過的舊知識，更能將舊知識和新課程作完美的承接，紮實的吸收新知，待以後接受更高階的語文科課程時，能游刃有餘。這也是現今語文教育無法突破的問題點。

第六章語文科教材的編審問題，此章包含四節，我將採用心理學方法來討論。心理學方法，是指研究語文現象或以語文形式存在的事物所內蘊的心理因素的方法。（周慶華，2004a：80-81）。第一節制式語文科教材編選的僵化現象，這是由於教育部所限定教材編選應配合學生學習的需要，並以照應各階段能力指標為原則。這表示需符合五大理念、六項基本能力和十大課程目標，一旦無法符合這幾項要點將無法被選用。這樣的篩選機制過於制式化，缺乏彈性。語文教材應是多元、有趣、且富有挑戰性的內容，倘若硬性規

定要符合這些要素，只會獨厚某些特定出版商的產品，也會讓許多設計課程教材的編寫者一味只專注在符合原則，忽略了語文教材的彈性與多元化。第二節非制式或另類語文科教材沒有被選用的機會，這和上述提到的多元化和彈性有關。事實上，坊間不乏許多經典作品和相當具有可看價值的文學作品，不但可以運用至教學上，也可培養學生審美和欣賞作品的能力。許多另類語文科教材因為內容可能有其特色或中心思想主義濃厚，因此被選用為教材的機會幾乎是零；然而，這樣的作品難道就沒有可讀性、可看性、可教育性嗎？提供多元文化的思想，包容不同的聲音也是種學習，但往往這樣特立獨行的作品卻被過濾，無法登上教育第一現場選用的教材之一。如此把關嚴格，讓許多作品成為審定本的機會不大。第三節開放審定本的自由度不夠，就因為要符合上述的要點才能過關，只會讓許多出版社為了能晉身國小教科書市場，削足適履地將教科書規格化，以便通過審查，這也凸顯出開放的空間不夠寬廣。第四節一綱多本嚴重影響妨礙教學，這也是開放民間教科書之後所必需要承受的原罪。一旦開放後，許多出版社紛紛想搶食這塊大餅，形成一種學科有許多參考書的配備，增加了教科書的種類，累到的是老師、家長和一群辛苦的學生。這樣多版本的課程內容直接增加老師備課的時間和心力，還要配合習作甚至參考書內容；國小一堂課也不過 40 分鐘，這樣緊縮的時間需要把這麼多東西傳授給學生，學生除了認真聽講，回家後的複習更是費工夫，大多數家長會求助補教機構，形成一綱多本下的另類產業蓬勃。

　　第七章語文科教學法的更新難題，此章包含五小節，第一節語文科教學的概念還有待釐清，我也將採用心理學方法來討論。現行語文科教學在知識、規範、審美和技能上都未注重，主要教學目標放在教學活動、發展活動和其他練習的教學活動上，忽略了將語文

知識內化為生活的一種方式才是將語文教學法發揮到極致的境界。後者如此潛移默化下來，所有需要具備的語文專業知識學生自然會自動建構起來，不需要再特別擔心火星文、錯別字或成語誤用的問題發生。第二節語文科教學方法論的匱乏，我將運用社會學方法來討論。社會學方法，是指研究語文現象或以語文形式存在的事物所內蘊的社會背景的方法。（周慶華，2004a：87）這類的文獻較少，許多專書大多出自資深國小教師的經驗分享，或者移植其他語文的教學方法來複製教學經驗；將其他先進的經驗帶入教學，會因為接受教學對象不同而有誤差，這方面的論述不多，但仍可以討論其中的潛在問題為何。第三節閱讀及聆聽與說話教學的淺碟子化，我將採用文化學方法來討論。文化學方法，是指評估語文現象或以語文形式存在的事物所具有的文化特徵（價值）的方法。（同上，120）這可以據為發掘閱讀及聆聽與說話教學逸離自我文化傳統又追趕不上別人的文化發展的腳步後的淺碟子化現象。第四節注音符號與識字及寫字教學的效率不佳，我將採用美學方法來討論。美學方法，是指評估語文現象或以語文形式存在的事物所具有的美感成分（價值）的方法。（同上，132）這種方法的形成，大體上是緣於相對認知取向和規範取向兩種方法論類型來說的審美取向這一種方法論類型所有的欲求，而這可以用來說明注音符號與識字及寫字教學原該兼顧所內蘊的審美感卻反不能的效率欠佳問題。第五節寫作教學的創意提升遙遙無期，這也是要採用美學方法來討論，藉以指出寫作教學理當強化創意來提高審美效果而反自我平庸的遺憾問題。我們知道創造性寫作可以由自己「自鑄偉貌」，也可以由他人引導而「及時趕上」或「變通突進」。如果可以自己「自鑄偉貌」，就不需要創造性寫作教學；倘若需要依賴他人引導，才能創作，則

需要接受創造性寫作教學。（周慶華，2004b：4）而這在目前似乎還少有人知道怎麼去作有效的連結突破。

　　第八章語文教育相關缺失的改善途徑及其推廣應用，統整先前討論過的章節，將結果整理為下列五節：第一節語文教育政策與制度訂定的重新「活化」導向，我也將運用心理學方法來討論，建議相關單位能活化語文教育的制度，期待建立不同以往的有彈性的制度。第二節語文科課程設計與統整的「主體性」強化，我也將運用社會學方法來討論，呼籲相關教學在執行時能加強主體性的認知和學習。第三節語文科教材編審的「創意」性開放，我也將採用文化學方法來討論，希望相關單位能解除固定規格化的編審制度，以開放包容的心態選用許多被遺忘的好作品、好教材。第四節語文科教學法的「後設翻新」取徑，我也將運用美學方法來討論，促請相關教學能反轉不能創意教學的困境而重新重視起審美欲求。第五節新思維在國小語文基礎的奠定與市場推廣，我也將運用社會學方法，舉實活化了制度、強化統整的主體性、語文教材的編審自由化、後設翻新的語文科教學法等等階段過後，就可建立國小語文基礎的新思維，讓學生更有自主性可以自行選擇教材。因為讓許多另類和多元文化的教材在國小語文學習環境存在，學生就易於接受不常接觸過的世界和孳生不同於以往刻板的觀念。大家進而可將語文科的教學經驗成功傳承和複製，而推廣於市場。語文基礎已經穩固之後，市場上的產品勢必更需要提升其產品價值與內容層次的整體升級，形成一股正向的力量，帶動整個語文教育學習風氣，並使之長存。

　　第九章結論，為整體論述的總結，一方面對前面各章的要點予以回顧；一方面則對往後還可以繼續深論或衍論的層面略作展望（不必先預設研究方法）。

第三節　研究範圍及其限制

　　由於本研究旨在探討現行語文教育的缺失與改善途徑，所以除了準備檢討既有相關的研究成果以外，還要將主論部分儘可能的予以廣包，並試為深入的處理，範圍涉及語文教育史、語文教育政策與制度的影響，語文課程設計與統整的檢討，語文科教材的編審問題、語文科教學法的更新難題和語文教育相關缺失的改善途徑及其推廣應用等。至於細項部分，則可以一簡圖來表示：

　　以下為本研究所劃定的範圍，雖然已經可以自我顯示一種有次序的邏輯結構，但基於我個人的見識和能力有限，還是有些顧不及的層面，而這也就是本研究的限制所在。包括：（一）本研究對象設定為國小階段的本國語文教育，對於鄉土語和英語只探討其併入語文科時所造成的衝擊及影響，相關的制度則無法詳加敘述。（二）討論分析現行語文教科書時只限定康軒、南一與翰林三家，且主要討論本國語文教科書內容特色與缺失，以利進行研究，並給予建議。在此無從針對特定年級或特定年分作個別分析，只能純粹對出版品的特色和缺失作闡述。（三）本研究也無能涉及行動研究和數據分析，只權宜的針對本國語文教育制度的擬定和其衍生的問題為研究的要項。

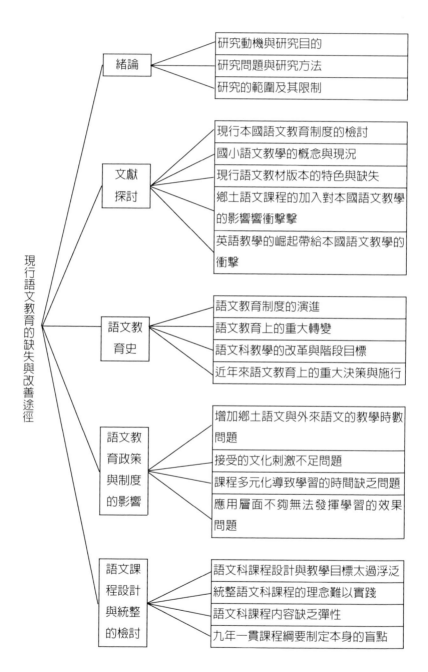

現行語文教育的缺失與改善途徑

緒論
- 研究動機與研究目的
- 研究問題與研究方法
- 研究的範圍及其限制

文獻探討
- 現行本國語文教育制度的檢討
- 國小語文教學的概念與現況
- 現行語文教材版本的特色與缺失
- 鄉土語文課程的加入對本國語文教學的影響響衝擊擊
- 英語教學的崛起帶給本國語文教學的衝擊

語文教育史
- 語文教育制度的演進
- 語文教育上的重大轉變
- 語文科教學的改革與階段目標
- 近年來語文教育上的重大決策與施行

語文教育政策與制度的影響
- 增加鄉土語文與外來語文的教學時數問題
- 接受的文化刺激不足問題
- 課程多元化導致學習的時間缺乏問題
- 應用層面不夠無法發揮學習的效果問題

語文課程設計與統整的檢討
- 語文科課程設計與教學目標太過浮泛
- 統整語文科課程的理念難以實踐
- 語文科課程內容缺乏彈性
- 九年一貫課程綱要制定本身的盲點

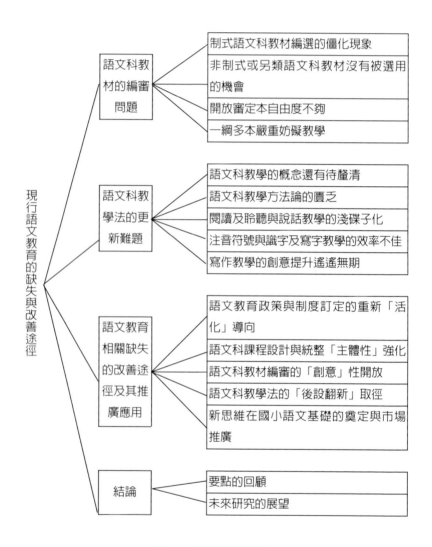

圖 1-3-1 本研究明細圖

第二章　文獻探討

第一節　現行本國語文教育制度的檢討

　　語文是學習所有學科的基本工具。所謂「工欲善其事，必先利其器」，可見語文的重要性。國小基礎教育分為七大領域，課程包括語文、健康與體育、社會、藝術與人文、數學、自然與生活科技及綜合活動等。其中語文領域分為本國語、英語和鄉土語（閩南語）。在語文學習領域方面，本國語文分為四階段：第一階段為一至二年級、第二階段為三至四年級、第三階段為五至六年級、第四階段為七至九年級。至於英語，則分成兩階段：第一階段為三至六年級、第二階段為七至九年級。本研究只針對國小階段的語文教育制度作討論。各個學習領域階段如下表：

表 2-1-1　語文學習領域階段

學習領域 ＼ 年級	一	二	三	四	五	六	七	八	九
語文	本國語文		本國語文		本國語文		本國語文		
			英語				英語		
健康與體育	健康與體育		健康與體育				健康與體育		
數學	數學		數學		數學		數學		
社會	生活		社會		社會		社會		
藝術與人文			藝術與人文		藝術與人文		藝術與人文		

自然 與生活科技		自然 與生活科技	自然 與生活科技	自然與生活科技	
綜合活動	綜合活動	綜合活動	綜合活動		

（資料來源：教育部，2008e）

　　其中語文部分：包含本國語文、英語等，學習能力注重對語文的聽說讀寫、培養其溝通的基本能力和文化與習俗等方面。至於閩南語或原住民語，則較強調日常生活的溝通能力，這點較不同於本國語與外語的學習能力要求。教育單位近年來對國民基礎教育上的努力，大家有目共睹，不論是因應與世界接軌的需要而提早學習外語的年級，和提醒下一代不忘本的母語教學，這都表示我國教育單位對語文教育的重視。邱燮友（2005）認為基本教育是通才教育，而奠定通才教育的基礎是在國、英、數三科；儘管教改一直在改變，我們不希望國、英、數三科在教材和授課時數，因改變而受到傷害。因此，語文教育制度面臨教改下影響頗劇的犧牲品，如何提升整體學習品質以及彌補授課時數不足都是首要任務。

　　語文教育，就一般人所了解的內涵而言，是教導下一代讀書識字。現代文明國家，衡量一個社會標準之一是：國民識字率的高低。（王基西，2001）因此，語文教育的成敗對社會的整體發展是極具影響力。周祝瑛（2006）在〈加強國語文教育刻不容緩〉中強調我國推動九年一貫課程之後，小學低年級的語文時數，一學年幾乎減少近一百個小時，加上英語以及鄉土語文的擠壓，沒有多餘的時間來作國語文的練習，說話、作文、書法等課程已幾乎連帶的被刪除。在國外最近掀起的中文學習熱潮相較之下，臺灣似乎將語文教育學習的先後順序顛倒；將原本屬於本國語文的學習時數削弱，而加重對外國語文學習的重視程度。語文教育的學習順序本應是將本國語

文基礎奠定穩固後，再將其學習觸角往外國語文進行延伸的學習，而今日臺灣的語文教育制度像是行進中的一臺多頭馬車，以為加入越多的語言種類可以要求學生同時學習、甚至在能力上要求學生達到能將各種語文學習領域的語言都學至專精並可以運用自如。林武憲（2004）在〈我們對多元語文教育應有的認識與素養〉中提到，國小本來單一語言的教育，擴充為國語文、鄉土語文和外國語文的多元語文學習領域，鄉土語教學從可有可無的選修（團體活動鄉土教學中的一項）納入正規語文教育的一部分，而外語也在這時候加進來，而且有後來居上的趨勢；但增加語言學習的種類卻沒有將語文授課時數也用等比例的時數增加，還將鄉土語和英語兩種語文課程也各自立訂了能力目標與學習目標，這已經明顯凸顯了語文教育度的配套措施有缺失的現象。從以前一元化學習到今日推動多元化教育的教育政策下，我們可以感受到這種另類的「多元化」教育只是徒增學生、教師和家長的壓力與困擾；學生依舊無法逃出填鴨式學習的命運，因為學習內容多樣化造成更大的負擔。授課教師需承受備課與學生學習成效的壓力，也要和時間賽跑；在僅有的教學時數裡，不但要完成授課內容，還需要符合各科課程綱要中所要求的分段學習能力指標，這樣實行下來，教育部的一番美意與期待（多元化教育和九年一貫的課程綱要擬定計畫）容易形成空談。本研究第四章第一節將會針對教學時數的問題作深入的討論。

　　承接上段的多元化教育導致多元化學習的結果，語文教育的學習也有令人擔心的效應產生。江惜美（2006）在〈我國整體語文教育政策與執行現況〉中提到，國人長期以來重視知識的獲取，對於學業成績差的學生不加重視，以致他們心理層面深受挫折；加上家庭環境較差者，倘若學習面臨瓶頸，則無法獲得協助，因此造成優勝劣敗的局面。而語文教育政策也處於這種異常的狀況，這對於弱

勢學生族群的學習上無疑上雪上加霜；這些學生本身就需要學校與教育單位多付出心力指導課業，並協助他們早日能自行學習。然而，教育政策的改變到底是幫助了弱勢族群學生還是獨厚家庭環境較優渥的學生？這些都是攸關我們下一代的學習與人格發展的重要因素。現行語文教育制度也是在教改政策下的新商品之一，提供多種語文學習科目的後果，讓本身就處於學習弱勢的學習者增加挫敗感，更不用談到多種語文科目的作業要如何自行完成，是否可依賴家長或兄弟姐妹的協助之下來完成？如果家庭背景屬於隔代教養或者家中根本沒有可以請教的家人可提供幫助？這些伴隨著教育政策改革下的問題，將會有向下延伸和擴大的效應出現。教育部為了要解決弱勢家庭的子女和偏遠地區的學生學習問題，實施課後輔導計畫，聘請大學生到特定學校作課後輔導教學，而民間機構也跟進這個為了下一代學習問題的計畫，像永齡基金會和李家同教授成立的博幼基金會等，都是特別針對偏遠地區孩童的學習需求，儘量做到減少學習效果的城鄉差距問題；還有特殊兒童（特別是學習障礙類）的課業輔導方面，由基金會出資，聘請大學以上的學生進行課後輔導教學，並定期回報學習結果。這樣的行為實在需要被鼓勵，表示有更多人投入培育下一代的教育在努力。但接受課後輔導的人數倘若一直增加下去，這是否代表我國教育政策有需要改進的地方？每一次教育單位進行教改都是秉持著讓學生學習更快樂、更充實的基本要件下進行改革；反觀每次教改之後的結果，都是造成學生學習壓力更大、家長的恐慌加劇、補習教育更盛行和現場教學教師的無力感倍增，教育單位要如何訂定出因應教育政策改革後浮在檯面上的問題，都考驗著教育單位的智慧和問題解決能力。我國制定語文教育政策的人，是各方面的學者專家，最後由教育專家加以認可。然而九年一貫制定的過程中，是由某一所學校的一群人總

其成，未能廣納各類了解語文本質者參與。也就是說，參與制定語文教育的專家並非出身語文教學的專家，而是由各方面的領域的先進或專家訂定，最後經過教育專家認定即可；這樣訂定的語文教育制度能符合接受語文教育的學習者的需求嗎？從事語文教學的授課者卻無法將自身的語文教學經驗貢獻於語文教育制度的制定過程。其實，臺灣教育界語文教學者可說是人才濟濟，擁有豐富實際教學經驗者更是不在少數，可是每當語文教育制度隨著教改的腳步在進行時，卻不見這些優秀的人才一同參加討論並一起擬定制度，這實屬臺灣語文教育的制度的缺憾。請教教育專家的意見並予以認可並非不可行，但教育專家並非每位都是語文教育專才見著的學者；可能許多位專家都有其擅長的領域，但並不一定是有關於語文教育的領域，如何將語文教育專家也一併列入討論制定語文教育制度是教育單位需要重視的要點。既然是要制定語文教育的制度，勢必就需要相關專才學者提出有其建樹的建議，並聆聽多方不同的意見（包括國中小基礎教育的語文教學教師、民間從事語文教學者和擁有在各學習階段孩子的家長）等等。一個教育的制度是需要相當嚴謹且審慎的態度來進行訂定，不僅要接受多方的意見，還要有專業人士的專業知識為基底。換句話說，一個語文教育政策的制定，由於沒有各階層語文教學實務的人參加，所以就算專家經過訪談、調查、研究、分析，那跟實際進行教學仍有差距。這表示國內語文教育的制度和政策制定者需經過國中小、高中及大學、甚至大學以上的語文教學者一起加入制定團隊，有了教學豐富的基層教師加入，可以參考多方的意見；而請教基層教師提出對制度與政策的建言，教育專家再融入自身的專業予以輔助，使其政策實施後減少誤差和決策錯誤的情況重演。

　　王基西（2004）在〈論當前的語文政策〉中提到，政策的可貴不在高懸一個理想，而要能具體實行，才是好的政策。就以現行的語文教育制度來說，訂定多種語文學習領域的學習目標和能力指標，殊不知要具體實行來達到制度上所要求的種種能力時，對整體語文教育的發展是好是壞？如果學生無法同時兼顧兩種以上的語文學科學習，那一切費心制定的政策與進而制度的擬定是否成為徒勞無功的計畫？人因夢想而偉大，追求理想是每個人心目中的目標；但倘若無法看清事物的本質，只是一味地尋求一個無法達成的目標，這將成為一個無意義的過程。當學生學好鄉土語，可能下一次制度就會把客家語或其他語文納入語文學習領域的一部分；但學好的定義卻相當抽象，是符合教育部公布的分段能力指標，就算是把語文學好？或者通過公開的檢定並發給合格證書才算是真正學好？倘若是一再重覆把語文的學習種類增加視為學習的成效，並追求外國語文學習的程度，以為將外國語文學越多越好，卻只要求學生聽說讀寫能力的追求，對於外國語文背後所隱藏的深層文化以及本國語文和鄉土語文所涵蓋的文學一竅不通，如此學習語文的方式都是如出一轍，追求皮毛功夫，真正深層的內涵卻不涉獵，只要求表面上的學習成效，忽略學習文化和欣賞文學的能力培養，這些都是值得學者專家和教育單位重視的問題。

　　本研究的主要目的為現行的語文教育的缺失作檢討，引用相關論述的文章導出本研究的研究重點與目的，爾後第四章會針對語文教育的種種缺失和錯誤政策對我國整體語文教育發展的影響詳作說明。學習語文學科不該只是應付升學考試，回復大考作文也非鼓勵學生寫作的絕佳策略，如何將語文學科融入其生活，讓學生可以自然地運用，然後學生才有可能更流利地使用語文，進而練習詩、短篇文章、散文、甚至創作小說等等作品，讓語文趣味化，這才是

現行語文教育制度改革首重的要務。一旦學生把語文視為生活的一部分，懂得主動閱讀、懂得分辨錯別字與成語正確用法、懂得利用語文去找尋答案、及懂得創作後，語文教育的制度與政策才算成功地落實在基礎教育上。

第二節　國小語文教學的概念與現況

　　所謂語文，指的是語和文。語便是語言，文就是文字。也可說語是口頭的語言，文是書面的語言，二者分別從口和手，由內而外的來表達人內在的情意。（李漢偉，1996：1）由上述所言，我們可以清楚了解到國小的語文科教學，主要在培養學生能擁有口頭和書面語言的兩種能力，進而運用這兩種語言來表達心中想表達的情意。教育部（2003）將本國語文教學原則著重在於六種語文能力，其中最基本的是注音符號應用能力、聆聽能力和說話能力：

一、注音符號應用能力

　　（一）注音符號於第一學年前十週，採綜合教學法教學，認識用注音符號拼成的完整語句，進而由語句分析出語詞，由語詞分析出單字，由單字分析出符號；（二）教學時數應適應個別差異，讓注音符號漸次增加內容及深度，期能在第一階段達到熟練應用；（三）練習拼讀時，採「直接拼讀法」，看到注音符號後，直接讀出字音，再用反拼法複習，練習時注意發音的部位、口腔的開合、唇形的圓展、聲調的高低；（四）設計生動有趣的輔助活動，善用教學媒材，提供充分練習機會，協助教學，讓學生多念、多聽、多寫、多練；（五）利用聯絡教學及統整教學，擴大學習領域，拓展

學習空間。（如：結合聽說教學，以提升聽辨聲音的靈敏度；結合閱讀教學，在標注注音符號的兒歌、童話故事中，涵詠文學的趣味，養成主動閱讀的習慣；結合作文教學，啟發獨立思考，使用注音符號，適當表達自己的想法。1940 年教育部公布國語講習暫行課程綱要，對注音符號的初步教學，計定有三種：（一）綜合法：是先綜合後分析的一種方法，如果教學對象是兒童，最好用它；（二）分析法：是先分析而後綜合的一種方法，如果教學對象是知識分子，最好用它；（三）折中法：是綜合分析並用的一種方法，如果對象是成年的失學民眾，最好用它。因襲數十年來的注音符號綜合教學法，在小學兒童學齡階段是相當實際有效的方法，因時代快速學習心態改變，幼稚園階段的幼兒教育，卻普遍有提早學習注音符號的現象；可歎的是幼教師不諳諸種注音符號的教學法，往往誤以為分析法是最經濟有效的方法。（李漢偉，1996：52）注音的綜合教學法是根據生理學和心理學上的研究而定的，是由有意義的句子教起，然後又從語句中分析語詞，從語詞中分析出單個語音，再從語音分析出聲、韻符。等待聲、韻符分析出來後，再教兒童綜合練習拼音，把分析開來的聲、韻符號拼合成單個字音。如此綜合分析再綜合的教學法。（同上，53）因為教學對象為幼稚園學童，對語文的基本概念應該沒有，由於心智年齡都處於剛發展的階段，就用分析法教授注音符號，效果並不佳。分析法主要針對學習對象為知識分子，知識分子的學習起點能力不同於幼兒的學習力，因此用分析法並不適用。現行國小一年級的兒童，最大的困境就是這前十週的注音符號教學的迷失。（同上，52）許多兒童也許在幼稚園階段已經將注音符號最重要的幾個部分都學過，包括各個聲符和韻符，這讓小學教師面對這樣一群學習起始程度不一的學童，實屬一大挑戰；還有部分對語文科學習不適應的學童也是小學教師在教學第一

現場需要面對的難題。對於以音為主的注「音」符號，一般學前教學還是和學校的教學方式相類似，偏重「讀」注音符號，「寫」注音符號，把學習焦點擺在符號傳達的意義，而忽略符號本身的節奏、韻律、分解及合成關係。（吳敏而，1998：42）學前學注音符號對日後進入小學是否有幫助，有時不是有著絕對的關係；學習注音符號最大的功用是協助學生能有拼音的能力，倘若是在學前就要學注音符號，可以先培養聽的能力，對日後的學習也會有助益。

二、聆聽能力

　　說話教學的首要任務是做好聽話教學的工作。聽話教學乍看僅是作為說話的準備工夫，然而我們也不可絲毫加以疏忽，畢竟沒有良好的聽話教學，不但無法讓學童有效的辨認音讀而對其學習有深切的影響，同時也有可能會扭曲原意。（李漢偉，1996：92）聽話是對知識的吸收，而說話是對思想的表達。人類的認知由聽話開始。指導兒童聽話也就是學習的開始；另一方面，語言的開始是源於模仿，於是專心聽話可以加強說話的能力。（羅秋昭，2004：80）以下是指導聽話的方法：（一）訓練兒童養成聽話的習慣；（二）教師在教學中要隨時提問，了解學生是否正在聽講；（三）利用遊戲方法使學生專注；（四）用複述的方式訓練聽話能力；（五）訓練兒童養成聽話的禮貌；（六）教師要能引起兒童喜歡聽話的興趣；（羅秋昭，2004：80-82）幫助學生建立聽的學習技能，不外乎下面幾種：（一）聽出順序；（二）聽出層次；（三）邊聽邊作比較；（四）邊聽邊辨別是非。（吳敏而，1998：13）

三、說話能力

　　說話的內容包括「語音」、「語詞」、「語法」和「思想情感」四部分：（一）語音：國音裡只有三十七個字母，四個聲調，學會了這字母，就可以拼出全部語言；（二）語詞：可分為單音詞、詞組和複合詞，其中詞組和複合詞都是由兩個以上的音節合成的新詞；（三）語法：把一個語言的詞素和另外一個詞素相連而成的；（四）思想情感：思想是無聲的語言，語言是有聲的思想。語言不是一串聲音而已，而是合語法、有內容的聲音。（羅秋昭，2004：83-84）

　　語文教學的目的在培養聽、說、讀、寫、作的能力。語文學科是國民基礎教育學科重要的一項，學生應在這個精華的學習階段將語文學好，除了上述的幾項能力的養成外，還能培養出識字與寫字能力、閱讀能力和作文能力。（羅秋昭，2004：14）識字與寫字能力也是相當基本的語文能力，有了它閱讀才會無障礙。能閱讀書籍後，將所見所聞都表現在寫作，不僅可以抒發自己內心的情感，也可以利用文字表達自己的看法。

　　國小本國語文教學最終則以寫作為主要教學要點。陳龍安（1996）提出作文有十四種方法：（一）基礎作文；（二）音樂作文：先播一段音樂讓學生自由發揮；（三）看圖作文：可以運用圖片、照片和幻燈片等媒材來刺激學生的學習；（四）剪貼作文：許多國小老師都曾用過相同類似的手法，教導學生做出屬於自己的剪貼本，鼓勵學生邊畫圖邊創作；（五）合作作文：由全班或小組集思廣義、腦力激盪，各自提供創意的點子，將老師出的題目，依照個人創意集結眾人的想法，完成一篇作文；（六）接力作文：不同於合作作文的地方，由教師提供第一段或第二段，接著讓學生自由發

揮;(七)成語作文;(八)趣味作文;(九)編寫短劇;(十)評論故事;(十一)感官作文;(十二)表演作文;(十三)說故事作文;(十四)聽寫作文。把原本枯燥的作文變化出不一樣的方式進行,以各種創意的方法來刺激學生的想法,使整個教學過程更順利且有趣。

　　林柔蘭(2002)認為九年一貫課程強調多元評量,啟發孩子的多元智慧;而表演藝術與語言教學的融合,利用肢體、語言激發孩子潛能,創造思考能力,並落實適性、個別、多元的教學。表演藝術較少被用於國小語文教學的現場,可能是受場地限制,或者是本身授課教師並無此特長,所以無法引導學生作戲劇的演出。將語文教學融入表演中,更能加深對學習內容的印象。吳芬玲(2004)認為長久以來,傳統語文教學常被定位於語文的知識與技巧傳授,生字、新詞、造句成為語文教學的重點,這類僵化的教學法,不僅讓原本富有生命的語文學習被切割成支離破碎的技巧訓練,也限制學生自我表達的空間。身為第一線的教學者常被賦予這樣的責任,並要求將學生都訓練熟稔的語文知識運用技巧,卻忽略了培養其審美與判斷的能力對學生的未來才是決定成敗的關鍵。因此,如何跳脫原有的學習框架,改變舊有體制下制式化的學習,對語文科教師來說也是相當具有挑戰性的。近年來,相當盛行的全語教學法,如賴盈君(2000)所談到的,強調將全語教學應用在教室環境、教材運用、教學活動及教學評量等共同特色,將語文運用至生活環境裡,達到自然而然習慣語言、進而靈活運用。

　　語文的學習範圍是無限寬廣的,教材與教學法會因應不同的政策和現況推陳出新,而我們需要思考的是:許多花招百出的教學方法、精美有趣的教材,都是為了增加學生對語文科學習的興趣;但難道越是包裝精美的教材、更別出心裁的教學法對增進語文學習能

力一定有幫助嗎？我認為平常生活就養成學生使用語言去形容身邊人事物的習慣，哪怕是不合語法和邏輯都無所謂；只要懂得去用語言感受生活，把生活的一切用符合學生程度的語言表達出來，都是語文的學習。這樣不但不會有僵化學習語文的結果發生，也可培養學生的創意，進而可以自行創作短詩、短文等等。現在的學生對於自行創作這塊領域，鮮少有特別凸出的表現，這是否也顯示語文教學現況的制式學習還是存在，學生對於寫作這回事還是持著照本宣科、甚至依樣畫葫蘆的方法進行寫作。其實，我國學生的創意並不會輸給其他地區的學生，但運用語文將腦中的創意化作文章對他們來說，卻有其難度。這也徹底彰顯現行語文教育的問題，學生已經學了相當多的語文知識卻無法應用至寫作上。而這也是本研究會談到的重點之一。

第三節　現行語文教材版本的特色與缺失

本研究將對現行語文教材版本取其中三家較具有市場佔有率的出版商的作品作討論，分別是南一，康軒和翰林三家出版社。教科書是政治的產物，也是經濟的產物。廣大的教科書市場帶來的利益與資源，自然引起各方的垂涎與覬覦。（歐用生，2003）因此，語文教材版本的選用是需要經過審慎的評選制度，決定出屬於學習者最適用的教材，而非因應教師授課需求或教具贈品的附帶條件下，失去選用教科書的採用制度。

張容敏在（2007）《國小國語教科書內容分析研究——以第二學習階段為例》中，分析九年一貫國小國語教科書的內容主題分布與在九年一貫課程綱要內涵的分布情形。研究結果發現三個版本在九年一貫課程綱要內涵五大理念類目的分析方面，以人本情懷所佔

比例最高，以統整能力所佔比例最低；這與教育部訂定的能力指標有落差，也是屬於教材缺失的問題之一。蔡尚志（2001）指出國語文教科書最為人所詬病的是沒有文學性和思想性，如此只有「語文訓練」沒有文學教育；沒有文學性的教材，就沒有想像空間、沒有趣味、沒有深刻的感情，兒童只能學到一些零碎的表達技巧，沒有延伸思考、深化學習的價值。本研究的第六章第一節特別針對教科書制式化的編選現象作深入的討論。國語文教科書中的童話類文體最受兒童喜愛，啟發兒童的想像力，增進兒童的思考力，更在能潛移默化中涵養兒童心性。（許瓊文，2003）因此，在選用教材上，應採取多元化的思考方向，多採用另類或具創意的語文教材納入教科書中，並不一定只選用童話類的文本，坊間有許多創意的出版品和具有另類思想的教材都是可參考選用的方向。本研究第六章第二節對於許多非制式的語文教材卻無緣受到選用的學者青睞而無法被納入正規語文教材的內容裡，將會探討許多另類語文教材未被納入教科書中，卻擁有相當高的可讀性，以便推薦給讀者知道。語文教學中課文是最生動、最吸引學生注目，語文學習由課文展開，課文是教授語文知識，訓練語文能力，陶融思想情意最主要的憑藉。（黃郁紋，2003）因此，選用多元化主題的課文為教科書的重要特色之一，不僅是要符合教育部所制定的課程目標和教材編選的原則，提供不一樣的主題教材可以達到刺激學生思考的功效，也可讓教師再次提升自身教學方式和教育思維模式，不讓教學和教材都一樣呈現程序化。

楊昭瑾（2005）指出依中華民國教改協會教科書研究訂正小組的意見，目前國小四五年級四種版本國語文教科書中，有八十五個瑕疵或謬誤，有些是嚴重的歷史錯誤，有些是引用不當或修辭錯誤，文辭不通順的現象普遍，這樣對小學生的國語學習能力影響很

大。有如此大的缺失，教育單位的督導責任責無旁貸。用來傳授語文知識最基本的教材都有錯誤，更遑論教師的教學方法是否正確。現行教材版本雖由出版商發行，也都邀請許多國內知名的學者和國小資深教師當編審委員，但近年來許多研究都明顯發現國小語文教材內容的錯誤，已非個案，而是層出不窮的出現。甚至有許多研究就是針對國小現行語文教材錯誤進行分析。到底是編審制度出了問題？還是原本選用的內容就頗具爭議，已有錯誤卻還是執意採用？這樣的教材編選用制度一再考驗家長的信心，用有錯誤的教材究竟是訓練教師的抓漏與教學功力？或者培養學生分辨錯誤的學習能力？我想一個正確的語文教材應是最基本的選用要求，倘若出版商不能達到這樣的標準，難道教育部又要走回頭路，所有科目的教材都由國立編譯館重新編纂而成，再統一售給學校，將原本希望開放民間一起加入教科書編製的美意折損，一切又回到原點？這種治標不治本的問題，又顯現出教育政策上的漏洞；如何在兼顧教科書上勘誤減少至零和開放許多民間教材版本的審定自由度，都是現行教科書制度所面臨到的深切問題，這已不僅是教育單位的責任，而是全體社會的責任。既然有志一同都認為語文為最重要的學科，並且是延續所有學科學習的一項重要利器，所以教材的選用是否只是要求國內學者和資深教師運用自己的專業作判斷，還是可以將整個選用制度更加開放，邀請知名作家、家長甚至補教業者一起加入審用的制度程序？這是現行語文教材所面臨的問題；而相對來說，也是學校站在第一教學現場的教師所面對的教學問題。如何停止教師和家長的抱怨，使民間教科書發行的本意發揮功能，而不是一旦發現問題，就將一切否定，不作任何檢討，就以回到舊有的選用制度來杜眾人悠悠之口。這樣的教育改革政策一再重蹈覆轍舊有的經驗模式，豈不浪費國家教育資源與時間？

　　林于弘（2003）在〈國語第一冊生字選用原則與實踐——以審定版與九年一貫版為研究對象〉中研究結果發現，1996 年審定版國語第一冊因各出版社成員編輯理念與課程架構不同，在單元、課數與習寫生字上存有差異；而開放審定本後因版本不同習寫生字差異大，也造成學生學習銜接困難。張容敏（2007）也認為九年一貫版本國語教科書生字揀選原則、單元數、總課數及習寫與認讀字數上，仍存有差異，且更甚於舊版的差異性。要減少差異儼然已成為國小國語科教科書第一冊習寫生字上最大的問題，無法統一編輯理念和課程架構一致都是現行語文教材的難題，明顯透露出一綱多本的政策再次考驗教師的教學能力和學生接受教材內容的程度。到底一綱多本的政策是否真正能將語文教材以更多元化的方式呈現，進而達到語文教材內容多元、豐富和有趣的層次？教育相關單位的把關是否確實落實，並有著執行到底的決心？還是各家出版社百家爭鳴、各出奇招將國小語文教材型塑成商業市場，建立起各家出版社的市場機制，以通過審定標準來大量出貨而佔據整個語文教材市場為宗旨？這都嚴重違背當初一綱多本的立意，也使得教育單位無法也無立場可作管控。

　　李金燕（2004）在《九年一貫語文課程第一階段教科書識字教材研究》中，分析一、二、三年級仁林版、南一版、康軒版和翰林版的國語教科書結果發現，在教材編輯方面，各版本以提高學童識字量為目標，識字教材的規畫以語文為主，但為求內容多元，單元或課別間缺乏相關性，不利學習的延展。過分強調習字量多就是具有學習成效的識字教學法，極有可能將學生訓練成認得很多字的機器人。在識字的過程中，不僅要懂得拼音、部首和用法，經過多道程序才算完整習得「字」。識字教學最大的功用應是訓練學生懂得如何運用字去表達心中的情感與思想，並徹底了解字的意義，甚至

是許多延伸的用法，進而分辨錯別字，到運用「字」去完成一篇作品。出版社以提高識字量為教材主要編纂原則，又要求內容多元加入許多偏離主題的字，這樣不但造成單元目標走向偏掉，也有可能讓銜接的課所教的字可能會受影響。到底字學得多就是好？還是懂得如何應用於學習和生活上，並且可以利用舉一反三的學習方式增進識字量才是主要識字教學的目標？這都是語文教材上識字這部分所呈現出有異議的探討重點。整體來說，識字教學並不只限於本國語文的學習，可涵蓋至外國語文的學單字方面，這時想要增加學生的識字量，運用文學作品來當教材進行教學應該頗有助益，可以提供名家作品選讀或者優質小品介紹給學生學習，將整個識字教學的過程增添趣味性。總而言之，識字量的學習還是應配合各個單元主題和銜接之後的進階課程這兩個重點來進行編纂，甚至可以多加與學生生活相關的生字，提高學習興趣。寫字教材的選擇包括以下三點要點：（一）配合讀書的教材單元；（二）配合作文的教材單元；（三）顧及社會生活的需要。（陳弘昌，2004：373-374）

　　現行語文教材有許多具有爭議性，其中的錯誤也包括在內；但即使有錯誤產生，教育部當初開放民間出版機構出版語文教材這份美意仍需給予肯定。因為跳脫以往舊有編輯制度的框架，走出學習的固定模式，廣泛涉獵不同的議題、多元化的教材內容，以及不同的觀點納入學習領域中，這都是以往在國編館制定教材鮮少見到的現象。既然全球都在提倡創意教學，教材內容的創意性也是不可被忘記的，除了開放民間出版社加入教科書市場，讓學校有發球機會可以針對學習需求來選擇教材，也可接納其他教育機構對教科書選用的建議，這樣不但可以達到品質管控的目的，也可藉由這些單位提供更多題材來作發揮，將審定本的整體使用度和參與度提高，避免造成出版社有閉門造車的現象發生。畢竟出版品是要接受學校的

選用、學生的學習和使用、還有專家學者的研究和教育單位的監督，編纂責任相當重大，值得相關單位關注和重視。而這將在後面相關章節中詳談。

第四節　鄉土語文課程的加入對本國語文教學的影響

臺灣的鄉土語言，包含了臺灣閩南語、臺灣客家語以及南島語系中的原住民語。國小語文科學習領域包含本國語文、閩南語、客家語、原住民語和英語等語言；客家語和原住民語的語文科學習有地域上的區別，並非每一所國中小都有將這兩種語言的課程納入語文科學習領域。通常是有其語文師資才會開設這種語文課程，但客家語和原住民語的師資聘請不容易，因此也無法將客家語和原住民課程固定在基礎語文教育中。

張惠貞（2007）指出九年一貫的母語教學，必須配合語文教學綱要原則：第一階段以「聽」、「說」能力為主的訓練；第二階段除了「聽」、「說」能力持續加強之外，進一步以「讀」、「寫」為能力的提升；第三階段依目前的升學壓力，國中是否選修鄉土語言，在教材與師資問題上，課程並未落實。陳義助（2000）認為學南島語、客家語或閩南語起碼有三種功能：（一）是每種語言都蘊藏著豐富的文化資產；（二）是充實一個人的語音基因；（三）是對只使用當地人本土語言的尊重。他還認為多語教學並不會加重學生的學習負擔，語言學習是人類天賦的能力，幼童的語文學習能力特強，同時兩三種語言一起學，學得有條不紊。

吳宗立、陳惠萍（2005）在〈國民小學教師閩南語教學態度之研究〉中，提到閩南語的學習態度從心理學對於態度的解釋包括其「情意」、「認知」、「行動」三大部分，應用在「閩南語教學態度」

上似可解釋：（一）「對閩南語教學的認知」，認為閩南語是應該受到推動和保護；（二）「對閩南語教學的情意」，任何一種語言都是應受到尊重和包容；（三）「對閩南語教學的行動」，認同實施鄉土語言的精神，願意擔任閩南語教師能熱心接受進修，不斷從中教學相長。

　　從上述可以得知，閩南語的教學態度大致上與其他語文的教學態度無太大的差別。閩南語教學在國小的語文教學領域上容易被忽略其重要性，由於非重點學科，也較無考試的壓力，有別於本國語文和英語的學習壓力，因此學校採取的態度會較著重在日常生活的溝通為主要教學目標。語言的學習成功與否，與身處的環境教育有相當程度的影響；尤其像閩南語這樣一種特殊的語言，它基本上無特定文字也無特定發音的方式，倘若不是學生所處的家庭環境以及從小到大接觸的環境和人都會說閩南語，否則只靠學校努力推動閩南語教學其效果是相當有限的。學習語言是需要接受長時期的足夠刺激，培養自然而然運用閩南語於生活上，這樣對整體閩南語的學習才會有所成長。其中第一點，提到對任何語言都需受到尊重與包容。對於任教閩南語的教師，無論是科任或者巡迴教師都應予以和正式教師一樣的尊重。然而，現行的教育制度卻只重視大家要把外語學好才能與世界接軌；國語文學好才會寫出好作文，才能在考試裡拿到高分，一切語文學習都有它存在的目標和意義，就是考多分就要背多分。此外，像鄉土語這樣的課程，也存在著和本國語文教學上一樣的問題，就是教學時數不足。語文科教學時數是固定的，卻有三種以上的語文課程一同瓜分時數，也無法同時都增加時數，更不用談到是否有課後輔導的問題。

　　閩南語就像一門被邊緣化的語文學科，存在的意義就是要符合教育部所提倡的多元化學習和本土化認識，然而卻無一套完整的配

套措施因應鄉土語教師與時數的問題。這樣的問題浮現，更凸顯出現行本國語文教材的根本問題，也是教學時數不足的問題。鄉土語文課程加入國小語文科教學的用意是值得肯定的，提醒學生不忘本要謹記傳統文化的重要性，多學鄉土語一定是有其助益的；但在這樣一個什麼學科都要學的階段，對學生的學習項目增加、書包的重量增加、學習所帶來的壓力是相對加重的。閩南語教學中，最廣為人注意的則是其教學的師資何來？劉福鎔（1998）認為本土意識不足及教師缺乏自覺是推行母語的阻礙。現行鄉土語師資有些是由語文科教師兼任並在職進修部分鄉土語教學學分，便擔任鄉土語教學的教師。有些則是聘請巡迴教師到校授課，一星期一次的課程，由巡迴教師跑班來作教學，以解決學校鄉土語教師的問題，這些巡迴教師的待遇卻遠不如正規體制下的教師，薪資以領鐘點費的領薪方式為主。

吳宗立、陳惠萍（2005）在〈國民小學教師閩南語教學態度之研究〉中，指出閩南語教學面臨最大的困難和限制依序為：「教學時間太少，難以達成學習目標」排名第一，佔 24.6%；其次是「師資不足，缺乏有教學能力的師資」排名第二，佔 19.2%；再次是「教學資源不足」排名第三，佔了 17.5%；最後是「缺乏合適教材」排名第四，佔 12.0%。師資培育制度在鄉土語師資這個部分缺少完整的培育機制，再加上願意接受培訓為鄉土語文師資的人數不多。其中排名第二的原因應該跟師培教育制度的式微有關，沒有鄉土語文教師的實職缺額衍生出相當多的問題，教學品質會因此無法提升；鄉土語教師無法體制化也是制度不全的問題，在臺灣的師資培育制度裡，沒有正式的教師職缺，鮮少會有優秀師資投入鄉土語教學領域裡。其實，臺灣的高等教育裡並不乏許多以本土語言及其相關科系所設立的系所，制度是否也該因應現實情況作評估，將鄉土語教

師的任用制度和教學方向作調整？高等教育在允許鄉土語文相關系所設立時，是否有特別針對學生未來生涯發展作詳細的規畫，是否將未來就業準備的課程設為系所的教學重點？所開設的科目是否還只是符合教授的專長開課，而忽略身為主體的學生們？這些相關問題都是高等教育裡所呈現的，通常會造成學生在學時所學的專業科目到職場時真正能派上用場的卻寥寥無幾。因此，在培育教學人才和臺灣高等教育所設立的鄉土語文相關科系的大學或研究所畢業生之後，卻沒有其完整的就業管道和轉業機制。因為臺灣高等教育裡並無真正對鄉土語文教學培育出完整和合格的師資，這裡所強調的師資是指能馬上進入國小鄉土語教學領域任教者。

以上的研究數據顯示出師資不足的問題，也顯示出 2001 學年度培訓鄉土語言教師計畫實施後，願意接受培訓成為鄉土語言教師人數不多。這樣的數據可以告訴我們教育部師資培育政策對鄉土語言師資的重視度不足，導致許多學校在處理鄉土語言師資方面，還是會傾向由導師兼任鄉土語言教學的部分；國小導師通常不只教導一個科目，甚至有兼任數科的現象產生，在越偏遠或教育資源不平均的地區這種現象已稀鬆平常。我們通常會希望教導語文的教師能充分具有其教學的專業能力，最好能有相關教學經歷輔助其教學，倘若導師還要兼任鄉土語教師，除了要求導師在職進修相關鄉土語教學學分，在教學部分似乎無法再精進或更甚而講求專業度。吳宗立、陳惠萍（2005）在〈國民小學教師閩南語教學態度之研究〉中，研究發現閩南語種子教師因接受研習培訓時間較長，所以閩南語教學態度相對上較佳。

根據教育部及教育局規定，鄉土語言教師必須具備這類鄉土語言研習時數至少 36 小時方能擔任。如此一段密集的訓練將大概的鄉土語教學作一整個完整概述，其細節教學部分則由教師修完課程

後，再自行鑽研，比起由無鄉土語教學經驗的導師兼任教學是較具有其專業度。林瑞榮、楊智穎（2005）在〈國小閩南語教科書評鑑之研究〉中，提到目前閩南語課程所存在的各項問題，是以教科書的爭議最大。鄉土語言課程能夠獨立設科，對學校課程實施而言，具備以下五項意義：

(一) 確認該科目知識的重要性。

(二) 豐富該科目所需的相關資源。

(三) 關注課程實施過程中某些團體或個人的影響力。

(四) 賦予教師政策執行的強制性。

(五) 學校在文化傳承工作中角色的轉變。（楊智穎，2003）

黃政傑、張嘉育（1997）在〈多元文化教育的問題與展望〉中，提到受到本土意識復甦的影響，以國語為尊的語言教育政策不得不有所讓步，在「國語政策不變」的原則下，開始肯定其他民族語言的存在與價值。而在母語教學的倡議聲中，強調從臺灣本土出發的鄉土教育觀也被提出。母語教學基本上具有兩方面的意義：（一）是以母語來施教；（二）是教母語。前者在以少數族群學生所熟習的語言進行相關學科的學習，是以一種母語輔助教學的形式；後者則在教導學生的母語，從而認識自己的母文化，具有文化保存與發展的意義。

楊秀芳（1997）認為使用漢字書寫閩南語是中國自古以來的傳統作法，所使用的是一種表義文字；即便是閩南語戲文中有一些自造的方言字，這些方言字也還是遵守漢字表義的製造原則。使用漢字系統書寫閩南語，對音字關係很明確的部分來說沒有太多問題，問題在於有部分語詞沒有漢字可寫，一般稱之為「有音無字」。如何用漢字來書寫「有音無字」的語詞，是使用漢字系統書寫閩南語最大的問題。董忠司（1997）在〈在臺灣閩南語母語教學之教材編

選〉中，對現行臺灣閩南語母語教材的觀察，並提出建議：大抵而言，編撰宜重視先獲得客觀的「語文教材教學總量與分量」。換句話說，先要從事語言調查與研究。也就是：母語調查研究→編撰母語教材→實際教學→修訂教材→再教學。有這樣清楚的母語教材編撰模式，相信對日後有心想要從事母語教材作設計的教學者是絕對有幫助的。先進行調查，再編撰教材，更可以知道學習者的需求。但有了這兩個步驟還是不夠的，因為任何語文教材都需要經過實際教學經驗來作測試，從學習者的反應和回饋可以更直接了解教材需要改進或修補的地方；當修訂完後，需再進行測試，等確定再次教學後，教材已無需改進的程度，才可以它為主要母語學習教材。

實施鄉土語教學對於整體語文科學習是有絕對的幫助，不僅僅是對自身文化的深層認識，多一種語言的技能會成為日後與人競爭的最佳利器。不論是英語或閩南語，絕對沒有外來的語言就較佔上風，本土文化的傳承也是刻不容緩的重大課題之一。因此，過度強調外語學習的重要性，甚至凌駕本國語文和鄉土語文這兩種最具臺灣本土特色的語文學科，使得語文學習有其偏頗的現象出現，教育單位的態度是相當重要的，會影響學校的政策和教師的教學態度。而最直接受到影響的就是學生：會依照學校重視的程度來選擇學習語文種類和偏廢程度提升。教師的教學態度尤其對學生學習態度造成更明顯的影響；如果教師是以應付的心態將鄉土語文課程視為只是語文科中的一堂課，對備課和教學付出沒有跟本國語文和英語同等看待，就會抹煞教育部當初將鄉土語文納入語文科學習領域的美意。而這會在後面相關章節再進一步的討論。

第五節　英語教學的崛起帶給本國語文教學的衝擊

吳明雄（2002）指出溝通表達能力是邁向國際化的重要指標，九年一貫課程將英語教學列入小學正式課程，於語文領域內規畫英語教學，由五、六年級開始實施，著眼點就在這裡。教育部（2005）也明示英語文的基本理念為隨著地球村時代的來臨，國際間政治、經濟、文化往來頻繁，英語的重要性日益凸顯。從資訊、科技、工商業、乃至高等教育，英語已成為國際交流的重要溝通工具。為配合政府國際化的政策，提高我國國際競爭力，政府正大力推動各個階段的英語教育，加上社會各界的殷切期盼，英語教學遂規畫 2005 學年度起提前至國小三年級開始實施。李雅惠（2005）認為為了培養學生世界觀及對多元文化的了解，並提升國家的競爭力，隨著教育部決定自 2001 年學年度國小高年級實施英語教學。英語教學便如火如荼在國小推展，教學年級更是不斷向下延伸。鍾樹橡、許淑燕（2005）在〈當前英語教學的迷思與因應對策——小組合作與資訊科技的應用〉中，提到目前臺灣幾乎大家都知道學好英語對未來是非常重要，學生家長更是常常要求孩子好好地將英語學好。政府也看到這方面的需求，所以規畫國小學生從 2001 年開始學習英語。二十一世紀是一個全球化的時代，各國為求在國際上立足，無不進行現代化以提升國力。全球化的趨勢，再加上國際化和資訊化的需求，英語能力的提升在今日而言更凸顯其重要性。（施玉惠、朱惠美，1999：27-30）張玉玲（1999）認為語言是社會互動的工具，社會互動是發展語言的關鍵。蕭梅香、江淑君（2003）認為英語教育的目的乃在激發學生主動學習的動機與興趣，傳統知識性的學習模式，往往與生活實際情節脫節，大大降低學生的學習興趣。吳歆嬝（2007）在〈母語好，外語才會好——幼兒英語教學的省思〉

中，訪問到大陸英語特級教師張思中，文中提及張氏的教學經驗，認為母語學得好，外語才能好。張氏特別強調母語才是我們用來學習一切的強勢語言。因此，母語基礎需穩固，才能將外語學好。一般來說，要將我們本身的母語學好，在國小三年級算是語言的黃金時期；然而，現在的學生家長卻誤解了這個黃金時期是以學母語為主的語文學習階段；而非學習第二外語的最佳時期。這也就是臺灣從幼稚園階段就在推動雙語教育（英語與國語）的迷思。基本上，幼童同時學兩種以上的語言並不會混淆，但學的成效卻見仁見智。當幼童下課後，接觸的世界還是以母語為主的環境，這樣在學校所學的外語只是會認知定位於上課內容，並不會懂得運用到生活中。因此，從幼童階段就接受英語學習並不一定會學習較成功；等到長到八、九歲，對語文的認知到達一定的程度，母語的運用也較熟悉，那時再接受外語的學習並不會太遲。反觀太早接受英語教育，有極大可能因為初期學習受挫而造成對英語學習興趣缺乏，反而折煞了家長的一番苦心。學習一種新的語言都是需要時間的累積與紮實的學習方式，並無所謂的速成方法，坊間打出以有趣學習英語的招牌來招攬學生，其實回歸學習的本質就只是將教學的內容趣味化，讓學生更能接受英語教學課程，至於成效如何，還是端賴學生個人所下的功夫足夠與否，而教師的任務就只在學生學習遇到瓶頸時適時地提供幫助而已。不過，坊間補教業的小班制教學確實可以彌補學校大班制教學的無法兼顧到每位學生的需求這項缺失。劉琴惠（2005）在〈國小英語教學心得省思〉中，談到自身所經驗在英語教學面臨的困境，有以下幾點：（一）學童程度落差大；（二）教學時數不足；（三）教材重複性高，廣度不足。

　　以上三點，我個人有些經驗可以分享：第一點學童落差大是都會區和非都會區都會面臨到的問題，學生有些已經提早接觸英語教

育，當然表現會較其他未受過英語教育的學童來得優秀，這樣的學習差距通常會造成教師備課與教學上的困擾。第二點教學時數不足，我想這是所有語文科目都會遇到的問題，時數是固定的，每個語言又都要有足夠的教學時數，這基本上是不可能被解決的；除非所有語文科目同時增加教學時數，否則時數不足的問題都會依然被「牽連」而一起存在。至於第三點所提到的教材重複，廣度不足，這點也是現行語文教材為了通過審定制度所設計的，各年段學習內容重複性高，也可能為了要幫助剛開始接觸第二外語的學生所特別設計，不斷重複可以幫助學生更精熟學習，但對某些程度較好，學習經驗較早的學生可能會有點枯燥，這些問題一再考驗越早學英語真的好一類的見解。倘若是不繼續精進下去，極有可能會停留在原來的程度。這也是家長所擔心的兩難問題：不讓孩子先學外語；又擔心會輸在起跑點。送去坊間補習班接受教學，一旦開始學習就不能停頓，否則先前的學習會白費工夫。大部分家長還是選擇後者，讓孩子不停頓的接受英語學習，爾後到學校正式開始學外語，因為都已經是學過的進度，很容易上課就不專心聽教師講課，並把學習語文的重心放在補習班的教學上。曹素香（1987）〈在兒童英語教學之我見〉中，曾提到國小學童在補習班學習英語風氣十分普遍。這也形成一股英語學習狂潮席捲臺灣語文教育界。黃政傑、張嘉育（1997）在〈多元文化教育的問題與展望〉中，提到家長都在國小階段送子女進各種補習班學習英語，形成教育機會不均等的現象。且隨著社會益形開放，英語系國家之外的文化理解與交流成為重要的課題；加上因國防、外交、經貿與科技發展也極需要第二外語能力。以上的研究在 1997 年就已談到補習教育領導英語學習已行之有年，學習機會不均等的問題一直存在著。英語這門學科可謂近十年來最廣為人討論的，坊間補習班一間一間如雨後春筍一樣的速度

在增加，主要學習年齡層也不斷向下降低。曹素香（1987）提到學校不重視學生是否習得適合英語文化的溝通能力，父母的態度也非以培育溝通能力為目標。他們「早學效果好」的觀念是以培育孩子的未來英語考試的競爭力而言。

McLaughlin 把語言的學習區分為母語的學習、雙語的學習與第二外語的學習。雙語的學習是指兒童剛開始學習說話時，就同時接受兩種語言的學習。外語的學習則是指兒童已經學過母語至三、四年的時間，才開始接受第二外語的學習。臺灣是一個 EFL（English as a Foreign Language）的環境，學生除了上課的短短時間內學英語，平常的時間都在講各種其他語言，真正接觸英語的時間非常少，因此教師應在有限的授課時間內，儘量創造英語環境，讓學生覺得英語是個真實且可以拿來「使用」的語言。（引自陳淳麗，2001）臺灣的英語教育還是屬於外語學習的方式在進行，先學母語到了國小三年級才開始接觸英語（不過有些學校已經將英語課降低為一年級的語文科課程中的一項）；還有不包括已經進入補習班先接受英語教育的學生。臺灣不屬於雙語教育的國家，可是現在的學生家長幾乎每個都前仆後繼地希望自己的子女能早日接受雙語教育，於是就自己形塑出雙語環境：幼稚園要念雙語制的、國小到高中都有私立的雙語學校，這些學習單位都採所費不貲的收費方式，強調雙語師資（有中籍教師和外籍教師，特別是外師的需求）。鐘樹橡、許淑燕（同上，2005）則認為有的學校為了推動外國人實際教學，極力尋找資源聘請外籍老師來上英語課，這些有本錢請到外籍教師的學校，其英語教學也出現下列的問題：（一）擁有合格第二外語教學的資格並不多，外師資格呈現參差不齊的現象；（二）外聘外籍教師教學品質也參差不齊；（三）許多外籍教師發音差異頗大；（四）雖有接受過語言教學的訓練，也頗具耐心和愛心，可是有時教學還

是無法全面兼顧學生的程度。英語納入國小語文科教學領域，成為國小基礎語文教育的一項科目，增加了多元性，也符合九年一貫所強調的帶得走的能力，能運用英語這個國際語言拓展自身的視野。學習英語雖然脫離不了聽說讀寫四項基本目標，但其溝通能力還是最為重要的一項學習目標。如何從考試領導教學那樣僵化式的學習方法，導正為以溝通能力為主要能力的培養，則是當務之急。傳統的文法翻譯教學法會讓學生的學習興趣大減，無法延續學習的範圍。自從 2001 年英語科併入語文科教學之後，對於本國語文造成極大的影響，使得整體學習的風氣都朝向外語學習靠近。由於國人對於英語學習的偏愛，導致對於本國語文的重視減弱，這幾乎是徹底顛覆了舊有的語文教育學習方向。本來不論是中文或英文都是一樣的重要，但有了母語作基礎的學習才能讓第二語的學習更順利。語文教育並非要教出在地的 ABC（American Born Chinese），而是希望能將英語併入語文科學習領域，及早培養學生的國際觀；除了英語溝通能力為主要學習目標，能運用閱讀能力接受外語的資訊，接受不一樣的文化與思維。學習外語不能只是學到皮毛功夫，卻無法深入學習到西方的思維模式和不同於我國的傳統文化的西方文化；中西融合後產生的新觀念才是學習外語得到新知最重要的收穫。而這也會在後面相關的章節再予以申論。

第三章　語文教育史

第一節　語文教育制度的演進

　　國民小學教育是各級學校教育的基礎，而語文學科是一門工具學科，透過語言文字，方能進行其他各科的學習活動。國小語文基礎好學習其他學科就有較好的成績。（陳弘昌，2004：3）自古以來，「課字」、「讀經」一直是啟蒙教育重要的課題。（羅秋昭，2004：3）此外，語文是學習建構的根柢，也是溝通情意、傳遞思想、傳承文化的重要工具。周珮珊（2004）、蔡婉君（2005）考察臺灣自 1949 年遷臺後，共進行過數次的課程標準修訂和頒布。以下為臺灣小學國語文課程綱要：

1952 年公布《國民學校國語、社會二科修訂課程標準》

1962 年公布《國民學校修訂課程標準》

1968 年公布《國民小學暫行課程標準》

1975 年公布《國民小學課程標準》

1993 年公布《國民小學課程標準》

1998 年公布《國民教育階段九年一貫課程總綱綱要》（公布後，將課程標準改為課程綱要）

2000 年公布《國民中小學九年一貫課程暫行綱要》

2003 年公布《國民中小學九年一貫課程綱要》

　　有關語文學習領域分為本國語文（國語文）、本國語文（閩南語）、本國語文（客家話）、本國語文（原住民語）、英語等五部分。

其中本國語文（國語文）學習領域的內容，包含了基本理念、課程目標、分段能力指標與十大基本能力的關係、實施要點等五部分。現行的國民小學課程標準歷經 1931 年、1936 年、1942 年、1948 年、1952 年、1962 年、1968 年及 1975 年等八次修訂，而於 1993 年 9 月 20 日公布，並於 1996 學年度第一學期起逐年實施。（陳弘昌，2004：6）

1936 年第二次修正「國民小學課程標準」時，把原本的五項目標簡省為四項：（一）指導兒童熟練標準國語，有發音正確、語調和諧流利的能力。（二）指導兒童認識基本文學，欣賞兒童文學，有閱讀習慣、興趣，和理解迅速、記憶正確的能力。（三）指導兒童運用語言、文字，有發表情意的能力。（四）指導兒童習寫文字，有書寫正確、迅速的能力。

1952 年第五次修訂「國民小學課程標準」時，國語科教學目標由原來的四點增為五點，多了第五點：「指導兒童養成道德觀念、激發愛國思想、宏揚民族精神。」

1962 年 7 月第 6 次修訂課程標準，在課程目標上有很大的改變。把目標分成「總目標」和「分段目標」。總目標也由原來的五點擴充為十點，擴充了情意部分，並且加強作文教學。分段目標則分為低年級、中年級、高年級三部分。

1968 年，為配合實施九年義務教育，修訂了「國民小學暫行課程標準」，但在國語科方面並無多大的改變。

1975 年因為十大建設的成果卓越，帶動經濟建設的快速發展，為因應社會需要，又作了第八次的課程修改。在國語課程方面，其目標仍然沿襲第六次的修改內容，只是在分段目標上有了些許的改變：低年級增加了「口述作文」；中年級增加「作文能力的培養」；高年級增加了「培養獨立思考的能力」。

　　1975 年修訂課程標準以後，經過了十餘年，由於各學科本身的發展和社會環境的需要，教育部於 1990 年著手檢討和修訂課程標準，作為教材和實施教學的需要的依據，第九次的課程修訂於 1993 年公布，1996 年實施。1999 年為因應時代的變遷，以及統整課程，教育部提出九年一貫課程綱要，並預計 2001 年開始實施。（羅秋昭，2004：3-5）為期使本次修訂的九年一貫課程與現行課程能有較為清晰的比較，茲將本次修訂的課程綱要與 1993 年、1994 年公布的國民中小學課程標準列表比較如下：

表 3-1-1　國民中小學暫行課程綱要
與現行國民中小學課程標準的比較一覽表

課程項目	國民中小學暫行課程綱要	1993 年、1994 年公布之國民小學、國民中學課程標準
課程設計	國中、小課程綱要一貫設計	國中、小分開訂定課程標準
目的	培養具備人本情、統整能力、民主素養、鄉土與國際意識，以及能進行終身學習之健全國民。	國民小學：以生活教育及品德教育為中心，培養德、智、體、群、美五育均衡發展之活潑兒童與健全國民。 國民中學：以生活教育、品德教育及民主法治教育為中心，培養德、智、體、群、美五育均衡發展之樂觀進取的青少年與健全國民。
目標	1.增進自我了解，發展個人潛能。 2.培養欣賞、表現、審美及創作能力。	國民小學： 1.培養勤勞務實、負責守法的品德及愛家、愛鄉、愛國、愛世界的情操。 2.增進了解自我、認識環境及適應社會變

51

	3. 提升生涯規畫與終身學習能力。 4. 培養表達、溝通和分享的知能。 5. 發展尊重他人、關懷社會、增進團隊合作。 6. 促進文化學習與國際了解。 7. 增進規畫、組織與實踐的知能。 8. 運用科技與資訊的能力。 9. 激發主動探索和研究的精神。 10. 培養獨立思考與解決問題的能力。	遷的基本知能。 3. 養成良好生活習慣,鍛鍊強健體魄,善用休閒時間,促進身心健康。 4. 養成互助合作精神,增進群己和諧關係,發揮服務社會熱忱。 5. 培養審美與創作能力,陶冶生活情趣。 6. 啓迪主動學習、思考、創造及解決問題的能力。 7. 養成價值判斷的能力,發展樂觀進取的精神。 國民中學: 1. 培育自尊尊人、勤勞負責的態度,陶冶民族意識及愛家、愛家、愛國的情操,養成明禮尚義的美德。 2. 啓迪創造、邏輯思考與價值判斷的能力,增進解決問題、適應社會變遷的知能,並養成終生學習的態度。 3. 鍛鍊強健體魄及堅忍毅力,培養從事正當休閒活動的知能,增進身心的成熟與健康。 4. 培養互助與民主法治的精神,增進群己和諧關係,涵育民胞物與的胸懷。 5. 增進審美與創作能力,培養熱愛生命與維護自然環境的態度,增進生活的意義與情趣。
基本 能力	1. 了解自我與發展潛能。 2. 欣賞、表現與創造。 3. 生涯規畫與終身學習。 4. 表達、溝通與分享。	未訂定

	5. 尊重、關懷與團隊合作。 6. 文化學習與國際了解。 7. 規畫、組織與實踐。 8. 運用科技與資訊。 9. 主動探索與研究。 10.獨立思考與解決問題。	
教學 時間	每節上課以四十至四十五 分鐘為原則。	國民小學：每節四十分鐘。每日第一節上 　　　　　課前二十分鐘為導師時間。 國民中學：每節四十五分鐘。每日安排十 　　　　　五至二十分鐘為導師時間。
教學 節數	各年級每週基本教學節數： 1. 一年級：22 節。 2. 二年級：22 節。 3. 三年級：26 節。 4. 四年級：26 節。 5. 五年級：28 節。 6. 六年級：28 節。 7. 七年級：30 節。 8. 八年級：30 節。 9. 九年級：30 節。	國民小學： 1. 一年級：26 節。 2. 二年級：26 節。 3. 三年級：33 節。 4. 四年級：33 節。 5. 五年級：35 節。 6. 六年級：35 節。 國民中學： 1. 一年級：33-34 節。 2. 二年級：35-36 節。 3. 三年級：30+（5）-33+（5）節。 （括號中節數，為教師實施個別差異教學 時間。）
	教學總節數類別：	國民小學：末區分總節數類別，但各校得 　　　　　視實際

	（在校總時間）	需要，在各年級至少增設一節，為彈性應
	1.基本教學節數：佔總節數 80%。	用時間。
	2.彈性學習節數：佔總節數 20%。	國民中學：未區分總節數類別。
學習領域（教學科目）	七大學習領域 1.語文（本國語文、英語、閩南語、客家語、原住民語）。 2.健康與體育。 3.社會。 4.藝術。 5.數學。 6.自然與科技。 7.綜合活動。	國民小學教學科目：（11 科） 1.道德與健康。 2.國語。 3.數學。 4.社會。 5.自然。 6.音樂。 7.體育。 8.美勞。 9.團體活動（三年級起實施）。 10.輔導活動（三年級起實施）。 11.鄉土教學（三年級起實施）。 國民中學教學科目：（21 科） 1.國文。 2.英語。 3.數學。 4.認識臺灣（一年級實施）。 5.公民與道德（二年級起實施）。 6.歷史（二年級起實施）。 7.地理（二年級起實施）。 8.生物（一年級實施）。 9.理化（二年級起實施）。 10.地球科學（三年級實施）。 11.健康教育（一年級實施）。

		12.家政與生活科技。 13.電腦（二年級起實施）。 14.體育。 15.音樂。 16.美術。 17.童軍教育。 18.鄉土藝術活動（一年級實施）。 19.輔導活動 20.團體活動。 21.選修科目。
學校課程審查與規畫組織	各校應成立「課程發展委員會」及「各學習領域課程小組」，從事學校本位課程發展，並由課程發展委員會審查、決定全校各學習領域課程計畫及相關實施內容。	未訂定
教材選用	1.教科書非唯一教材來源。 2.採多元化教材：包括審定本教科書、單元式教材、現行出版品、影音多媒體教材、地方政府開發教材、學校自編教材、教師講義等。	1.國民中小學以課程標準中規定之各學科教科書為主。 2.國小各科：審定本教科書。 國中一般學科：部編本教科書。 國中藝能學科：審定本教科書。
課程報備制度	在課程實施前，學校應將整年度課程方案呈報地方政府主管教育行政機關備查核准實施。	未訂定
教學實施	得打破學習領域界限，彈性調整學科及教學節數，實施	未訂定

	大單元或統整主題式的教學。	
課程規範範圍	訂定「課程綱要」，僅就課程目標、學習領域的概念架構，以及基本能力表現水準等作原則性的規範。	訂定國中、小課程標準，從大綱到細目、從目標、內容、方法、評量、上下學時間等均列在規定中，內容詳細繁瑣，鉅細靡遺。
英語教學	從國民小學五年級起開始實施。	從國民中學一年級起開始實施。
學力指標	訂定學力及能力指標	未訂定
重大議題之融入	教科書內容除了包含學科知識與技能之外，也要能反應當前社會關注的主要議題，例如資訊教育、環境教育、兩性教育、人權教育、生涯發展教育、家政教育等。	未特別提及

（資料來源：教育部，2008f）

　　由上表可知，九年一貫之前的課程設計是國小和國中分開設計的，而今國小至國中這一段學習時間已形成完整的銜接，課程的訂定也由「課程發展委員會」及「各學習領域課程小組」，從事學校本位發展為主的課程，並配合各學習領域。在教育部未開放民間教科書時，國民中小學以課程標準中規定的各學科教科書為主。至於國小各科都使用審定本教科書部分。1996 年起，教育部正式開放國中小可自行審定使用教科書，也為了因應這項政策，制定了以下的教材編選原則供各間學校參考：（一）教材編輯應配合各階段能力指標，以發展學生口語及書面表達的基本能力。第一階段以發展

口語表達為主；第二階段由口語表達過渡到書面表達；第三階段則口語、書面表達並重。（二）教材設計應就發展學生注音符號及文字應用、聆聽、說話、閱讀、作文、寫字等能力作全程規畫。第一、二階段教材的單元設計，以閱讀教材為核心，兼顧聆聽、說話、作文、識字與寫字等教材的聯絡教學，以符合混合教學的需要，並應在教材（含教學指引、習作）中，提示聆聽、說話、作文、識字、寫字聯絡教學及統整教學的活動要點；第三階段宜採讀寫結合及聽說結合，雙向發展。（三）編選範文時：1.應將所選用的教材，按文體比例、寫作風格、文字深淺、內容性質，以單元或主題方式有系統的編排，並於第二階段（第六學年）漸次融入文言文；第三階段應逐年調整文言文與語體文的比例（自 15%-35%）。2.各階段教材的選文，得視需要附題解、作者、注釋、賞析、導讀及思考問題等，或納入教學指引，以增進了解與欣賞能力。（四）有關語文基礎和語文基本能力培養的材料，如詞彙、語詞結構和句型、標點符號應用、各類文體、各種文類、篇章結構、修辭方法、以及簡易文法等，事先宜作通盤設計規畫，由淺入深，系統安排，分派各冊各單元中，並提供反覆及統整練習。（五）各冊教材編輯要旨宜檢附規畫架構表，以便教師及家長參考，並供學生複習與統整。教學指引的編輯也一樣。（六）注音符號教材（首冊）的編輯：1.以培養學生正確注音，熟悉拼讀為重點，教材編寫時以完全注音為主，也得輔以常見簡易之國字；2.宜以兒童日常生活經驗為中心，配合語言情境，提供完整情境的插圖，引導學生由說話進入符號學習；3.由易入難，循序漸進，由完整語句入手，進而分析、辨認符號的音、形，並練習拼音。（七）教材的編輯，宜掌握基本識字量 3500～4500 字（各階段識字量可彈性調整），並參酌部頒常用國字標準字體表，依學習難易，作循序漸進的安排：1.第一階段識字教學，

宜採部首歸類，協助識字；第二、三階段則配合簡易六書常識，以輔助識字；2.識字教學第一階段應著重部首與字義、筆畫與筆順、字形結構、生字組詞的應用能力（組詞、造句），並配合寫字教學，相輔相成，以確實認識字體，把握字音，理解字義，擴充詞彙。（八）本國語教材各階段所使用的國字，第一階段為輔助識字，須全部注音；第二階段為輔助學習，各冊教材僅於生難字詞、歧音異義的字詞注音；第三階段注音符號應用於認識文言生詞，及辨析音義關係。（九）聆聽教材：1.應以閱讀單元及相關教材為基礎，配合聆聽要點（語音、語氣、語調、立場、主題等）、聆聽方法（把握要點、記憶、記錄、歸納、組織、分析、推斷、思辨、評價、計畫、反應等）、聆聽媒材等，由淺入深，通盤規畫，分派於各冊各單元之中；2.也得視教學需要單獨編寫聆聽教材。（十）說話教材：1.應以閱讀單元及相關教材為基礎，配合說話要點（語音、語調、速度、語彙、句型、立場、主旨題材、時間控制等）、思維方法（演繹、歸納、類比等）、組織結構、說話方式（提問、報告、故事講述、會話、問答、討論、演說、辯論、表演等），由淺入深，通盤規畫，分派於各冊各單元之中；2.隨機教學的說話教材，應採「先說再寫」的原則，注明配合閱讀活動（如：講述大意、說明要點、口頭句型練習、課堂問答、課堂討論等）進行；3.也得視教學需要單獨編寫說話教材。（十一）寫字教材應配合單元教材習寫字的生字為基礎，硬筆與毛筆並重，循序安排基本筆畫、筆形、筆順、筆畫變化、間架結構等練習，由淺入深，由簡而繁，全程規畫，並引導正確寫字姿勢及執筆方法。1.第一階段以習寫硬筆字為主，第三學年起，除硬筆字書寫練習外，兼習毛筆字，教材除寫字姿態、執筆、運筆方法、臨摹要領等的基本要項外，以基本筆畫與筆形、筆順、筆畫變化、偏旁寫法、間架結構與搭配要領為基礎訓練。並應

配合閱讀教材，就已學過的生字，由簡而繁，由淺入深，選擇適當的字例，通盤規畫單元；2.書體：第一、二階段以楷書練習為主，第二階段（第五、六學年）教材中的生字，宜辨認行書，第三階段第七學年起，可練習書寫簡易硬筆行書；3.字體大小：第一、二階段以練習硬筆書寫為主（格子的大小，第一、二學年，約以一點五至二公分見方為度；第三學年起，可酌予縮小。毛筆字的練習，第一階段（第三學年）起，開始練習大楷毛筆字，格子的大小，以八至十二公分見方為度，可採用九宮格、米字格或田字格），第二階段（第五學年）起，兼習中楷，格子的大小，約六至七公分見方為度（第七學年起，除中楷、小楷外，練習簡易行書）；4.各年級硬筆、毛筆寫字教學，均宜編寫或編選字帖、練習簿。字帖、練習簿、練習簿內的字例，以兒童學過的生字為原則。（十二）閱讀教材：1.宜涵括古今中外，及鄉土文學中具代表性的作品，以增進學生對多元文化的認識、了解及尊重；2.生字及課文字數應就難易程度，適當分配，力求合理，並充分的複習機會；3.應配合教材內容、學習需求，提供合適的插圖或圖表（插圖主題要正確，畫面要生動有趣。第一階段圖文篇幅比例，各佔一半為宜。第二、三階段，可視課實際需要，酌情增減）。（十三）作文教材：1.應配合單元教材及相關教材，並以學生生活經驗為中心，引發學生習寫作文的興趣。聯繫作文基本練習（造詞、造短語、造句、句子變化），敘寫技巧（擴寫、縮寫、續寫、仿寫）及寫作步驟（審題、立意、選材、組織、修改、修辭等）配合習作、寫作練習等，由淺入深，作通盤的規畫安排，分派於各冊各單元之中；2.作文教材宜配合學生需要、季節時令、生活環境，以啟發學生的創意，並設計不同題型，以供學生練習；3.也可視實際教學需要，單獨編輯作文教學教材。（教育部，2003a：55-57）

　　有別於先前國小、國中的教科書一律是採用審定本的政策，由教育部列入以上十三點編選要點來規範教科書的出版廠商。以上所談到的各個要點幾乎把語文科學習的各層面都兼顧到，屬於相當完美的教科書類型；然而，現行學校所採用的教科書似乎不是如此符合以上的要點。，由此可得知，教育部的審定制度有未盡完善、值得改進的空間。我個人認為並不一定要完全符合以上各點的要求：教科書顧名思義是提供給學生學習的教材，不需要刻意設定學習內容，可以將選用教材的標準放寬，秉持審慎且開放的態度來選用教材。既然已一再重申以多元文化教育的觀點來進行教學，何不教材的選用也採用多元化的教材？習寫生字、認識成語和學會詞組這些必要的學習步驟是缺一不可的，但倘若可以在兼顧這些步驟的同時也能將教材的廣度加深、活絡思維和新觀念的建立，我想這些應該和以上要點都相同重要。相似的同種的中國大陸語文教育也有多次的修訂。大陸自 1949 年政權成立後，語文課程標準共進行過數次修訂頒布，分別為（引自蔡婉君 2005，吳履平，2001；課程教材研究所，2003）：

1950 年《小學語文課程暫行標準（草案）》

1955 年《小學語文教學大綱草案（初稿）》

1956 年《小學語文教學大綱（草案）》

1963 年《全日制小學語文教學大綱（草案）》

1978 年《全日制十年制學校小學語文教學大綱（試行草案）》

1980 年《全日制十年制學校小學語文教學大綱（試行草案）》

1986 年《全日制小學語文教學大綱》

1988 年《九年制義務教育全日制小學語文教學大綱（初審稿）》

1992 年《九年義務教育全日制小學語文教學大綱（試用）》
2000 年《九年義務教育全日制小學語文教學大綱（試用修訂版）》

大陸語文課程標準的修訂頒布多達十次以上，相較臺灣，其修訂次數頻繁，而課程標準的修訂與社會歷史的變化密切相關，由《中國共產黨中央委員會關於建國以來黨的若干歷史問題的決議》觀看，其將大陸的歷史分為四個時期：基本完成社會主義改造時期、開始全面建設社會主義時期、文化大革命時期、全面開創社會主義現代化建設新局面時期，每個時期均有一至二次不等的課程標準修訂頒布，配合社會主義的發展，課程標準也有不同的階段性任務，所以其修訂次數頻繁。

以臺灣語文教育演進來看大陸的語文教育史，中國的語文教育維繫著數千年古老文明與四個現代化輝煌前景「精神橋樑」，關係到世世代代、數以億計炎黃子孫的思想文化建設，成了足以影響整個中華民族國民素質的宏偉事蹟。中華民族有文字記載的語文教育，至少也有 3000 多年歷史。（李杏保、顧黃初，1997：3）。中華民族現代史以 1840 年鴉片戰爭為序幕；中華民族現代文學教育史以 1919 年「五四」新文化運動為發端；中華民族現代語文教育史當以 1903 年語文教育獨立設科而掀開扉頁。中華民族現代教育與古代傳統教育的劃時代標誌，在於手段等方面。發生了一系列性質上的巨大變化。（同上，4）中華民族的語文教育，源遠流長，但是對語文教育本身的研究（就是研究如何進行語文教育，或對語文教學實施方法進行討論），卻直到封建社會後期甚至末期才有人逐漸注意。中華民族最早的小學語文教學法著作《教童子法》是晚清問世的。（謝象賢，1997：1）就以大陸的語文教育來說，其主要教學

語言是漢語，所以也可稱為漢語文教育。張隆華（1991）認為語文教育而不稱「語文教學」，是因為「語文教育」比「語文教學」包含的意義和範圍更廣。任何語文教學，都不能沒有教育因素。教育涵蓋的範圍較廣，其中包含教學的這個理念與臺灣的語文教育有異曲同工之處。臺灣的語文教育修訂次數雖不如大陸的次數來得多，但每次修訂都會給教學目標和能力指標部分添幾項要點。閻立欽（1998）在〈我國語文教育與近代以來社會變遷的關係及啟示〉中，提到語文教育通常指的是關於自己祖國的語言的教育活動。祖國語言負載著自己的祖國和民族的思維方式、思想情感、承傳著自己祖國綿延不息的文化，具有深刻的底蘊，因此語文教育不同於一般地單純學習某一種語言的活動。這一個歷史時期，中國大陸語文教育有過四次比較大的變化和改革，每一次都和當時社會的發展變化有著密切的關係。第一次變革發生在 19 世紀末到本世紀初葉。第二次變革發生在「五四」運動以後到本世紀 20 年代。第三次變革是在 50 年代初期。第四次變革開始於 1978 年改革開放以後。

第二節　語文教育上的重大轉變

上節談到我國語文教育制度上的演進，此節將詳談幾次在語文教育上的重大轉變：包括 1968 年實施九年義務教育，語文科教育上的改變；1996 年起採用民間審定的教科書，帶給語文教育的影響及九年一貫之前的轉變；2001 年起五年級學生開始學習英語課程；2005 年起英語教學確定從三年級開始實施教學等重大轉變。自 1968 年政府實施九年義務教育以來，國民小學課程標準經歷了1968 年、1975 年、1993 年、1995 年等四次修訂；不過，於 2000年 9 月 3 日所公布的國民中小學九年一貫課程暫行綱要改革卻有相

當大程度的變動。九年一貫課程暫行綱要要將以前的國語文和鄉土語言（閩南語、客家語、原住民語）合併為本國語文，這樣使得原本的語文教學時數減少，而需要教學的語言卻增加。陳昌維（2002）認為國民中小學九年一貫課程暫行綱要語文領域課程和先前的國語文課程有很大的不同：語文領域包含了國語文、英語、鄉土語言（內含閩南語、客家語、原住民語），範圍擴大了，教學時數卻減少了。1968 年開始實施九年義務教育，教育部所公布的國民小學暫行課程標準中國語科所列出的課程目標：（一）指導兒童由語文的學習活動中，養成倫理的觀念、民主的風度及科學的精神，激發愛國思想，並宏揚中華民族的文化。（二）指導兒童由語文學習活動中，陶鎔思想情意，以培養其豐富活潑的想像能力，和有條不紊的正確思考能力。（三）指導兒童學習注音符號，用以幫助說話和識字，並能達到運用純熟的程度。（四）指導兒童學習標準國語，養成聽話及說話的能力和態度；1.聽話方面：凝神靜聽，把握中心，記取要點，發問謙和有禮；2.說話方面：發音正確，語調和諧，語句流利，態度自然和藹。（五）指導兒童熟習常用國字，能夠識別字形，分辨字音，了解字義，並能熟悉國字的基本結構。（六）指導兒童研讀國語課文，養成良好的閱讀習慣，了解文章的作法，及下列四種閱讀能力，以適應其生活上的需要：1.迅速瀏覽，了解大意；2.用心精讀，記取細節；3.綜覽全文，挈取綱領；4.深究內容，推取含義。（七）指導兒童閱讀優良課外讀物，養成欣賞兒童文學作品的興趣和能力。（八）指導兒童養成自動自發的寫作意願和態度，及寫作的基本能力，以其所寫作品，達到下列要求：1.敘述清楚，題旨明白；2.詞句恰當，文法正確；3.情意豐富，文理通順；4.層次分明，結構緊密。（九）指導兒童學習寫字，養成正確的執筆運筆的方法，和良好的寫字姿勢，以及書寫正確、迅速、整潔的

習慣。（十）指導兒童養成對自己語言文字的負責態度。可見 1968 年國語暫行課程標準課程目標有兩個的特點：（一）語文活動和愛國思想的結合。（二）國語課程總目標中提及聽話、說話、閱讀、寫字、作文等能力及習慣的培養，另外也提及標點符號運用純熟的部分。1975 年 8 月所修訂的國民小學國語課程標準總目標和 1968 年國語暫行課程總目標相差不多，在閱讀能力方面增加了：深究內容，推取含義的項目。1992 年 9 月教育部再次公布的國民小學課程標準國語課程標準總目標略有變動：（一）培養倫理觀念、民主的風度、科學的精神。激發愛國思想，宏揚中華文化；（二）擴充生活經驗，陶鎔情意。培養想像、思考的能力，樂觀進取的精神；（三）認識國語文的特質，培養熱愛國語文的情操，和對自己所發表的語言文字負責的態度；（四）具有使用標準國語，充分表達思想情意的能力；（五）具有認識常用標準國字、閱讀書報及欣賞文學的興趣與能力，並能利用圖書館以幫助學習；（六）具有表達思想奇異的語體文寫作能力與興趣；（七）具有正確的寫字方法和良好的寫字習慣，並能欣賞碑帖。1968 年國語暫行課程標準中分段目標以低年級、中年級、高年級來作為區分；低年級共有十條，中年級共有九條，高年級共有九條。（教育部，1968：76）1975 年國語課程標準也是按照低年級、中年級、高年級的方式來區分；但是相較於 1968 年國語暫行課程標準，低年級的目標增加了「指導兒童養成用標準國語講述簡短的話，發表自己的情意」。（教育部，1975：77）中年級的目標增加了：「指導兒童能各自搜集和整理材料，運用語文有條理的發表自己的情意」、「指導兒童對於標準國語，能聽能說，發音正確語句流利和和諧」、「指導兒童了解基本的作文要領，能運用各種寫作方法習寫短文」。（同上，78）高年級的目標增加了：「指導兒童能獨立思考，使思想清晰，內容豐富，

充分表達自己的情意」。（同上，79）1993 年國語課程標準的分段目標較以往的課程目標分段目標改變的幅度較大，有以下的特色（陳貞臻，1999）：（一）依說、讀、作、寫列舉目標，分段目標是實現總目標的具體要求，根據國語的內涵分別列出說話、讀書、作文、寫字的目標，使課程發展的專家、學者能夠清楚的辨別各項學習活動的重點，也使教學者對其所教導的年段所須掌握的學習效果，有清楚的認識；（二）說話教學中明列「聽」的教學目標。雖然 1975 年的國語科課程標準提到聽的教學，但是 1993 年的所修訂的國語科分段目標明白列出「聽」的能力與習慣，使說話的教學具備有加強人際溝通能力的意義，符合民主時代生活的需求；（三）低中高年級的排列，自然彰顯各年段之間的層次，有利於教材的編寫、教學評量的編擬、以及未來整體評鑑國語能力的參考。綜合上面的論述，1968 年國語暫行課程標準及 1975 年國語課程標準中的總目標仍然把語文活動與愛國思想相結合；依總目標的類別來分，可分為聽話、說話、閱讀、寫字、作文等項目。到了 1993 年國民小學課程標準的修訂，國語課程標準總目標比較統整，其愛國思想的意識型態仍然存在，但是不在總目標裡列出了聽話、說話、作文的項目；相較於 1968 年、1975 年的國語課程總目標，增加了對於碑帖的欣賞及利用圖書館以幫助學習的項目。（陳昌維，2002：29-30）由此可知，1968 年的國語暫行課程標準和 1975 年的國語課程標準中的分段目標，是以低年級、中年級、高年級的目標作區分；而 1993 年的國語課程標準中的分段目標維持以低年級、中年級、高年級來區分分段目標，另外增加說、讀、寫、作等項目。

政府開始採用民間審定的教科書。所謂的教科書，為教材的一種，向來是教師的「教」和學生的「學」所使用最廣泛且頻繁的工具，影響初學者的認知、學習方向以及思考方式，更是政府藉以達

成教育目標的主要途徑之一。（陳淑華，2002：9）教科書有統編本和審定本兩種版本；所謂統編，係指教科書內容的編輯，由中央政府負責邀請專家學者統一編撰後，再自行印行或委由民間印行，直接銷售至各學校。（同上，9）所謂審定本，係指教科用書內容的編輯，由民間出版社或個人依照課程標準編撰，復由政府機構進行審查，經審查通過核發執照後，再由學校選用的制度。（同上，10）李昀華（2006）考察到在課程內容架構部分，臺灣國語文教科書由識字與寫字教學、聆聽與說話教學、閱讀與作文教學、統整活動教學等四部分所組成。陳淑華（2002）也考察到政府在教育改革團體與民間殷切盼望下，更為因應教育多元化與自由化的趨勢，教育部對於國小及國中教科書編輯制度的政策有了重大改革：1989學年度起，國中藝能科、活動科目所用的教科書首先開放民間業者編輯；緊接著是 1991 學年度國小一至六年級藝能科、活動科的開放；1996 學年度起，藝能科、活動科以外其他一般教科書逐年開放，預計 2002 年 9 月起全面開放國小教科書的編輯，屆時國立編譯館將退出市場。也就是，教科書的開放是由國中藝能科目和活動科目開始由民間編輯審定本，接著是國小的一到六年級的藝能科、活動科以及其他科目逐年開放審定本正式進入國民基礎教育。另外，黃志生（2002）還考察到 1993 年才公布的現行國民小學課程標準，自 1996 年起實施，距今（2002 年）也不過五年的時間，所謂的新課程（就是 1996 年版修訂的課程標準）就即將步入歷史了。而「九年一貫課程總綱要」更是在幾次的會議研議後即行定案，且在推行表上限制時間，得在預訂的一年內擬妥公布各領域的課程教材綱要，然後開放民間出版機構在一年內據為編印教科書。業者得於 2000 年 9 月前送審，2001 年 8 月就公布審查通過的出版書籍，供各學校選擇使用。這也就表示國小課程所使用的教科書有新版

（1996 年版）和舊版（1993 版）及九年一貫課程的教科書一起出現在國小教學現場。

　　1998 年教育部公布「國民教育階段九年一貫課程總綱綱要」，將英語列入國民小學正式課程，並自 2001 年起由國小五年級開始實施，此為我國英語教育初次由國中向下延伸至國小教育。因此，2001 年起五年級學生開始學習英語課程、2005 年起英語教學確定從三年級開始實施教學這兩項對語文教育上具有影響力的政策，英語學習風也是從這兩項政策陸續在小學語文教育發燒，所有家長、老師和學生無不卯足全力運用各種管道提升英語能力。林政逸（2003）認為九年一貫課程實施英語教育政策，至今（2003 年）不過兩年餘，卻由於主客觀因素影響以及缺乏相關配套措施，使得原先立意良好的英語教學政策執行起來問題與爭議不斷，諸如「各縣市國小英語教學實施年級不一」、「雙峰現象」、「師資缺乏」、「教材不一」及「硬體設備不夠」等。雖然，政府已經統一在 2005 年國小學生從三年級開始學習英語，但仍有許多私立學校先行搶進度趕在小學生進入一年級就開始學習英語，並以此為招生的噱頭、強調孩子不可以輸在起跑點上的理論說服家長。然而，在本身母語並未完全學習至可以應用的程度，就接受第二外語的學習，效果有限。學生同時接受多種語言的學習也並非絕對效果不彰，在教學上仍是有例子可證明，也有專家學者提出同時學多種語言並非壞事的說法。楊聰榮（2007）就舉證臺灣語言教育的問題，不在於時數不夠，或相互排擠，而是沒有提出前瞻性的思維與期待，沒有提供足夠優質的語言學習選擇，讓多語言的學習可以達到應有的成效。因此，這樣的論述也許可以減輕大家對教育部將語文學領域包含英語、鄉土語和本國語的政策的疑慮，問題也許出在我國在執行推動

國小開始學習英語這項政策時，缺乏完整的因應措施，包括師資、教材、甚至設備和整體環境營造不夠成功所造成的。

第三節　語文科教學的改革與階段目標

現行國民中小學課程標準分別於 1993 年及 1994 年修正頒布，由於新世紀需要新的教育思維與實踐，在現行課程逐年實施之際，教育部認為可同時進行下一次課程改革的規畫，以凝聚國人對教育改革的共識與努力，進而創造學校教育的新境界。本次課程修訂分為三個階段進行，各階段的時程及主要任務如下（教育部，2003b：1-2）：

(一) 第一階段：成立「國民中小學課程發展專案小組」（1997年 4 月至 1998 年 9 月）：1.研訂國民中小學課程發展及修訂的共同原則。2.探討國民中小學課程共同性的基本架構。3.研訂國民中小學課程應有的學習領域、授課時數比例等課程結構。4.完成「國民教育九年一貫課程」總綱。

(二) 第二階段：成立「國民中小學各學習領域綱要研修小組」（1998 年 10 月至 1999 年 11 月）。1998 年 9 月總綱公布後，教育部隨即著手進行第二階段的任務，並於 1998 年 10 月成立「國民教育各學習領域綱要研修小組」。

(三) 第三階段：成立「國民中小學課程修訂審議委員會」（1999年 12 月至 2002 年 8 月）。教育部於各領域綱要草案完成後，隨即於 1999 年 12 月成立「國民中小學課程修訂審議委員會」，其主要任務為：

1. 審議並確認各學習領域課程綱要內容之適當性。

2. 審議並確認國民中小學課程綱要的公布格式及實施要點。
3. 研議並確認推動新課程之各項配合方案。

九年一貫課程係指 1998 年 9 月 30 日所公布「國民教育階段九年一貫課程總綱綱要」後，再根據綱要擬定各學習領域課程綱要：於 2000 年 3 月 30 日公布「國民中小學九年一貫課程（第一學習階段）暫行綱要」、2000 年 9 月 30 日公布「國民中小學九年一貫課程暫行綱要」；再針對一些能力指標修訂後於 2000 年 12 月 20 日公布及 2001 年一月修訂版「國民中小學九年一貫課程暫行綱要」，並預計於 2001 年由國小一年級開始實施，以四年實施完成的「九年一貫課程」。

九年一貫課程總綱綱要所訂的課程修訂的要略可歸約為：

(一) 提出「基本能力」為課程學習目標。
(二) 實施「統整課程」，擬以「學習領域」取代傳統科目本位的分科課程。
(三)「彈性課程」的設置。
(四) 力求九年一貫。
(五) 發展學校本位課程。

語文科教學所面臨改革的狀況，就屬上一節談過的教科書開放民間審定本和英語教學向下延伸至三年級的問題，為九年一貫新課程實施之後語文科所面臨到改革後的狀況。要如何克服一綱多本的問題，實屬教育單位與教師需要付出心力的課題。另外，英語教學提早實施對學生的學習真的能將外語學好嗎？既然提早學習的年紀，所使用的教材是否應該隨著年紀作改變？教學方法是否也應該

作調整或更創新教學法？九年一貫的新課程對於語文科教學而言，有新的期待也有令人擔心的地方。王基倫（1998）在〈開放革新——現階段臺灣地區小學國語語文教育政策之省思〉中，曾針對國語教科書開放民間編選之後，編輯者的學養能力益形重要。各家出版業者為求教科書的內容能適合兒童的能力和興趣，多已委請學者專家及富有經驗的國小教師參與編寫工作，只要發揮自我的專業能力，同時活潑化、故事化的方向發展，就能讓學生日益喜歡課本。這樣的論述對教育部當時開放教科書編審和交辦給民間出版社出版的用意給予肯定，教材生動、有趣的確可以吸引學生的注意力，加強對學習教科書的興趣；然而，這十年下來，我們見到幾乎每家出版教科書的出版社無不煞費苦心把書本的版面和美編設計得越精美越好，書裡的內容也充滿了大膽用色的基底和色彩繽紛的插圖，但在精美的包裝外，我們卻看不到與包裝一樣令人驚豔的內容。這也是本研究第六章的重點，盼能增添新創意給予教科書不一樣的內容，也能豐富它的包裝。

　　語文科教學上面臨一項重大的改革，應屬於九年一貫課程的實施。國民教育階段九年一貫課程的基本理念係源於邁向二十一世紀各國從事教育改革的大趨勢，事實上是符應社會進步、國家競爭力的需求、回應教育改革總諮議報告書、以及考量兒童受教權利之下的產物。（林殿傑，1999）因此，國小開始進行英語教學的政策也正是因應希望社會進步、提升國家競爭力所規畫而來的新課程政策。許德便（2007）在〈九年一貫課程理論與實際問題探討〉中，針對九年一貫課程發展的時代背景，從社會變遷與課程發展的因應分析後，發現九年一貫課程改革反應了時代精神：（一）反「權威」：我國以往課程發展大抵是一種「由上而下」（top down）的模式。教育部屬於上游，主導課程標準修訂，成員及行政人、學科專家為

主體，而教科書更是以此標準為準則。國立編譯館成為「中游」編訂國定本，學校則成為下游採購。自從開放教科書民間審定本採用後，讓國立編譯館的教科書不能再繼續壟斷整個市場，使整個教科書市場自由化，也讓出版教材更契合九年一貫課程的改革目標。（二）反「知識」本位：五十多年來，「學科本位」反映在課程標準中是相當明顯的，隨著學術的快速分化，中小學的學科數不斷增加，而學生書包的重量也隨著加重。有別於填鴨式的學習方式，教學內容儘量以貼近學生日常生活為原則，再次重申九年一貫的精神是培養帶得走的能力。（三）反「精英」導向：在民主社會中，教育的主體是全體受教者，每位學習者都應獲得其適性發展的機會。主張每位學習者都應該擁有同等的受教權，並不因生長環境、家庭背景以及先天上不足的原因所造成教育資源不均等的問題。強調平等的受教權應是民主國家所迫切改善的要務之一。此外，反精英政策也針對過去教育都較獨厚學業成績表現好的學生，對於潛能未被開發或擁有其他特殊專長的學生卻無心去引導或改善教學方法，這些都是教改下希望能帶來新的教學與學習思維。談到語文科教學改革，就不能不談到課程統整。陳伯璋（1999）認為九年一貫新課程彰顯了學校本位（school-based）、統整課程（curriculum integration）、空白課程（null curriculum）、能力本位（competency-based）及績效責任（accountability）等重要教育理念。換句話說，九年一貫新課程的目的在於以學校為中心，發展具有學校特色與意義的課程；以提供更多彈性時間及空間推動教師專業自主，發展學校與班級課程；以培養現代公民基本能力為課程設計的核心；並以學力指標的訂定，加強學校與教師的績效責任。游家政（1999）則將統整課程歸納為下列六項特質：（一）統整課程是「被整合的」教育經驗；（二）統整課程是「自我整合的」教育經驗；（三）統整課程

71

是基於「學習」的本質與「學習者」的需求；（四）統整課程是學校本位的課程發展；（五）統整課程是要彌補而非取代分科課程；（六）統整課程必須兼顧垂直組織與水平組織。就以現行語文教育來說，將國小語文科分為本國語和英語，以語文科包含多種語文，也屬於被整合的教育經驗，至於語言的學習就是一種自我整合的過程。多種語文的學習基於多元化教育的本質和學習者本身的需求，與世界接軌、傳承母語的精神、以及國語文能力的提升等等原因，也算是符合學習這些的需求。至於第五點是要彌補而非取代分科課程，國小語文科課程將鄉土語與英語納入範圍內，本意就不是要作分科教學，而是採取統整國小語文科課程就是要學這幾種語言為主的教學規畫。將這幾種語言併入語文科的課程學習，就是要學習者藉由這樣的統整課程來執行九年一貫新課程。九年一貫新課程似乎與課程統整已經是無法分割的名詞，如何將語文科統整過後能符合九年一貫課程標準、又能契合學習者的需求、教師的教法突破以及整體教育制度的汰舊換新的新氣象，都值得各方加入探討和研究。

第四節　近年來語文教育上的重大決策與施行

　　承接上節所談到的課程統整，對課程統整的定義為「課程統整是課程設計的理論，透過教育工作者與年輕人共同合作、而認定的重大問題或議題為核心，來組織課程，以便促成個人和社會的統整，而不考慮學科的界限。」取題材來自不一樣的人，會有不一樣的火花激盪出現，經過課程統整是由教育者和年輕人一起共同合作，會選出更符合九年一貫課程標準的課程來作統整。（單文經、陳美如譯，200：36-66）高一菁訪黃炳煌（2001）認為統整就是「把兩個以上不相同，但卻相關的個別事物組成有意義的整體」。就如

同語文科領域一樣，把鄉土語、英語兩個以上的語言，卻是不同於本國語文的語言，但卻相關的個別語言組成有意義的課程統整。因此，課程統整（curriculum integration）是一種歷程，著重課程如何統整；而統整課程（integrated curriculum）則是一種結果，係指經過統整而成的課程。二者的目的之一，都強調如何展現在教學上。然而，不見得所有的統整就是好的統整。課程統整通常要注重概念的完整性，也就是統整必須符合三個規準：意義性（significance）、連貫性（coherence）及關聯性。因此，基與三大規準在課程統整上的涵義，可以分為以下三點（鍾德馨，2002：28-29）：（一）課程統整就在整合教科書的內容；（二）課程統整乃在促進教學與生活的結合；（三）課程統整係理論與實際、結構與認識、組織與本體的整合。由上述論點可以得知，進行課程統整的重要性可見一斑。經過課程統整過後，可以將教科書的內容進行整合，等於再次進行修訂。經過課程統整過後，可以將教學與日常生活更加緊密地連結在一起。這點更是符合九年一貫課程目標，貼近學生的日常生活，拉近學習的距離。黃譯瑩（1998）從心理學、教育學、社會學、知識論、一般哲學及中心精神的角度，說明「課程與統整」的意涵：（一）就心理學角度來看，「統整課程」是指個人本身所發生的有意義的學習；（二）就教育學角度來看，「統整課程」是指由教師或課程專家所指導的教學活動及對學習者學習內容的規畫，上述活動與規畫，不同科目之間將會被聯繫起來，安排成許多學習單元或問題解決情境；（三）就社會學角度來看，「統整課程」是指一個人與他人及組織互動，也參與組織與組織之間的互動，而使彼此的必然差異被互相了解、同化或調整，個人在此過程中將發展出自我適應的感受與其相關能力；（四）就知識論角度來看，「統整課程」是指一群知識體以其共同的研究方法來統整、或某一知識體回溯其

知識原始型態的運作；（五）就一般哲學角度來看，「統整課程」是指不斷的將社會、個人、所有事物、各種形式運作及物質與精神生活上的各種情境相互碰撞在一起，以幫助思考及行為準則演化至更高的整合層次；（六）就中心精神來看，「統整課程」就是指在連結中建立新連結、完整化連結、並追求不斷更新的運作歷程。由以上六項論點可以更清楚課程統整的定義，也可以由以上論述肯定教育部對九年一貫課程改革及統整的努力。藉此了解統整的不只是課程，而是將整個課程融入日常生活，並運用統整的精神將人的生活層次提升至更高的境界。這可以讓我們對課程這個名詞思考更加深入：課程難道就只是泛指教科書上的內容、抑或是教師上課所傳授的教材，就是所謂的課程？如果所有的社會行為也都稱為課程，而教導我們的就是這個社會，因此課程的範圍是相當廣的。吳耀明（2004）針對現代課程觀的省思有更仔細的看法：課程並不只是教科書所呈現的知識內容或是計畫好的學習經驗，而是更加廣泛涵蓋了整體的教育實踐，包含由學校所促成的正式與非正式的教學內容與過程，使得學習者能獲得知識，產生理解，培養技能、改變態度以涵養鑑賞能力與價值觀。

回到九年一貫課程共有語文、健康與體育、社會、藝術與人文、數學、自然與科技、綜合活動等七大領域。「藝術與人文」學習領域是以人文素養為核心內涵的藝術學習，包含了視覺藝術、音樂、和表演藝術；主要精神在於強調：（一）「國民教育目的」、藝術教育法的「一般學校藝術教育」目標和「學校本位」藝術領域課程，這三者間的一貫性；（二）「國民中、小學」藝術課程目標的一貫性；（三）各學習年段「藝術課程內容」的一貫性；並以探索與創作、審美與思辨、文化與理解三大目標主軸的分段能力指標與十大基本能力相配合，以課程統整的方式將課程設計出培養學生藝術知

能、提升藝術鑑賞能力、鼓勵積極參與藝文活動、陶冶生活情趣和啟發藝術潛能與人格健全發展。林公欽（2001）認為課程統整理念的依據有二：一為不同學科知識間所具有的共同邏輯結構或近似的中心思想；二為社會生活的實際經驗原就是許多相關知能的綜合。也因此可知藝術和人文應可歸納於同一課程領域中；當然音樂、美術、雕刻、戲劇、舞蹈也可納入在同一領域。將各分立的學科相互聯結成一整體、或將幾個學科融合成一個新的整體，以一具綜合性的主題為中心，包含多種學科的內容，並將各學科教材重新編排分配，而設計出的多個單元，實施跨學科的整體性教學。課程統整的意義並不是將相關的學科進行分科教學，而是希望能將相關課程統整後每個科目所佔據的時數一樣多、同等重要。以上論述以藝術與人文領域為主要討論的課程統整重點，當然將許多人文課程併在一起，對於授課教師一定會有某種程度上的壓力和挑戰，如何等量將每科帶入教學，且不能造成偏頗現象，的確造成教學上的困難度。這也是九年一貫新課程實施後，對每個領域的教師帶來新思維來思考未來教學方向，並且可以回顧過去的教學是否有需要加強或改進的地方。適度的改革也絕非壞事，只是剛開始適應期會是一項辛苦的過程，相信經過小組討論和觀摩會讓九年一貫新課程領域成功進入國小基礎教育，並且將其教學理念深紮至每位教學者和學習者的心中。近年來，語文教育上經過九年一貫新課程的實施後，將許多相關的課程統整在一個領域之後，成了現在的七大領域，這對語文教育應屬於重大的決策。還有 1996 年教科書開放民間審定本的政策，也相對帶來相當程度的影響，有別於先前一律採用國立編譯館統一出版的國編本。將審定制度開放後，讓欲搶食這塊教科書大餅的廠商，無不摩拳擦掌地等待能搶攻下國小、中的市場，最好是能夠一枝獨秀、獨攬市場。王素芸（2004）認為教科書所以改採審定

制度，與時代思潮背景有密切的關係。在政治解嚴之後，民主開放、自由、多元、自主選擇等成為臺灣主流的價值觀念。所謂的民主開放，就代表一切制度將走向較以往制度自由的境界。唯有開放整個教育制度，才能培養新思維的人才，而不是原地踏步，依舊遵循著以往制式的充填知識的教學方法，如此下去只會養出一群追求知識的唸書機器人。開放審定制度一直是政府提供給民間出版機構的一個好機會，也是希望藉由開放審定版後，能有更多的教科書版本供學校選用，提供學生多元學習的教材的管道；但是也並非完全沒有問題。因為審定制度的實施不全然是一片美好榮景，除了實施過程中官方與業者對於推動時程、試用制度、審查過程與結果、定價議價等迭有爭議之外，也出現許多未盡理想或反動的聲音。本研究第六章將會有詳細的論述並探討其原因。另外一個語文教育上重大決策就是 2005 年國小三年級開始學英語，以往是從五年級才開始學英語，而顯然地我國的語文教育對於英語學習的重視，不得不向下延伸至國小三年級就開始學外語。何琦瑜、林玉珮（2007）認為臺灣早在十多年，英語教育向下延伸，就已經列入教改的議程。2001年教育部首度順應民意，將英語列入國小五、六年級正式課程。2002年行政院宣布「六年國家計畫：挑戰 2008」，預計在十年內將英語列為準官方語，提升全民英語，規定公務人員參加英檢，英語環境建置等措施出列。教育部推動「e世代人才培育計畫」，決定從 2005 年度提前至小三實施英語課程，臺灣英語教育由此邁向新的扉頁。

第四章 語文教育政策與制度的影響

第一節 增加鄉土語文與外來語文的教學時數問題

繼前章所談到教授鄉土語文所面臨到的問題，與本國語文教學上的問題雷同，不外乎是師資專業備受質疑、時數不足和教材未統一等問題。經過十年教育改革，語文教育看似被徹底改革了、但也徹底改變了。國小基礎教育以國語文的學習為主要學習領域之一；然而提倡學習多元化，讓語文教育的學習範圍變得更廣泛，除了本國語文的學習，還有鄉土語和英語課程加入語文教育多元化的教育改革內容之一，這兩個語言課程的加入，讓語文科的學習內容看起來豐富且充實，各式各樣的教材與教法也因應而生，讓新手教師或資深教師都必需處於隨時能應變的備戰狀態。鄉土語文和外來語文學習時數不只是瓜分掉本國語文學習時數的問題而已，它們的存在也對整體語文教育學習造成負擔。由於鄉土語每個星期只有一堂課，大多數學校由校內教師充當鄉土語教師來任教，或者由教育單位指派經過培訓的鄉土語教師作巡迴式的教學，因為正式合格專業的鄉土語教師數量實在不多；再者，鄉土語教師並無正式教師的職缺可任教，大多以巡迴教學的方式來累積時數和賺取鐘點費，待遇與一般教師有相當的差距，因此想要留住優秀的鄉土語教師留校任教讓學生有多一點學習機會和時間的可能性不大。一星期一堂課的教學成效有限，在這樣有限的資源、有限的師資、有限的時數和無特定的教材的學習環境下，學生的學習結果可想而知，勢必要達到既定的教學目標有相當大的差距。

　　江侑蓮（2005b）談到九年一貫課程雖然擴充了「語文」的內涵，變成一個領域，但是不同語言，國語文、鄉土語、英語之間的「排擠」效應，也對語文的學習產生不利的影響。是以「時數」大幅縮減的問題，當是影響當前語文學習成效的首要因素。在國語文、鄉土語和英語這三種語文科目所組成的語文科，對學習者來說，是一項相當大的挑戰，語文的學習都需要仰賴時間的累積才能見到成效，時數的不足問題對於教學者是一大考驗；如何在有限的時間內將語文科傳授給學習者，又必須兼顧到學習目標、教學目標和學生學習反應等等問題，顯然易見的，不足的學習時數對學習者和授課者都有相當大的影響。以國語文科學習來說，容易被淺化其學習價值，由於是母語學習，對許多人而言，會將其認定為只要會看、會說就學得好；其實不然，要將國語文學好，不單單只是強記生字新詞而已，更重要的是能將本身的語文能力提升之外，運用至了解本國的文化和欣賞詩詞歌賦，進而能自行創作出屬於自己的作品，能達到這樣的程度才能堪稱語文能力好；倘若只是過度在意成績上的表現，一定會模糊學習的主要目標。閩南語教學最為眾人所詬病的問題為教材編輯的問題，以羅馬拼音或注音符號拼成的教材提供給學生使用，不僅無法達到學習到閩南語本身的美感，更無法將閩南語深植於學生的日常生活裡。學習語文應該要能充分了解句子的含意，尤其是針對閩南語並無固定的文字可供識讀，讓學生先了解其含意才能幫助學習，在無形中，學生可以在適合的場合正確使用閩南語的句子，而非將閩南語的應用只停留在幾句簡單的生活問候語，而無法拓展學習的範圍。除了教材的問題，加上授課時數不足的問題，使得鄉土語的學習成效不彰。在九年一貫政策強調學生應培養國際觀，因此國小英語課程備受重視，政府一連串鼓勵學習英語風潮確實將臺灣整體學習英語的人口大幅增加，臺灣的英語

教育也以往下紮根的方式讓小學生在國小三年級便開始學習英語，有許多家長或學校甚至都把在幼兒時期的孩童送至坊間教育機構，或者延攬名師至家中授課，形成一股英語學習熱潮。在坊間英語相關教育機構一間間的成立，幼兒學英語也成為幼兒教育重點的商業考量，在這樣的強勢進攻學生的英語學習領域，讓許多小學生在面對學校內開設的英語課程並不會感到跟不上的問題，因為有許多課程已經先學過，到學校學習英語課程成了一種複習，這樣的領先學習風潮對於語文科的英語學習時數問題，似乎有了解套的方式。看似有了解決的辦法；其實，學校的英語課程形成一個滑稽的現象，有許多在英語表現良好的學生，大多是有經過課後輔導的結果。也有部分學生是沒有基礎按照學校的編排下，開始學習英語，而教師這時只能按照既定的教學目標和版本進行教學，無法兼顧到每位學生的學習需求，而造成想要學習進階課程的學生求助於校外坊間單位，開始學習英語的學生又只能接受一星期只有一至兩堂課的英語課。如此學習起點不同下，等到學生上了國中，又必須努力把英語唸好以應付升學考試，以致於國內的英語教育環境總是處於以升學考試為導向的氛圍，無法突破舊有的局面，更無法達到自然而然將英語學好以便能運用於日常生活之中。

　　反觀英語學習時數有其補足之道，對於本國語文就沒有這樣樂觀的補足方法。陳木城（2005）提及時數減少，因為九年一貫把國語教學時間減少，比例降低，由百分之四十降到百分之三十，還包括鄉土語文及英文，所以國語文由原本的 9 到 10 節，變成 5 到 6 節；而韓國、香港、德國、法國等絕大部分的國家都把國家語文教學時數安排 9 到 15 節。與以上的國家相比較之下，我國語文教學時數明顯少了一半以上（表 4-1-1、表 4-1-2）：

表 4-1-1　臺灣 1952-2003 年國語教學時數分配表

單位：分鐘

年代	1952	1962	1968	1975	1993	2003
課程標準	國民學校修訂課程標準	國民學校修訂課程標準	國民小學暫行課程標準	國民小學課程標準	國民小學課程標準	國民中小學九年一貫課程綱要
一至六年級每週教學總時數	8610	8700-9120	8310	8200	7520	6400-7040
一至六年級每週教學時數	2640	2700	2460	2400 每週為十節課	2240 每週為九節課	1120-1760 每週為四到六節課
一至六年級每週國語時數百分比	30.7%	29.6-31.0%	29.6%	29.3%	29.8%	20-30%

（資料來源：羅秋昭，2005）

表 4-1-2　1952-2003 年語文上課時數一覽表

時間		1952				1962				1968				1975				1993				2003
課程標準		國民學校國語社會二科修訂課程標準				國民學校修訂課程標準				國民小學暫行課程標準				國民小學課程標準				國民小學課程標準				國民小學九年一貫課程綱要
每週國語教學項目時數分配	低年級	420				420				390				400				360				第一學習階段
		說話	讀書	作文	寫字	說話	讀書	作文	寫字	說話	讀書	作文	寫字	說話	讀書	作文	寫字	說話	讀書	作文	寫字	1. 一、二年級 160-240 節數為 4-6 節
		混合教學				混合教學				混合教學				混合教學				混合教學				
	中年級	450				450				420				400				400（包括鄉土語言課程一節）				含鄉土語言部分
		說話	讀書	作文	寫字	說話	讀書	作文	寫字	說話	讀書	作文	寫字	說話	讀書	作文	寫字	說話	讀書	作文	寫字	

年級	說話	讀書	作文	寫字	說話	讀書	作文	寫字	說話	讀書	作文	寫字	說話	讀書	作文	寫字	說話	讀書	作文	寫字	備註
	30	270	90	60	30	270	90	60	30	270	90	30	40	240	80	40	40	200	80	40	2.三年級 200-300 節數為 5-8 節含鄉土語部分
	450				480				420				400				400（包括鄉土語言課程一節）				第二學習階段
高年級	說話	讀書	作文	寫字	說話	讀書	作文	寫字	說話	讀書	作文	寫字	說話	讀書	作文	寫字	說話	讀書	作文	寫字	1.四至六年級 200-320 節數為 5-8 節 2.四年級含鄉土語部分 3.五六年級含鄉土語及英語兩部分
	30	270	90	60	30	300	90	60	30	270	90	30	40	240	80	40	40	200	80	40	

（資料來源：羅秋昭，2005）

　　教學時數的減少，勢必影響教師的教學，也間接影響了出版社在設計教材的部分。出版社需要研發出適合教師上課用的教材，時數的縮減，學習內容也跟著縮水，語文學習最重要的閱讀量也隨之減少。陳木城（2005）還認為教改中遍體鱗傷的語文教育有五點原因：一為教學節數大為減少，原本國語從每週 10 節縮為 5 節，而能力指標與舊有的課程並無兩樣；二為因為教學時數不足，聽說讀寫作五音不全，五個語文學習內涵被擠壓得只剩下讀書和寫字，說話沒了，作文沒了，書法也消失。因此坊間出版社必須將原來 18～20 課的課文，調降至目前的 14～15 課，閱讀的課數也減少，語文學習品質也降低；三為語文領域包含國語、鄉土語言和英語三個語言互相排擠；四為廢除基測作文，讓語文教育雪上加霜，九年一

貫實施後，國中升學基測廢除作文題型；五為混亂的語文教育政策：國家必須要有共通的語文，在尊重地方語言原則下，每一個國家都必須要有一個共通的語文。既然已經以國語文為主要書寫語言，就不需要因為國際化，考慮將英語列入官方語言，或是強調自主性或主體性而換成閩南語，應該將本身中華文化的豐富遺產發揮至極，發展出屬於自身的特色。這些重要的問題都是影響學生語文學習成就低落的主要關鍵因素。黃嘉雄（2002）指出語文的學習，所指涉的不只是其作為語文工具的學習而已，尚涉及語文所承載的經濟作用、思維模式、文化維持與創新、政治與身分認同等深層功能。今日臺灣語文教育政策所面臨的最大問題，是如何使三類語文課程（國語、鄉土語言和英語）的安排，能適切反應這些語言的深層功能，並使之彼此平衡。倘若要因應鄉土語和外來語增加教學時數的問題，就要提高國小語文科學習領域的整體時數。黃嘉雄（2002）還認為語文能力是各種課程的根基，因而語文領域的學習節數在國小階段應增加。具體的建議，是將國小各年級語文領域學習節數的比率，由目前 20%至 30%，提高為 30%至 40%；小學一、二年級的生活課程降低為 20%至 30%，其他年級的各學習領域則可維持為 10%至 15%，或隨著學習階段的變化而調整各領域的比率上下限。在國小低年級階段應把語文的基礎打好，提高整體語文科的學習時數對其他科目的學習也有所幫助，將學習節數的比率提高，讓學生接觸語文的時間增加，教師也有更充裕的時間可以準備更多元、更豐富的課程提供給學生，如此一來，學生會有更多的時間可進行大量閱讀。對於同時要學三種語言而增加的時數所衍生的問題，可以得到解決。這原本是教育單位的一番美意，同時接受三種語言的學習，希望能兼顧本土化和培養國際觀，可是現行遇到的問題就是學習時數因鄉土語和外來語加入後，瓜分掉原本本國語文

的教學時數，而教育單位並未將這兩種語文的教學時數也一併加入至語文科學習領域時數，造成學生的學習負擔變重，語文的學習成效也不如預期，倘若能調整教學時數的比例對學生和教師兩方面都會有很大的幫助。

　　九年一貫課程的改革之後，對本國語文的教學時數幾乎減少一大半，而還要將鄉土語和英語一併納入語文科的學習領域時數，看似密集式的語文訓練課程，卻未將學生學習的個別差異納入考量。一般人同時要把兩種語言學好已經不容易，現在卻要求國小學生必須同時學好三種語言，並符合制定出的學習目標，學生是否能將語文學會並能靈活運用？學得好的界定又該如何訂定？再者，現在許多國小已經將英語課列入一年級的課程內，此舉是否有其必要性和迫切性？當小學生已無法將本國語文學好的同時，卻還要跟上國際的腳步，把外來語學好，也不能忘本地也要將鄉土語學好，小學生的「同時」學習已跨過國內外，甚至還要涉及本土化，語文的學習固然重要，但囫圇吞棗式的學習未必會是最佳的學習方式。馮永敏（2005）覺得國內對英語、鄉土語文課程討論不斷，教英語的說英語重要，教鄉土語文堅持鄉土語文，意見十分紛歧。臺灣國小時期英語課程，雖有課程規畫，但要在國小哪一年實施，則是各有堅持，爭議不斷，幾經波折。而各縣市實施上也不同，有的在一年級，有的在二年級，有的三年級。鄉土語文課程的處理，為三語（閩南語、客家、原住民）開放學生自由任選一種學習，在一年級實施。這三種語言的學習在同一個階段，造成互相干擾的現象。尤其是鄉土語，沒有固定的文字和音標系統對於學生的學習造成困擾；倘若能有一套固定的文字和音標辨認系統來協助，學生更容易將閩南語學起來。黃嘉雄（2002）說到目前臺灣的鄉土語言尚缺統一的文字體系，其文學內涵也不夠成熟（當然這可能是國語文長期支配下的結

果），倘若能直接採用或至少大部分採用國語文字體系為鄉土語言的文字體系，多鼓勵採用文采和內涵均佳的國語文轉化為鄉土語文的教材，並於教材中注重在地文化和中華文化的雙主軸地位，則二者間的矛盾或可減弱。閩南語的教學上，無統一的文字和音標系統一直影響著國小鄉土語學習，倘若能有一套通用的系統相信可以將閩南語學習效果大大地提升。在課程編排上，應是本國語文為優先考量的主要學科，可先將閩南語與本國語文先行學習，等到學生本國語文的能力已有一定的基礎，閩南語也能運用自如，此時再加入英語會比較好，同時將三種語言學好的學生一定會有，可是應該屬於少數，語文教育的政策應該包含所有狀況的學生，制定出一套較符合大多數學生需求的政策，而不讓政策執行的結果打折，導致每次面臨教改，各方各有一套說法，褒貶不一，通常是批判的成分居多，使得政策的實施原意被扭曲、參與教育改革者的辛勞被抹滅以及家長、師長及社會對教改失去信心。

　　九年一貫實施以來，我們可以看見國中小學生的語文程度表現如何，不僅本國語文的能力低落、無法正確說出閩南語發音（意思也不懂）、更遑論用英語作表達出具有國際觀的能力。整體語文的學習仍流於表面化，學到的層面太淺，無法作更深入的學習和探討。馮永敏（2005）認為我們設計出亞洲各地區少見的「語文」科課程，其中含有三種語文：國語文、英語、鄉土語文。三種語文為整合而整合，相互擠壓授課時數，實施上反流於外在形式改革。學生內在的語文思維和能力不僅未被激活，卻因為授課時數的窘迫，學習上弱化淺化的種種影響，而受到挫傷。除了增加時數的比率外，將這三種語言在國小階段分段來作一個循序漸進式的教學或許多少可以提高整體語文的程度。九年一貫的制度有其重要性，在政策施行下，是否可以更具彈性、更具人性化？讓制度不只是規畫出

學習目標和範圍，還可以把所有科目的學習能力真的培養出帶得走的能力。所謂帶得走的能力不僅止於溝通無礙的程度而已，各種語文本身所蘊藏的文化更是值得學習的重點。然而，現行的語文教育大多將學習目標訂定在「能」力的培養，國小語文科的學習目標和能力目標界定太廣泛，導致學習層面停留在工具性的能力運用，真正能將語文能力發揮至文字表達暢順，卻成了語文教育要面臨的另一個難題。增加語文的種類，同時也需要花時間消化學習的內容，到底是該以本國語出發，把鄉土語和英語課程作適度的時間調配，或者以多頭馬車的方式同時進行，都需要教育單位與學校根據語文學習的現況再作調整。

第二節　接受的文化刺激不足問題

　　李世中（1998）考察到古代教育是以語文學習和文化教育為主的。在中國，儒家的經典著作，從漢代的五經、七經到唐代的九經、十二經，直至南宋的十三經，一直是教育的核心內容。在學習本國語文的過程，經典的詩詞歌賦是有被納入為教材的必要性，懂得欣賞詩詞歌賦是語文能力提升的最佳證明。然而，現行的教材所採用的文章相當多元化，以往較少見的本土文學被採用的篇幅增加了，兒童文學的文章比例也有增長的趨勢，相對的文言文的詩和詞比例相形之下較為減少，也許是出版商為了因應教師教學方便，對於採用的文章作了取捨。現在的語文教學特別容易流於形式，強調於生字與新詞的背誦與書寫，還有修辭的用法，以利考試應付題型。其實，真正的絕妙好辭都是跳脫一般既有的修辭方法，用簡單的文字表達出深刻的情感和含意。刻意地運用修辭格寫出的文字不一定會感動讀者，所以語文教學上修辭只需教導何種修辭法、如何使用得

當即可。本國語文科的教學需涵蓋中華文化的部分，不僅是將臺灣本土的文化了解透徹外，對於五千年博大精深的中華文化更是不能缺少的。

趙鏡中（2000）認為就語文的學習而言，語文是人類溝通的主要工具，藉由語文人類得以累積經驗、形成知識、文化，語文能力也是人類得天獨厚的一種先驗能力。但隨著經驗、知識的不斷發展、更新，原先僅止於溝通功能的語言，也逐漸複雜化、多樣化，由單純的工具性衍生出豐富的文學性與文化性意涵。因此，語文的學習至少應包括語文這三個層面（工具性、文學性、文化性）。現今的教師大多停留在將每一課的課文當成文章教學，以帶唸過、板書及詞句的解釋來進行教學，這樣只是將課文教完而已，是否能夠藉由每一課的課文所包含的內容，帶出所謂的潛在課程。陳伯璋（1988）論及所謂潛在課程，一方面是指學生在學習中（包括物質環境、社會關係及文化體系）學到與學校所要求的目標不同或相反的知識、價值、態度或規範。例如史懷哲醫生的故事，要學生學到的不只是史懷哲犧牲奉獻的無私精神，還有面對不同的弱勢族群，我們也要秉持著人飢己飢的精神，能適時地提供協助。教師是否可以將整個課文中所要表達的意念完整傳達外，能更深入發現新的解讀方法，學生對課文的認識不再只是課文中的插圖與解說，還有更深層含意等著學生去了解。如果只是將課文讀至精熟卻無法更深層了解所蘊含的意義，語文的學習只停留在工具性而已，學生只是把語文這項工具磨得更亮，卻無更好的使用方法。語文的學習倘若只到工具性，未繼續往文學性和文化性這兩方面深耕，對於整個學習過程將會失去比知識更為重要的道理。語文的學習不只要將語文學好，除卻生字、新詞和修辭方法之外，最重要的就是學習後所產生的思維和想法，這就是文化。

　　我國語文教育相當重視經典名著，相對地，外來語的語文教育也是如此。李世中（1988）提到在歐洲，從古希臘羅馬的文法、修辭學校，到中世紀的教會學校，文藝復興後興起的古典文科中學，都重視古典語文的學習。直到 19 世紀末 20 世紀初，在全世界範圍內，古典的文科教育還居於統治地位。學好外語，不只是能擁有聽說讀寫這四項能力而已，學習一個新語言，除了用法外，本身語言蘊含的文化都是需要了解的；可惜的是，臺灣將英語學習視為標準的工具性語言，從自然發音、能與外國人應對進退、能應付任何一種英語能力檢測考試和公文書信的繕寫等等能力，對於這個強勢語言背後的歷史和文化了解的興趣不大，只想著把英文學好就趕上時代的潮流，成為一位擁有國際觀的人。倘若臺灣的英語教育只停留在把英語學好，把這語文學習都只放在工具性階段，卻一味的只認定學好外來語就是以溝通為主要目的，並且將下一代一窩蜂送進教育機構，期待下一代要有國際觀，懂得外語就是拓展視野最佳的方式，這樣的思維就稍嫌狹隘了。許多國中小學會請外師進入校園教授英語，倘若只請這些外師教導正確的發音和會話技巧，他們的教學功用並未完全發揮。其實，應該要求外師能教授美國傳統的文化和思想，是怎麼樣的思考模式美國可以成為強國，讓所有國家對它都敬畏三分；是什麼樣的教育方式可以不落俗套、又可培育出全世界優秀的人才，這些都是我們需要學習的。讓英語教學不只是學習英語技能而已，更能從整個學習過程中了解到跨文化的差異為何，讓我們的學生從小就知道地球上還有另外一個族群的人們是用何種生活方式在生活、在成長和發展他們的能力。張文軍（1998）引伊里奇指出，學習是最不需要別人操縱的人類活動；大多數學到的知識並不是教育的產物，而是學習者參與有意義的環境的結果。因此，同理可驗證語文教育也是一樣的，不需要教師過分地講授知

識，只需把課文內容說清楚就可以了。重要的是將語文學習的環境塑造成功，讓學生在接受文章的知識，不再只是片面的資訊吸收，可以內化文章所要傳達的意念，最重要的是能讓學生主動去思考所接受的知識是否正確，可不可以有其他的想法和說法，當主動去思考如何才可以恰如其分的表達，這才是屬於真正的學習。方永泉（2001）依據學者黃政傑的分析，國中小所以要實施鄉土教育，有下列的理由：（一）鄉土教育可以讓學生認識自己生長的地方，產生對鄉土的情感、關懷與責任；（二）有助於鄉土文化的保存與發展；（三）可促進世代間的溝通與感情；（四）可以活化臺灣教育上的僵化現象；（五）可以建立臺灣的主體意識。以鄉土語的學習為例，現行的鄉土語教學不論是在教學法或教材上，都還不能稱得上具有系統的學習制度。教材的編纂成了燙手山芋，幾乎沒有一套教材較為適用，除了用羅馬拼音教拼字外，在鄉土話俚語和諺語的學習也不能像本國語文的學習一樣，那麼易懂而能運用。不僅是意思必需弄懂，家庭環境是否能提供協助，在家庭是否能接受鄉土語的學習，這樣對於學校設立鄉土語課程才會有事半功倍的學習效果。倘若只依靠學校每個星期一個小時的鄉土語言課程就希望學生能開口，並不容易。朱紹菱（2007）認為語言的學習最終的目的就是要能應用。多數父母他們可以用鄉土語言互相交談，但與孩子的溝通時卻馬上換成國語，家裡缺乏提供孩子一個自然鄉土語言環境。因此，想讓一個生長充斥國語環境的學童學會鄉土語言，首先要提供一個鄉土語言的環境。這也是現在學生在學習鄉土語所面臨到的困難之一。通常鄉土語不會被列為主要學科，也不會列入考試範圍，學生學習鄉土語的心態自然不會太積極，遇到一星期一次的課程，大多跟著帶唸就結束課程，真正花功夫去學習的並不多。倘若學生回家後，家庭環境又不是以鄉土語為溝通的環境，對於學習鄉

土語的幫助實在不大。家庭環境是最好學習語言的環境，因為在最自然的環境下學習效果會更好。倘若能與家人以鄉土語進行日常生活溝通，到學校後，再接受學校的鄉土語課程，才可以算是有系統的語言學習。鄉土語課程還有為人詬病的地方，就是師資的問題。朱紹菱（2007）以為鄉土語言雖已納入正式的教育中，但只是表面的重視，卻不是實質的重要，更不能掌握關鍵推行。在教師還來不及準備的情形之下，就宣布實施。包括師資的培育、教材的編寫、課程的實施、評量的施行……等等問題，都漸漸浮上檯面。針對師資培育的部分，教育單位已有培育一批鄉土語教學的種子教師以巡迴教學的方式在學校進行教學，也有部分學校是由學校教師兼任教學的部分。不管是由哪一種教師擔任鄉土語教學的工作，對於鄉土語的教學還是僅止於工具性的學習，學會如何說鄉土語，無法將鄉土語融入整個學習環境，更遑論傳遞珍貴的本土文化和習俗的教學內容。這一點無法達到與先前談過的時數不足固然有密切關係，但與師資部分更有切身的關係。倘若教師能與學校共同努力將鄉土語學習拓展開來，不只是會說，然後可以參加相關的朗讀或演講比賽，而是可以讓學生在學語文的同時，對於語文的文化和本土習俗也可深入了解，能以身為臺灣人為傲，也能面對外國人侃侃而談臺灣的文化和習俗由來，這才是語文教育真正成功之處。

在全球吹起一股華語學習熱潮，使得普通話變得重要，學習語言重要，倘若能習得文化更加珍貴，臺灣倘若想在這股學習熱潮搶得商機，就要把臺灣的文化也能順勢推廣出去，表現出不同其他說普通話國家的優勢和差異性。臺灣現行的語文科領域也把鄉土語和外來語一併納入範疇，該如何將鄉土語教學中帶入本土文化和習俗的由來，讓我們的學生更能向其他世界介紹屬於我們的土地和文化，更能將學到的英語作為溝通的工具，和外國人可以暢談臺灣與

英美語系國家的文化，並能作為溝通的話題，不僅達到用英語建立國際觀，也可以分享我國自身就擁有的本土文化，使得語言的使用提升其層次，不再只是學會基本問候語，是能以更有內涵的語文能力作深入的表達和溝通。

第三節　課程多元導致學習的時間缺乏問題

　　先前已經談論過語文科課程加入鄉土語和外來語之後，整個本國語教學時數並沒有跟著增加時數而是被瓜分原有時數，而近幾年有學者提出臺灣各級學生的語文程度嚴重低落，舉凡運用語文表達的任何考試，低落的程度令教育單位與家長憂心忡忡，原本是希望能多元學習多種語文以培養競爭力，不料不但原本本國語文的學習效果不彰，鄉土語和外來語的學習也不見其明顯的成效，真正的原因不只是時數不足的問題，本國語文的教學方法和內容也呈現不足的現象。劉漢初（2005）研判與其白花力氣去爭取國語文教學鐘點，不如從教材、教法的更張上多用點心思。其次，切實衡量現代學童的語文資源和能力基礎，在教學上省去一些浪費的步驟，並針對學童的需要，以輔導的方式增廣他們的語文視野，利用課外學習的無限場域補救授課時數的侷限。由於現行版本的教科書，已將較艱澀難懂的文言文作比例的刪減，近年來因為政治因素，採用許多本土作家的作品豐富教科書的內容。其實，每一種文學作品都不應偏廢或不按比例編排。也就是說，每一種素材都應平衡和均等被採用，一旦取材模式固定後，學校也慣用特定出版社的成品，對於教學者的教學不一定佔優勢，極有可能造成教學模式固定化，或者按照出版社所提供的教學指引，來進行教學。以康軒國小五年級國語教科書為例，課文中鮮少提到修辭部分，但配套的參考書教材卻大篇幅

介紹修辭法，而學生的學習單和作業本也都有相關的題目出現，對於學習修辭法是否有必要出現在國小參考書上也許尚有爭議，無法一時得到結論，倘若教學者面對教材有此項的內容，能以整體學習內容比重來進行教學，相信對學生學習語文並不會造成困擾。

戴振浩（2005）認為當家長們大嘆孩子無法承受學習壓力時，許多專家學者、家長群體等便想到了「簡化和淺化」的策略，減少深度、減少份量、減少書寫、減少背誦，不要歷史故事，要當今社會寫實，不要意識型態，要求價值中立。於是語文領域的學習，便走向單純地沒有歷史、沒有宗教、沒有價值，只簡化成說得通、看得懂的簡單語言和文字。學習並不是只要教材簡化就可以達到效果，倘若學生一遇到艱澀難懂的文章就放棄學習，缺少了挑戰學習的勇氣，那所有出版商編纂教材的標準只設定在讓學生可以接受的份量和程度即可。如此一來，本國語文的學習效果短時間是可以看到顯著的進步；但長期來看，學生是缺少足夠的語文競爭力。學習課程的多元化並非要將教材的內容刻意地簡化和淺化，而是要能廣泛接受各種文類的作品，最主要的能適時地修正學習目標和不刻意強調能力指標。九年一貫課程除了制定需具備十種基本能力，對於每個學習階段都必需達到分段能力指標，具體制定學習能力目標固然是美意，但更需要注意的是每位學生的個別差異，選擇適合的教材和教學法來進行教學，學習才會有效果。倘若學生一直無法達到指標所規定的內容，這樣的制定內容是否會流於形式，或者造成教師在備課時的困擾等等問題？因此，要避免上述情況發生，對於課程各部分應有所比例上取捨來進行教學，需先界定每次課程內容的主題為何，將主要內容列為最重要的部分，並考慮學生的學習情況，作完整的備課安排。

　　近年來，許多專家學者都認為國內各層級學生語文能力低落都是缺乏大量閱讀而導致的，所以力薦政府需大力推動閱讀活動以提升學生的閱讀量，深信以大量閱讀這帖藥方就能將學生日益低落的語文能力提振起來。因此，許多學校也因應此政策推動讀越多越好，鼓勵學生成為小博士、小碩士和小學士，以閱讀量來作評量的基準，也呼籲家長一起共襄盛舉。大量閱讀真的就可以挽救我們的語文能力低落的現況嗎？劉漢初（2005）以為大量閱讀是增強語文能力的最佳法門，說故事、辯論的訓練是養成思辨反應的最好途徑。我們可以嘗試跳脫中、高年級教材的限制，讓學生讀一整本的文學名著，或者用閱讀取代大量抄寫的家庭作業，並且由學生在課堂上，針對所讀的書或篇章發表意見，交互問難，既可活絡課堂上的氣氛，又可引起興趣。我認同跳脫教材限制讀一本經典名著，從頭到尾都把它讀熟讀懂，用閱讀量取代生字新詞的繁複抄寫工作，不認識的生字新詞不需要寫太多遍，重要的是學生是否懂得意思和用法就可以，藉由討論和教師提問的方式來確認學生是否已經完全懂書中的內容，是否能再藉著討論中得到自行看書沒有看到的盲點，得到新知才是閱讀學習最重要、最可貴的收穫。經過大家用討論的方式所得到的結論，才是最珍貴的知識，所謂的大量閱讀如果是指一個人密集式地看了很多書，不多加選擇地一直看，也不用文字和討論方式整理出自己看到的內容和重點，這樣閱讀的方法可能並不適合正在接受基礎教育的學生。閱讀本身就是一件愉快的事，能大量閱讀更代表語文能力佳才能博覽群書，如果是國小學生應該選擇一本有興趣的名家作品，仔細閱讀，並在閱讀過程中主動思考書中內容是否合邏輯性，適時地提出疑問和同儕討論，這樣的互動過程對於閱讀學習才算得到效果，而且能更記憶深刻。倘若是大量閱讀書籍，沒有經過消化和吸收，沒有再進一步用文字記錄，對於

國小學生而言，可能很容易遺忘，即使對書的內容有印象也無法很完整地描述出來。因此，大量閱讀是否可以解決語文能力低落的問題，還需要針對學生的閱讀興趣和家長陪同伴讀，最好的方法是能組成讀書會，定期分享閱讀感想，讀書會成員多，也可以同樣達到大量閱讀的成效。

　　本國語文的學習需要大量的閱讀量來輔助學習，鄉土語和英語難道就不需要嗎？任何一種語言的學習都是需要經過閱讀來內化所吸收的語言知識，鄉土語的讀本近年來也隨著本土意識抬頭，有許多作家都推出作品，有些非常有趣和淺顯易懂，可以提供給學生閱讀。英語的相關書籍就不用多說，有許多外國繪本翻譯成中文或者簡單的英文單字等書籍，走一趟書局或圖書館就可以發現相當多的相關書籍，國小語文科課程都會帶學生參觀圖書館，並將閱讀課加入課程當中，雖然只有短短的一個小時，卻可以帶給學生很難忘的經驗。李換（2005）提及近年來教育行政部門大力推廣閱讀，並提供大量經費充實學校圖書，但學校每週課程安排僅有一節「閱讀課」，讓學生到圖書館閱讀課外書籍，一節課四十分鐘必須扣去選書的時間，孩子真正能潛心閱讀的時間可能只剩半小時。語文科課程已有三種語文需要學習，加上閱讀課、說話課和書法課等課程，圖書館之旅這項有意義的閱讀活動實在沒有充裕的時間可以進行。有些熱心的老師會把教室布置成小型圖書館，隨時提供愛看書的學生可以閱讀；或者像有些老師會將教室布置成語文的學習環境。鄒敦怜（2005）說走進教室，就一開始一天的學習之旅：我在布置教室時，已經暗藏玄機。「詩歌角落」在前門的門板上，每星期換一首詩。每星期一的「晨光時間」，我會解說詩歌的意思，鼓勵孩子背誦。「論語精華」在後門的門板上，每星期一會有一段新的論語內容。「每日一句」寫在黑板上的日期旁，大多是取自《金

言集》中的名言佳句。讓語文學習成為布置教室的一部分,多少可以彌補語文科學習時數不足的問題,也可以讓學生很自然就將語文學習視為生活的一部分。本國語文科課程包含已談過閱讀課、說話課、書法課之外,還有最重要的作文課。讀和寫的學習功夫是不能偷工減料的,必須每一步都相當紮實地學習,也不能因為語文科課程需要學的項目變多,就減少練習習寫作文的次數,畢竟作文就代表一個人的思維和想法,每個人都會需要用文字為自己發聲,表達自己的想法。學好語文最重要的方法不外乎聽、說、讀、寫這四種能力都要具備,而且能隨時運用自如。臺灣學生語文能力低落的一項重要參考指標就是能否寫出一篇好的作文;而近年來,自從大考恢復加考作文後,每次閱卷後,都會有老師表示學生的語文能力一直退步,不但無法將自己的想法表達出來,甚至錯字連篇和成語誤用的情況一再出現。這樣的情況也顯示出我國的語文教育是否在哪個環節出了問題,否則已經改革過的制度居然越來越不適合學生,語文科的學習項目也相當豐富和多元化,卻無法改善學生語文程度持續退步的情形。

江侑蓮(2005a)提到語文教學的時間變少,也壓縮了學生課堂語文思考的空間。針對這點,老師應設法提升學生的思維能力,讓學生有機會用口語或文字表達,例如讓學生當記者的練習,讓他們知道記者要寫些什麼。語文科教學時數不足儼然已成了事實,短期內並沒有更好的解決方法和配套措施;可是學生的語文能力不能再退步下去,這時身為教學者扮演相當重要的角色,必需要時時衡量學生的程度是否可以吸收課程內容。在鄉土語和外來語這兩個語文課程的包圍下,本國語文學習品質是否可以同時兼顧,聽說讀寫四種能力的培養不是一朝一夕,都是需要時間的累積和多方面學習才能培養成功的。所以端賴教學者需要變化語文科學習的方式(例

如上述請學生扮演記者，想像身為記者該如何寫稿），增加學習的趣味性和隨時讓學生浸淫在語文學習環境裡，和語文的距離拉近，如此運用語文能力就不會感到陌生，參與語文課程也會更能夠進入狀況。

第四節　應用層面不夠無法發揮學習的效果問題

近年來，各級學生的語文能並沒有明顯的進步，反而有越來越退步的趨勢，除了先前所談到時數不足的主要問題之外，九年一貫課程改革後，語文科課程增加語文學習的種類，壓縮原本國語文的學習時數，也導致原本的課程因時間不足的關係無法進行有效的教學等等問題，都是造成學生語文能力低落的原因；還有學生自身的學習動機也佔了相當大的部分。網路盛行以來，使用網路的機會幾乎是人人都有，而且特別是學生族群更是著迷，已經到了沒有網路無法生活的地步。幾乎所有對外溝通管道都是依靠網路來傳達；因此使用網路的時間遠遠超過閱讀課外讀物，甚至整個佔據了學生學習的時間。以網路為溝通的工具，所用的網路文字自然都是以簡單易懂的圖案或同音字來溝通，久而久之，語文的運用能力只侷限於使用網路語言和文字，對於還在學習語文學科的學生來說，過分使用網路文字作溝通，很自然運用到其他正式場合，而可能鬧笑話或者給人留下不好的印象，也會讓教育單位認為現在學生的語文程度較以前學生來得差。是否真的程度比不上以前的學生，可能需要更明確的數據和證據才能證明為事實。

吳清基（2005）認為會造成這樣的情況，可能有以下幾個原因：（一）現在孩子生長在大量聲光刺激的環境中，對於文字書寫、閱讀、應用的能力也比較少，同時他們多半滿足於視覺的感受，也連

帶影響了文字的深度與領悟力;(二)電腦網路使用頻率高,書寫的機會減少,孩子因為好奇、趕流行,使用所謂的「火星文」、「注音文」來作溝通,這樣的網路語言已經成為一股風潮,中文能力當然受到影響;(三)現代家庭休閒娛樂以電視或其他視聽娛樂為主,較少有以閱讀為主的身教環境,非常不利孩子學習,使他們無法體會文字之美。語文的四種基本能力其實都是相關的,倘若現在學生所聽到的、所接觸到的都是屬於網路語言或者同儕之間的流行語,自然而然學生的表達能力就只停留在使用網路語言作回應,這樣的說話能力應該不是當初國小接觸說話課時所接受的教育方式。很顯然,現在相當多的學生會使用這樣的方式來進行溝通,這樣的言語在很多場合會被視為是不得體的言語,如果這已成為個人說話的一種特色,這種特色在某些場合(例如面試)可能是不恰當的行為。因為語言的表達是個人傳達給別人的形象,回答得不得體,可能會造成誤會或者影響別人的看法。

由於過度使用火星文和注音文在網路與人交談,所常用的詞彙也大多屬於網路語言;倘若要寫出文詞暢達的文章,這樣的語文能力恐怕很難達成,而且可能寫出更多錯別字或者有許多不會寫的生字這些情況發生。網路帶來便利的生活,同時也帶來學習的反效果,花過多時間在網路上瀏覽,對於一些錯別字可能會疏於辨識,而造成寫出錯別字的情形。使用網路並沒有錯,錯在沒有判斷正確的資訊的能力。對於年紀較小的學生而言,要能精準地判斷網路上的資訊正確與否有其難度,這時家長和教育單位都要負起責任,擔任起監督和宣導的任務,教導學生如何正確使用網路,對於不確定的資訊要有求知和求真的精神。倘若教育單位以聲光效果的數位進行教學,對語文能力的提升是否有幫助,可能需要有監督的團隊過濾學習的內容是否有誤和會有不良的影響,或者可以推薦幾個優良

的學習網站供學生學習，提高學習的興趣。然而，最佳的語文學習方式還是需要有老師帶領學習會有較佳的效果。

　　沈惠芳（2005）以為教學本質是建構的，變化多端的，沒有固定的教學方法和教學活動。教師必須在適當的時候扮演推手的角色，並且滿懷熱誠，支持孩子的語言和思考，以有意義的學習材料，透過聽、說、讀、寫、作的活動，發展出良好的互動模式。語文的學習還是需要有一位教師可以當成仿傚者，模仿和複製正確的用法，再經過自身的學習吸收後，才能達到學習的效果。因此，教師的角色在語文學習上是不可或缺的。倘若學生能以和教師溝通為學習語文的出發點，相信會是一個好的開始。現在的學生勇於表達自己的想法，不過用字遣詞上還需要再經過修飾，才不容易造成誤解。學校通常會舉辦朗讀、演說和辯論的比賽，經過這樣比賽的洗禮，希望可以提升學生的表達能力。不過不是每位學生都有參賽的意願和機會，通常會參與比賽的學生都經過完整的訓練和準備，這樣的比賽方式對於大部分學生說話的能力提升，想必效果不大。如何能讓大家都能有把話說好的能力，我認為首先聽的功課不能免，可以藉由名人演講或者有人公開演說的機會，請學生仔細聆聽後，把聽到的內容最喜歡的一句話寫下來，也把發表演說的人說的不好的部分寫出來一起討論，並把角色對換，問學生如果是他發表演說他會如何表達、如何改進缺點，使學生敢勇於發言，並鼓勵學生參加比賽，挑戰自己。閱讀和寫作能力是相輔相成的，先把閱讀的能力訓練好，才能將讀到的知識內化為想法，再用文字表達出來，成為文章。對於初階的語文學習者（年紀較低或語文程度待加強者）閱讀應首重「質」不應重「量」，先培養固定閱讀的興趣，然後視學習情況，加重學習的份量，並反覆提問確認是否完全懂得書的內容。剛開始的閱讀是需要陪伴的，不管是同儕或家長都應一起學

習。林文虎（2005）提到對孩子而言，語文學習「領進門」的入門功夫就頂重要的。語文學習的家庭共讀最合宜的「領進門」功夫還是靠親子間友善的對話，父母在適當的時機隨機逗教的介紹書籍，或是在孩子閱讀的時候「參一腳」的提供另一本參酌的書。在初階學習階段，親子共讀有其一定的功效，家長不需要刻意營造學習的氣氛或場域，用最自然的方式就是最佳的學習方法，在最放鬆的家庭時間可以學到更多的內容。家長也可以主動將小孩帶到圖書館，而且可以增加前往的次數，培養從小就在圖書館找書看的習慣；一旦養成習慣，學生長大後，就會主動前往圖書館，自然而然，養成閱讀的習慣。語文基本能力中最難的部分就屬寫作，畢竟要將想法和思維化成文字對於語文學習者來說並不容易。陳木城（2005）認為作文是語文應用、觀察、體驗、組織、思考、情意和創意的綜合表現。自古以來，文本的表現最能看出一個人的文化素養和人文品質。黃秋芳（2005）認為創作有三種形式：語言、文字，以及生活的想像與實踐。運用文字的創意與深度，記錄成長的歷程，讓作文成為最真實的生命紀實，活化語言，為生活添加變化，這是文學最深刻的意義。這些說法都表示出作文的重要性，從文字的表達可以看出一個人文化素養和人品。無奈現在學生拿筆創作的機會實在太少，大多數的學生都以打字為書寫的主要方式。創作的形式很多種，它是語文能力表現最明顯的一種能力，從文章中可判斷出文筆好壞，還有其思維模式；可惜的是，九年一貫訂定的能力指標對於寫作能力部分篇幅不小，要求各種寫作的能力都要具備。但具備所有的能力之後，就真的可以寫出佳作嗎？就像真正感動人心的作品難道是運用較多華麗的辭藻或複雜的修辭技巧？寫作的方式太多，寫一首詩、一篇散文或小說都是寫作的表現，只要是可以表達自身的情緒和想法都是寫作。一篇文章最難能可貴的是能保有自己

的想法，並且完整地描述出來，不受別人的影響，即使是參加考試有特定題目的作文書寫，也可以洋洋灑灑地寫出一篇文章，一篇有生命的文章，因為裡面蘊含著自身的思想，想要藉由文字傳達出來，感動讀者，這才是一篇好的文章。現在拜科技所賜，運用文字表達訊息的方式可以有很多種方式，有人架設部落格定期寫文章與網友分享，網友甚至可以上部落格網站與作者對話，也有些作者因此變成知名的網路作家。這些新生作家們的寫作風格與我們以往接受教育那套制式的寫作方法是截然不同的。並非與眾不同就是佳作，在風格迥異的作品裡，我們可以讀到有別以往文章的新鮮感，要如何保持這新鮮感就要看作者的功力如何。即使是他人的生活體驗，用淺顯易懂的文字闡述出對生活的想法，都會引起大眾的注意。值得大家討論的是，這些作家只是運用部落格的方式寫出屬於自己的文章，而現在的學生也同樣運用這網路卻使用火星文、圖案和注音文來作為溝通的文字。運用的工具是一樣的，甚至某些語言也是相通的，可是現在的學生卻視寫作為畏途，能免則免，逃避這樣的學習與練習機會，會造成這樣的情況跟語文科時數減少後，習寫作文的篇數也跟著減少了。

羅秋昭（2005）說到作文是一種表達，是一種將所學到的語文知識轉化成能力的方法，學生必需要寫作，才能培養思考、組織、運用的能力，也只有透過寫作這種訓練，才能把學過的東西牢記不忘，達到學以致用，使語文和生活緊密的結合在一起。過去語文課，把作文當成課程中重要的一部分。但隨著時代的改變，作文的篇數和練習機會都大幅度地減少了。有些教師為因應作文篇數減少，以學習單或讀書心得為寫作的練習，但與真正地、完整地完成一篇作文的過程與步驟是不一樣的。寫作需要經過思考和邏輯運用的能力完成一篇文章，與寫讀書心得的過程和步驟是有落差的。作文篇數

的減少真的對語文學習造成相當大的影響，加上網路的盛行，佔據去大部分的學習時間。學生的語文能力日益低落是有跡可循，學生使用文字的時間越短，越表示思考時間越短，越無法將所內化的知識表達成文字，這樣長久下來，就越無法寫出文章；創作是語文能力最高層次的表現方式，從小就接觸寫作的學生以後面對要寫文章必定不是難事。在學生年紀小的時候，可以讓他們寫日記來練習寫作，一開始可能都是以寫流水賬的方式來寫作；等到養成寫作的習慣後，自然會將生活中重要的記錄下來，也會懂得抒發自己的情緒，便可更了解寫作是怎麼一回事。

作文的篇數減少已是既定事實，有些家長也會將學生送至坊間的補教機構去學作文，也是增加寫作練習的機會。近年來也因為學生的語文能力明顯低落，教育部只好將計分作文這項政策給予起死回生的機會。這樣的舉動造成家長與學生的另一陣恐慌；也炒熱了作文教學的學習風潮，許多補教業將作文視為才藝的其中一項。所以等於學生又要再去學一項才藝，而這項才藝是要經過考試的，它的價值馬上水漲船高，學習的人數一直呈現有增無減的狀態，將寫作當成一種生財器具，無疑也是開闢了財源。

黃秋芳（2005）一直相信，作文教學是一種價值，不是技術，作文老師憑藉的不是教材與教法，而是人格特質的展露。無論是老師或學生，都在「教」與「學」的過程中，不自覺地改變了彼此，成為價值混亂的世紀之交，一種最初，也是最後、最重要的人格教育。寫作可以有很多種方法來教授，它是屬於運用層面最廣的一項語文能力，寫日記、週記、公文書信往返、詩篇、散文以及創作小說的書寫方法都是寫作的方法，無論是教學者或者學生都可以藉著寫作成品更了解彼此。因此，教授作文一定不是絕對要講究技巧，更是利用文字書寫的過程更了解自己，更懂得要如何和這個世界溝

通，必須要有這一層更深入的認知，從短篇文章到長篇小說，每次的寫作都是幫助自身所習得知識再作更深層的內化至吸收。

鄒敦怜（2005）認為「作文」是展現語文能力最重要的一項，要把作文寫好，除了要具備良好的觀察能力，統整能力，要有靈活的想像與創造能力，還要胸中有足夠的墨水，寫出來的文章才會精緻動人。很現實的是，國語科的學習時數，從以前的十節縮減到現在的五至六節，作文的篇數從八至十篇，減到現在的四篇（還可以用閱讀學習單、圖文創作等取代），寫得少，當然寫不好。練習的篇數減少，學習應用的程度也不高，這樣缺乏練習的學習作文，效果肯定不佳，倘若學生在家也在網上流連忘返，家中也缺少學習的氣氛和環境，對於整個學習作文的教學勢必不會有多大的助益。倘若語文的學習只停留在把抄寫課文的生字和新詞、填寫學習單、背誦課文，就算語文學習的過程和步驟；然而面對作文時，拒絕進行思考該如何下筆，只想應付了事，我想這樣的語文學習方式是有檢討的必要。其實，語文的應用層面應該是相當廣泛的，從聽、說、讀、寫這四個方面去拓展語文使用的方法是相當多的。例如聽與說可以一起進行，先聆聽再摘要內容加上自己的想法，主動發言也是一種方法。閱讀可以個人、親子、同儕及師生一起加入閱讀的行列，閱讀後不斷提問和討論是最可以增進記憶的方式。寫作是要經過思考和組織過後而完成的作品，經過之前的閱讀後，印象深刻的部分都會內化成完成寫作的養分。只要仔細思考語文教學還可以如何精緻化，很多有創意的點子都可以被實現。所以擔任語文科教學的教師更應該努力去發掘出不同的語文運用方式，不僅可以增進學習的樂趣，也可以讓學生有更多元的語文練習方法，將語文這項重要的學科基礎打好，即使以後需要改考哪一種型式的測驗，也不造成對語文學習的恐慌。

　　語文這項學科是所有學科的基礎，所以從小打好基礎很重要，興趣的培養也相當重要。當學會一種語文之後，會有各種不同的應用方式來確認學好與否。可是臺灣的應用方式大多是以考試的方法來進行測試，考試領導教學一項都是臺灣教育的重大特色，一旦讓學生認為是考試的方法來要求他們運用語文能力，通常會抹煞學習的興趣和運用能力。學好一種語文本來就不是簡單的事，語文是一項工具，要將這項工具磨光、磨亮，都需要許多不同的練習方式來運用。學習有很多方式，教學也有很多方法可以幫助學生學得更好、更快樂。總之，語文除了學會之外，還要能廣泛運用至不同的場合和情況，適切地表達和正確地運用才是將語文學習的效果作最好的呈現。

第五章 語文課程設計與統整的檢討

第一節 語文科課程設計太過浮泛

　　教育部（2003a）「九年一貫課程」以培養學生的「基本能力」為課程目標，賦予學校發展本位課程的權責，強調教師專業自主性，主張將生活知能融入領域學習，在課程綱要更揭示「學生為主體」、「生活經驗為重心」、「人本情懷」、「統整能力」、「民主素養」、「鄉土與國際意識」、「終身學習」等的基本理念與精神，因此九年一貫課程具備了「能力本位課程」的概念。而依九年一貫課程綱要所制定出國語文的分段能力目標必須包含注音符號應用、聆聽、說話、識字與寫字、閱讀、寫作等六個項目；因此，國語文科的評量也著重在以上六個能力養成上。雖然教科書以採用民間審定版，但教育部制定出以上的能力指標等於是給出版社有了「確定」的方向來進行編纂教科書的內容。這樣的能力指標需要教師來達到教學的成效，自然對教科書的選用有特定的標準。由民間編審的教科書並非都不適合選用，而是為了要符合教育部所制定的十項基本能力和三個學習階段的分段能力目標，用削足適履的方法讓教材合乎規定，以求審定通過有得以選用的機會。這樣的課程設計是否也是依循以往「考試領導教學」的模式在進行？一套課程建立需符合各階段的能力指標，意味著學習就是要達到訂定的能力目標，而教師備課的準則也大多以依存著能力目標所衍生出的教學目標為主要考量，使得語文學習領域變得狹隘，所有的學習都是能力養成的過程。

　　語文的學習都是需要時間的累積才會顯現出成效，而因應九年一貫政策下所制定的能力目標與之前所制定的行為目標似乎沒有太大的差別，也是以「能」力為主的學習模式。倘若以學習目標界定課程，黃政傑（1991）認為用目標界定課程，有各種不同的說法；（一）課程是教育系統希望產生的結果；（二）課程是教育系統希望學習者達成的目標；（三）課程是一套計畫好的行為目標；（四）課程是教學方案有意的一組學習。誠如以上的說法，依照能力目標所制定出的教科書內容的確是符合教育單位的期望，能將學生的基本能力培養起來。教育部（2003a）頒布九年一貫注音符號運用能力目標，〈編號說明〉分段能力指標先標舉主要學習重點，其下的文字敘述，為能力指標的學習內涵，供教材編選及教學參考，請靈活應用。第一個數字（1-6）代表能力指標項目序號；第二個數字（1-4）代表階段序號；第三個數字代表能力指標內涵序號；第四個數字則為分項說明序號，部分無分項說明者，則無此序號。如：（1-1-1-1）表示注音符號運用能力，第一階段，指標內涵第一項，及該項下之第一分項說明序號；（1-1-3）表示注音符號運用能力，第一階段，指標內涵第三項（如下列各表）。

表 5-1-1　注音符號運用能力分段目標

注音符號運用能力分段目標
1-1-1 能正確認唸、拼讀及書寫注音符號。
1-1-1-1 能正確認唸注音符號。
1-1-1-2 能正確拼讀注音符號。
1-1-1-3 能正確書寫注音符號。
1-1-2 能運用注音符號表情達意，分享經驗。
1-1-2-1 能運用注音符號，提升說話及閱讀能力。

1-1-2-2 能運用注音符號，和他人分享自己的經驗和想法。

1-1-3 能欣賞並朗讀標注注音的優美語文讀物。

1-1-4 能運用注音符號輔助識字，擴充閱讀。

1-1-4-1 能運用注音符號輔助認識文字。

1-1-4-2 能運用注音讀物，擴充閱讀範圍。

1-1-4-3 能選擇適合自己程度的注音讀物，培養自我學習興趣。

1-1-5 能運用注音符號，記錄訊息，表達意見。

1-1-5-1 能運用注音符號之輔助，表達自己的經驗和想法（如：寫日記、便條等）。

1-1-5-2 能運用注音符號之輔助，記錄訊息。

1-1-5-3 能就所讀的注音讀物，說出自己發現的問題和想法。

1-1-5-4 能就所讀的注音讀物，提出自己的看法，並做整理歸納。

1-1-6 能運用注音符號，擴充語文學習的空間，增進語文學習的興趣。

1-1-7 能運用注音符號，檢索資料，解決學習上的疑難問題。

1-2-1 能運用注音符號，理解字詞音義，提升閱讀效能。

1-2-2 能了解注音符號和語調的變化，並應用於朗讀文學作品。

1-2-3 能運用注音符號，記錄訊息，表達意見。

1-2-3-1 能運用注音符號之輔助，記錄訊息。

1-2-3-2 能就所讀的注音讀物，提出自己的看法，並做整理歸納。

1-2-4 能選擇適合自己程度的注音讀物，培養自我學習興趣。

1-3-1 能運用注音符號，理解字詞音義，提升閱讀效能。

1-3-2 能了解注音符號中語調的變化，並應用於朗讀文學作品。

1-3-3 能運用注音符號，擴充自學能力，提升語文學習效能。

1-3-3-1 能運用注音符號使用電子媒體（如：數位化字辭典等），提升自我學
習效能。

1-3-3-2 能運用注音輸入的方法，處理資料，提升語文學習效能。

1-4-1 能運用注音符號，分辨字詞音義，增進閱讀理解。

1-4-2 能運用注音符號，檢索資料，解決疑難問題，增進學習效能。

1-4-2-1 能運用注音符號，檢索並處理資料，以解決疑難問題，增進學習效能。

（資料來源：教育部，2003a）

表 5-1-2　聆聽能力分段目標

聆聽能力分段目標
2-1-1 能培養良好的聆聽態度。
2-1-1-1 能自然安靜的聆聽。
2-1-1-2 喜歡聆聽別人發表。
2-1-1-3 能養成仔細聆聽的習慣。
2-1-1-4 能在聆聽時禮貌的看著說話者。
2-1-1-5 能注意聆聽不做不必要的插嘴。
2-1-1-6 能禮讓長者或對方先行發言。
2-1-1-7 能學會使用有禮貌的語言，適當應對。
2-1-1-8 能主動參與溝通，聆聽對方的說明。
2-1-2 能確實把握聆聽的方法。
2-1-2-1 能注意聽。
2-1-2-2 能聽得準確。
2-1-2-3 能聽出別人所表達的意思，達成溝通的目的。
2-1-2-4 能有條理的掌握聆聽到的內容。
2-1-2-5 能結合科技與資訊，提升聆聽的能力，以提高學習興趣。
2-1-2-6 能邊聆聽邊思考。
2-1-3 能聽出說話者的表達技巧。
2-1-3-1 能概略聽出朗讀時優美的節奏。
2-1-3-2 能聽出說話者的表達技巧。
2-2-1 能培養良好的聆聽態度。
2-2-1-1 能養成仔細聆聽的習慣。
2-2-1-2 能養成喜歡聆聽不同媒材的習慣。
2-2-1-3 能讓對方充分表達意見。
2-2-2 能確實把握聆聽的方法。
2-2-2-1 能聽出重點。
2-2-2-2 能思考說話者所表達的旨意。

2-2-2-3 能發展仔細聆聽與歸納要點的能力。

2-2-2-4 能在聆聽過程中感受說話者的情緒。

2-2-2-5 能結合科技與資訊，提升聆聽學習的效果。

2-2-3 能學習說話者的表達技巧。

2-2-3-1 能聽出他人優美的表達技巧。

2-3-1 能培養良好的聆聽態度。

2-3-1-1 能養成耐心聆聽本國各種語言的態度。

2-3-1-2 能仔細聆聽對方的說明，主動參與溝通和協調。

2-3-2 能確實把握聆聽的方法。

2-3-2-1 能在聆聽過程中，有系統的歸納他人發表之內容。

2-3-2-2 能在聆聽不同媒材時，從中獲取有用的資訊。

2-3-2-3 能在聆聽過程中，以表情或肢體動作適切回應。

2-3-2-4 能簡要歸納所聆聽的內容。

2-3-2-5 能結合科技與資訊，提升聆聽學習的效果。

2-3-2-6 能具備聆聽不同媒材的能力。

2-3-2-7 能正確記取聆聽內容的細節與要點。

2-3-2-8 能從聆聽中，思考如何解決問題。

2-3-3 能學習說話者的表達技巧。

2-3-3-1 能主動學習說話者的表達技巧。

2-4-1 能具備良好的聆聽素養。

2-4-1-1 能主動聆聽各項發表活動。

2-4-1-2 能在聆聽過程中，以合適的肢體語言與對方互動。

2-4-1-3 能讓對方充分表達意見，再思考如何回應。

2-4-1-4 能養成主動聆聽進行探索學習的能力。

2-4-2 能靈活應用聆聽的方法。

2-4-2-1 能聽出不同語氣所表達的意思。

2-4-2-2 能將聆聽所得充分應用。

2-4-2-3 能理解對方說話的用意和觀點。

2-4-2-4 能充分了解對方表達的情意。

2-4-2-5 能將所聽的重點歸納整理。
2-4-2-6 能在聆聽過程中適當的反應，並加以評價。
2-4-2-7 能透過各種媒體，認識本國及外國文化，擴展文化視野。
2-4-2-8 能有效把握話語的邏輯並推斷結論。
2-4-2-9 能靈活應用科技與資訊，增進聆聽能力，加速互動學習效果。
2-4-2-10 能將聆聽的內容，加以系統記錄。
2-4-2-11 能從聆聽中，啟發解決問題的能力。
2-4-3 能思辨說話者的表達技巧，並練習應用。

（資料來源：教育部，2003a）

表 5-1-3　說話能力分段目標

說話能力分段目標
3-1-1 能正確發音並說流利華語。
3-1-1-1 能清楚明白的口述一件事情。
3-1-1-2 能簡單介紹自己。
3-1-1-3 能發音正確，口齒清晰。
3-1-1-4 能正確使用華語說話。
3-1-1-5 能用完整的語句回答問題。
3-1-1-6 能用自然的態度說話。
3-1-1-7 能依照文意，概略讀出文章的節奏。
3-1-1-8 能清楚說出自己的意思。
3-1-1-9 能清楚複述所聽到的事物。
3-1-1-10 能主動使用正確語詞說話。
3-1-1-11 能用完整的語句，說出想要完成的事。
3-1-1-12 能充分感受表達的成就感。
3-1-1-13 說話語音清晰，語法正確，速度適當。
3-1-2 能有禮貌的表達意見。
3-1-2-1 能愉快的與人溝通。

3-1-2-2 能先想然後再說,有禮貌的應對。

3-1-2-3 能表達自己的意思,與人自然對話。

3-1-2-4 能主動問候他人,與人問答。

3-1-3 能生動活潑敘述故事。

3-1-3-1 能流利的說故事。

3-1-3-2 能生動的看圖說故事。

3-1-4 能把握說話主題。

3-1-4-1 發言不偏離主題。

3-1-4-2 使用電話與人交談時,能掌握說話主題。

3-1-4-3 能依主題表達意見。

3-1-4-4 能簡要作生活報告。

3-2-1 能充分表達意見。

3-2-1-1 在討論問題或交換意見時,能清楚說出自己的意思。

3-2-1-2 在看圖或觀察事物後,能以完整語句簡要說明其內容。

3-2-1-3 能清楚說出自己的意思。

3-2-1-4 能清楚複述所聽到的事物。

3-2-2 能合適的表現語言。

3-2-2-1 說話時能保持適當的速度與音量。

3-2-2-2 能正確、流暢、有感情的朗讀文學作品。

3-2-2-3 能轉述問題的內容,並對不理解的問題,提出詢問。

3-2-2-4 能妥適運用本國各種語言,與人良好溝通。

3-2-2-5 能說出一段話或一篇短文的要點。

3-2-3 能表現良好的言談。

3-2-3-1 他人與自己意見不同時,仍能理性的溝通。

3-2-3-2 能用口語表達對他人的關心。

3-2-3-3 能談吐清晰優雅,風度良好。

3-2-3-4 能養成說話負責的態度。

3-2-3-5 說話用詞正確,語意清晰,內容具體,主題明確。

3-2-4 能把握說話重點,充分溝通。

3-2-4-1 能抓住重點說話。

3-2-4-2 能主動學習充實說話的內容。

3-2-4-3 能報告解決問題的方法。

3-2-4-4 能與人討論問題，提出解決問題的方法。

3-3-1 能充分表達意見。

3-3-1-1 能和他人交換意見，口述見聞，或當眾作簡要演說。

3-3-2 能合適的表現語言。

3-3-2-1 能具體詳細的講述一件事情。

3-3-2-2 能簡要作讀書報告。

3-3-3 能表現良好的言談。

3-3-3-1 能正確、流利且帶有感情的與人交談。

3-3-3-2 能從言論中判斷是非，並合理應對。

3-3-3-3 有條理有系統的說話。

3-3-3-4 能利用電子科技，統整訊息的內容，作詳細報告。

3-3-3-5 能利用播音器材練習良好的語言表達。

3-3-4 能把握說話重點，充分溝通。

3-3-4-1 能即席演說，提出自己的見解與經驗。

3-3-4-2 能在討論或會議中說出重點，充分溝通。

3-3-4-3 能在辯論中精要的說出有利己方的意見。

3-4-1 能發揮說話技巧。

3-4-1-1 面對不同意見時，能舉證事實，有條理的進行論辯。

3-4-1-2 能口述見聞，或當眾簡要即席演說。

3-4-1-3 能依語氣需要，調整說話速度。

3-4-1-4 能注意抑揚頓挫，發揮說話技巧。

3-4-1-5 能口齒清晰、聲音響亮、當眾發表意見，並注重言談禮貌。

3-4-1-6 能針對他人演說的內容發表自己的意見。

3-4-1-7 能因應不同說話目的與情境，適度表現自己。

3-4-1-8 能將所聽到的內容，用完整而優美的語句說出來。

3-4-1-9 能依理解的內容，選擇不同的溝通方式，適當表達。

3-4-1-10 能明確表達意見,並清楚表達情意。

3-4-1-11 能明白說出一篇作品的優缺點。

3-4-2 能運用多種溝通方式。

3-4-2-1 能用不同溝通方式,表達自己的意見。

3-4-2-2 能選擇良好的溝通方式,建立正面的人際關係。

3-4-2-3 能在團體活動中,扮演不同角色進行溝通。

3-4-3 能善用語言適切表情達意。

3-4-3-1 表達意見時,尊重包容別人的意見。

3-4-3-2 能以感性的話語,表達對他人的關心。

3-4-3-3 能言談中肯,並養成說話負責的態度。

3-4-3-4 能在言談中,妥適運用各種語言詞彙。

3-4-3-5 能靈活利用電子及網路科技,統整言語訊息的內容,作詳細報告。

3-4-3-6 能擔任廣播劇或其他表演藝術的演出。

3-4-3-7 能運用說話技巧,擔任不同戲劇角色。

3-4-3-8 能修正自己說話的內容,使之更動聽,更感人。

3-4-4 能自然從容發表、討論和演說。

3-4-4-1 能有條理、有系統思考,並合理的歸納重點,表達意見。

3-4-4-2 能有組織有系統的報告每件事。

3-4-4-3 能察覺問題,並討論歧見。

3-4-4-4 能養成主動表達的能力和習慣。

3-4-4-5 能主動報告讀書心得。

3-4-4-6 能和他人一起討論,分享成果。

3-4-4-7 能視不同說話目的與情境,進行口頭報告,發表評論、公開演說。

(資料來源:教育部,2003a)

表 5-1-4　識字與寫字能力分段目標

識字與寫字能力分段目標
4-1-1 能認識常用漢字 700-800 字。

4-1-1-1 能認識常用漢字 700-800 字。

4-1-1-2 能利用部首或簡單造字原理，輔助識字。

4-1-1-3 能利用生字造詞。

4-1-1-4 能利用新詞造句。

4-1-2 會使用字辭典，並養成查字辭典的習慣。

4-1-2-1 會利用音序及部首等方法查字辭典，並養成查字辭典的習慣。

4-1-3 能養成良好的書寫習慣。

4-1-3-1 能養成良好的書寫姿勢，並養成保持整潔的書寫習慣。

4-1-3-2 能正確的使用和保管寫字工具。

4-1-4 能認識楷書基本筆畫的名稱、筆順，並掌握運筆原則，練習用硬筆書寫。

4-1-4-1 能掌握基本筆畫的名稱、字形和筆順。

4-1-4-2 能正確認識楷書基本筆畫的書寫原則。

4-1-4-3 能用硬筆寫出合理的筆順、正確的筆畫及形體結構的漢字。

4-1-4-4 能寫出楷書的基本筆畫。

4-1-4-5 能認識楷書基本筆畫的變化。

4-1-4-6 能配合識字教學，用正確工整的硬筆字寫作業、寫信、日記等。

4-1-5 能激發寫字的興趣。

4-1-5-1 能激發寫字的興趣。

4-1-5-2 能自我要求寫出工整的字。

4-2-1 能認識常用漢字 1,500-1,800 字。

4-2-1-1 能認識常用漢字 1,500-1,800 字。

4-2-1-2 能利用部首或簡單造字原理，輔助識字。

4-2-1-3 能利用生字造詞。

4-2-1-4 能利用新詞造句。

4-2-2 會查字辭典，並能利用字辭典，分辨字義。

4-2-2-1 會查字辭典，並能利用字辭典，分辨字義。

4-2-2-2 會使用數位化字辭典。

4-2-3 能概略了解筆畫、偏旁變化及結構原理。

4-2-3-1 能流暢寫出美觀的基本筆畫。

4-2-3-2 能應用筆畫、偏旁變化和間架結構原理寫字。

4-2-3-3 能用正確、美觀的硬筆字書寫各科作業。

4-2-4 能保持良好的書寫習慣，並且運筆熟練。

4-2-4-1 能養成執筆、坐姿適當，以及書寫正確、迅速，保持整潔與追求美觀
　　　　的習慣。

4-2-5 能掌握楷書的筆畫、形體結構和書寫方法，並練習用硬筆、毛筆寫字。

4-2-5-1 能正確掌握筆畫、筆順及形體結構。

4-2-5-2 能掌握楷書偏旁組合時變化的搭配要領。

4-2-5-3 能掌握楷書組合時筆畫的變化。

4-2-5-4 能認識筆勢、間架、形體和墨色。

4-2-5-5 能配合識字教學，用正確工整的硬筆字寫作業、寫信、日記等。

4-2-6 能概略認識字體大小、筆畫粗細和書法美觀的關係。

4-2-6-1 能欣賞優美的書法。

4-2-6-2 能概略認識字體大小、筆畫粗細和書寫美觀的關係。

4-2-7 能激發寫字的興趣。

4-3-1 能認識常用漢字 2,200-2,700 字。

4-3-1-1 能認識常用漢字 2,200-2,700 字。

4-3-1-2 能利用簡易的六書原則，輔助認字，理解字義。

4-3-1-3 能利用生字造詞。

4-3-1-4 能利用新詞造句。

4-3-2 會查字辭典，並能利用字辭典，分辨字義。

4-3-2-1 會查字辭典，並能利用字辭典，分辨字義。

4-3-2-2 會使用數位化字辭典。

4-3-3 能概略了解筆畫、偏旁變化及結構原理。

4-3-3-1 能流暢寫出美觀的基本筆畫。

4-3-3-2 能應用筆畫、偏旁變化和間架結構原理寫字。

4-3-3-3 能用正確、美觀的硬筆字書寫各科作業。

4-3-4 能掌握楷書的筆畫、形體結構和書寫方法，並練習用硬筆、毛筆寫字。

4-3-4-1 能掌握楷書偏旁組合時變化的搭配要領。

4-3-4-2 能掌握楷書組合時筆畫的變化。

4-3-5 能欣賞楷書名家碑帖，並辨識各種書體（篆、隸、楷、行）的特色。

4-3-5-1 能欣賞楷書名家（歐、顏、柳、褚等）碑帖。

4-3-5-2 能辨識各種書體（篆、隸、楷、行）的特色。

4-3-5-3 能概略欣賞行書的字形結構。

4-3-5-4 能知道古今書法名家相關的故事。

4-3-5-5 能就近欣賞名勝古蹟的書法之美。

4-4-1 能認識常用漢字 3,500-4,500 字。

4-4-1-1 能認識常用漢字 3,500-4,500 字。

4-4-1-2 能運用六書的原則，輔助認字。

4-4-1-3 能概略了解文字的結構，理解文字的字義。

4-4-1-4 能說出六書的基本原則，並分析文字的字形結構，理解文字字義。

4-4-2 能運用字辭典、成語辭典等，擴充詞彙，分辨詞義。

4-4-3 能透過臨摹或應用已習得的寫字方法與原理，用硬筆、毛筆練習寫出正確、美觀的硬筆字和毛筆字。

4-4-3-1 能透過模仿，寫出正確、美觀的硬筆字。

4-4-3-2 能透過臨摹，寫出正確、美觀的毛筆字。

4-4-3-3 能了解並應用筆畫、偏旁變化和間架結構原理寫字。

4-4-3-4 能靈活應用寫字的方法與原理。

4-4-4 能因應不同的場合，用毛筆、硬筆等書寫通知、海報、春聯等應用文書。

4-4-4-1 能因應不同的場合，用不同的書寫工具，表現不同的書寫風格（如：海報、廣告等）。

4-4-5 能用筆畫、形體結構、布局、行氣和行款等美觀原理賞析碑帖與書法作品。

4-4-5-1 能欣賞書法作品的行款和布局。

4-4-5-2 能欣賞書法作品的行氣及風格。

（資料來源：教育部，2003a）

表 5-1-5　閱讀能力分段目標

閱讀能力分段目標
5-1-1 能熟習常用生字語詞的形音義。
5-1-2 能讀懂課文內容，了解文章的大意。
5-1-2-1 能讀懂課文內容，了解文章的大意。
5-1-2-2 能分辨基本的文體。
5-1-2-3 能概略了解課文的內容與大意。
5-1-3 能培養良好的閱讀興趣、態度和習慣。
5-1-3-1 能培養閱讀的興趣，並培養良好的習慣和態度。
5-1-4 能喜愛閱讀課外讀物，擴展閱讀視野。
5-1-4-1 能喜愛閱讀課外（注音）讀物，擴展閱讀視野。
5-1-4-2 能和別人分享閱讀的心得。
5-1-5 能了解並使用圖書室（館）的設施和圖書，激發閱讀興趣。
5-1-5-1 能了解圖書室的設施、使用途徑和功能，並能充分利用，以激發閱讀興趣。
5-1-6 認識並學會使用字典、（兒童）百科全書等工具書，以輔助閱讀。
5-1-7 能掌握基本的閱讀技巧。
5-1-7-1 能流暢朗讀出文章表達的情感。
5-1-7-2 能理解在閱讀過程中所觀察到的訊息。
5-1-7-3 能從閱讀的材料中，培養分析歸納的能力。
5-2-1 能掌握文章要點，並熟習字詞句型。
5-2-2 能調整讀書方法，提升閱讀的速度和效能。
5-2-3 能認識文章的各種表述方式。
5-2-3-1 能認識文章的各種表述方式（如：敘述、描寫、抒情、說明、議論等）。
5-2-3-2 能了解文章的主旨、取材及結構。
5-2-4 能閱讀不同表述方式的文章，擴充閱讀範圍。
5-2-4-1 能閱讀各種不同表述方式的文章。
5-2-4-2 能讀出文句的抑揚頓挫與文章情感。

5-2-5 能利用不同的閱讀方法,增進閱讀的能力。

5-2-6 能熟練利用工具書,養成自我解決問題的能力。

5-2-6-1 能利用圖書館檢索資料,增進自學的能力。

5-2-7 能配合語言情境閱讀,並了解不同語言情境中字詞的正確使用。

5-2-7-1 能概略讀懂不同語言情境中句子的意思,並能依語言情境選用不同字詞和句子。

5-2-8 能共同討論閱讀的內容,並分享心得。

5-2-8-1 能討論閱讀的內容,分享閱讀的心得。

5-2-8-2 能理解作品中對周遭人、事、物的尊重與關懷。

5-2-8-3 能在閱讀過程中,培養參與團體的精神,增進人際互動。

5-2-9 能結合電腦科技,提高語文與資訊互動學習和應用能力。

5-2-9-1 能利用電腦和其他科技產品,提升語文認知和應用能力。

5-2-10 能思考並體會文章中解決問題的過程。

5-2-11 能喜愛閱讀課外讀物,主動擴展閱讀視野。

5-2-11-1 能和別人分享閱讀的心得。

5-2-11-2 能喜愛閱讀課外讀物,進而主動擴展閱讀視野。

5-2-12 能培養良好的閱讀興趣、態度和習慣。

5-2-12-1 能在閱讀中領會並尊重作者的想法。

5-2-12-2 能與父母或師友共同安排讀書計畫。

5-2-13 能讀懂課文內容,了解文章的大意。

5-2-13-1 能從閱讀中認識華語文的優美。

5-2-13-2 能從閱讀中認識不同文化的特色。

5-2-14 能掌握基本的閱讀技巧。

5-2-14-1 能流暢朗讀出文章表達的情感。

5-2-14-2 能理解在閱讀過程中所觀察到的訊息。

5-2-14-3 能從閱讀的材料中,培養分析歸納的能力。

5-2-14-4 學會自己提問,自己回答的方法,幫助自己理解文章的內容。

5-2-14-5 能說出文章的寫作技巧或特色。

5-3-1 能掌握文章要點,並熟習字詞句型。

5-3-1-1 熟習活用生字語詞的形音義，並能分辨語體文及文言文中詞語的差別。

5-3-2 能調整讀書方法，提升閱讀的速度和效能。

5-3-2-1 能養成主動閱讀課外讀物的習慣。

5-3-2-2 能調整讀書方法，提升閱讀的速度和效能。

5-3-3 能認識文章的各種表述方式。

5-3-3-1 能了解文章的主旨、取材及結構。

5-3-3-2 能認識文章的各種表述方式（如：敘述、描寫、抒情、說明、議論等）。

5-3-3-3 能理解簡易的文法及修辭。

5-3-4 能認識不同的文類及題材的作品，擴充閱讀範圍。

5-3-4-1 能認識不同的文類（如：詩歌、散文、小說、戲劇等）。

5-3-4-2 能主動閱讀不同文類的文學作品。

5-3-4-3 能主動閱讀不同題材的文學作品。

5-3-4-4 能將閱讀材料與實際生活經驗相結合。

5-3-5 能運用不同的閱讀策略，增進閱讀的能力。

5-3-5-1 能運用不同的閱讀策略，增進閱讀的能力。

5-3-5-2 能運用組織結構的知識（如：順序、因果、對比關係）閱讀。

5-3-5-3 能用心精讀，記取細節，深究內容，開展思路。

5-3-6 能熟練利用工具書，養成自我解決問題的能力。

5-3-6-1 能利用圖書館檢索資料，增進自學的能力。

5-3-6-2 能熟練利用工具書，養成自我解決問題的能力。

5-3-6-3 學習資料剪輯、摘要和整理的能力。

5-3-7 能配合語言情境閱讀，並了解不同語言情境中字詞的正確使用。

5-3-7-1 能配合語言情境，欣賞不同語言情境中詞句與語態在溝通和表達上的效果。

5-3-8 能共同討論閱讀的內容，並分享心得。

5-3-8-1 能討論閱讀的內容，分享閱讀的心得。

5-3-8-2 能理解作品中對周遭人、事、物的尊重與關懷。

5-3-8-3 能在閱讀過程中，培養參與團體的精神，增進人際互動。

5-3-8-4 能主動記下個人感想及心得，並對作品內容摘要整理。

5-3-9 能結合電腦科技，提高語文與資訊互動學習和應用能力。

5-3-9-1 能利用電腦和其他科技產品，提升語文認知和應用能力。

5-3-10 能思考並體會文章中解決問題的過程。

5-3-10-1 能思考並體會文章中解決問題的過程。

5-3-10-2 能夠思考和批判文章的內容。

5-4-1 能熟習並靈活應用語體文及文言文作品中詞語的意義。

5-4-2 能靈活運用不同的閱讀理解策略，發展自己的讀書方法。

5-4-2-1 能運用不同的閱讀理解策略，發展出自己的讀書方法。

5-4-2-2 能具體陳述個人對文章的思維，表達不同意見。

5-4-2-3 能活用不同閱讀策略，提升學習效果。

5-4-2-4 能培養以文會友的興趣，組成讀書會，共同討論，交換心得。

5-4-2-5 能從閱讀過程中發展系統性思考。

5-4-2-6 能依據文章內容，進行推測、歸納、總結。

5-4-3 能欣賞作品的寫作風格、特色及修辭技巧。

5-4-3-1 能了解並詮釋作者所欲傳達的訊息，進行對話。

5-4-3-2 能分辨不同文類寫作的特質和要求。

5-4-3-3 能經由朗讀、美讀及吟唱作品，體會文學的美感。

5-4-3-4 能欣賞作品的內涵及文章結構。

5-4-3-5 能欣賞作品的寫作風格、修辭技巧及特色。

5-4-4 能廣泛的閱讀各類讀物，並養成比較閱讀的能力。

5-4-4-1 能廣泛閱讀課外讀物及報刊雜誌，並養成比較閱讀的習慣。

5-4-5 能主動閱讀國內外具代表性的文學名著，擴充閱讀視野。

5-4-5-1 能體會出作品中對周遭人、事、物的尊重與關懷。

5-4-5-2 能廣泛閱讀臺灣各族群的文學作品，理解不同文化的內涵。

5-4-5-3 能喜愛閱讀國內外具代表性的文學作品。

5-4-5-4 能喜愛閱讀海洋、生態、性別、族群等具有當代議題內涵的文學作品。

5-4-6 能靈活應用各類工具書及電腦網路，蒐集資訊、組織材料，廣泛閱讀。

5-4-6-1 能使用各類工具書，廣泛的閱讀各種書籍。

5-4-6-2 能靈活應用各類工具書及電腦網路，蒐集資訊、組織材料，廣泛閱讀。

5-4-7 能主動思考與探索，統整閱讀的內容，並轉化為日常生活解決問題的能力。
5-4-7-1 能共同討論閱讀的內容，交換心得。
5-4-7-2 能統整閱讀的書籍或資料，並養成主動探索研究的能力。
5-4-7-3 能從閱讀中蒐集、整理及分析資料，並依循線索，解決問題。
5-4-7-4 能將閱讀內容，思考轉化為日常生活中解決問題的能力。
5-4-8 能配合語言情境，理解字詞和文意間的轉化。
5-4-8-1 能依不同的語言情境，把閱讀獲得的資訊，轉化為溝通分享的材料，正確的表情達意。

（資料來源：教育部，2003a）

表 5-1-6　寫作能力分段目標

寫作能力分段目標
6-1-1 能經由觀摩、分享與欣賞，培養良好的寫作態度與興趣。
6-1-1-1 能學習觀察簡單的圖畫和事物，並練習寫成一段文字。
6-1-1-2 能在口述作文和筆述作文中，培養豐富的想像力。
6-1-1-3 能相互觀摩作品。
6-1-1-4 能經由作品欣賞、朗讀、美讀等方式，培養寫作的興趣。
6-1-2 能擴充詞彙，正確的遣詞造句，並練習常用的基本句型。
6-1-2-1 能運用學過的字詞，造出通順的短語或句子。
6-1-2-2 能仿寫簡單句型。
6-1-3 能運用各種簡單的方式練習提早寫作。
6-1-3-1 能練習寫作簡短的文章。
6-1-3-2 能配合日常生活，練習寫簡單的應用文（如：賀卡、便條、書信及日記等）。
6-1-3-3 能認識並欣賞童詩。
6-1-4 能練習運用各種表達方式習寫作文。
6-1-4-1 能利用卡片寫作，傳達對他人的關心。

6-1-5 能概略分辨出作品中文句的錯誤。

6-1-5-1 能指出作品中有明顯錯誤的句子。

6-1-6 能認識並練習使用常用的標點符號。

6-2-1 能經由觀摩、分享與欣賞，培養良好的寫作態度與興趣。

6-2-1-1 能在口述作文和筆述作文中，培養豐富的想像力。

6-2-1-2 能相互觀摩作品。

6-2-1-3 能經由作品欣賞、朗讀、美讀等方式，培養寫作的興趣。

6-2-2 能運用各種簡單的方式練習寫作。

6-2-2-1 能練習寫作簡短的文章。

6-2-2-2 能配合日常生活，練習寫簡單的應用文（如：賀卡、便條、書信及日記等）。

6-2-3 能練習運用卡片或短文等方式習寫作文。

6-2-3-1 能利用卡片寫作，傳達對他人的關心。

6-2-3-2 能以短文寫出自己身邊的人、事、物。

6-2-3-3 能以短文表達自己對日常生活的想法。

6-2-4 能概略知道寫作的步驟，逐步豐富內容，進行寫作。

6-2-4-1 能概略知道寫作的步驟，如：從蒐集材料到審題、立意、選材及安排段落、組織成篇。

6-2-4-2 能練習利用不同的途徑和方式，蒐集各類寫作的材料。

6-2-4-3 練習利用不同的途徑和方式，蒐集各類可供寫作的材料，並練習選擇材料，進行寫作。

6-2-5 能培養觀察與思考的寫作習慣。

6-2-5-1 能養成觀察周圍事物，並寫下重點的習慣。

6-2-6 能正確流暢的遣詞造句、安排段落、組織成篇。

6-2-6-1 能掌握詞語的相關知識，寫出語意完整的句子。

6-2-7 能認識並練習不同表述方式的寫作。

6-2-7-1 能蒐集自己喜好的優良作品，並加以分類。

6-2-7-2 能學習敘述、描寫、說明、議論、抒情等表達技巧，練習寫作。

6-2-7-3 能寫作慰問書信、簡單的道歉啓事，表達對他人的關懷和誠意。

6-2-7-4 能配合閱讀教學，練習撰寫摘要、札記及讀書卡片等。

6-2-8 能具備自己修改作文的能力，並主動和他人交換寫作心得。

6-2-8-1 能從內容、詞句、標點方面，修改自己的作品。

6-2-9 能了解標點符號的功能，並在寫作時恰當的使用。

6-2-9-1 能了解標點符號的功能，並能恰當的使用。

6-2-10 能發揮想像力，嘗試創作，並欣賞自己的作品。

6-2-10-1 能在寫作中，發揮豐富的想像力。

6-3-1 能正確流暢的遣詞造句、安排段落、組織成篇。

6-3-1-1 能應用各種句型，安排段落、組織成篇。

6-3-2 能知道寫作的步驟，逐步豐富內容，進行寫作。

6-3-2-1 能知道寫作的步驟，如：從蒐集材料到審題、立意、選材及安排段落、
組織成篇。

6-3-2-2 能練習利用不同的途徑和方式，蒐集各類寫作的材料。

6-3-2-3 練習從審題、立意、選材、安排段落及組織等步驟，習寫作文。

6-3-3 能培養觀察與思考的寫作習慣。

6-3-3-1 能養成觀察周圍事物，並寫下重點的習慣。

6-3-4 能練習不同表述方式的寫作。

6-3-4-1 能學習敘述、描寫、說明、議論、抒情等表述方式，練習寫作。

6-3-4-2 能配合學校活動，練習寫作應用文（如：通知、公告、讀書心得、參
觀報告、會議紀錄、生活公約、短篇演講稿等）。

6-3-4-3 能應用改寫、續寫、擴寫、縮寫等方式寫作。

6-3-4-4 能配合閱讀教學，練習撰寫摘要、札記及讀書卡片等。

6-3-5 能具備自己修改作文的能力，並主動和他人交換寫作心得。

6-3-5-1 能經由共同討論作品的優缺點，以及刊物編輯等方式，主動交換寫作
的經驗。

6-3-6 能把握修辭的特性，並加以練習及運用。

6-3-6-1 能理解簡單的修辭技巧，並練習應用在實際寫作。

6-3-7 能練習使用電腦編輯作品，分享寫作經驗和樂趣。

6-3-7-1 能利用電腦編輯班刊或自己的作品集。

6-3-7-2 能透過網路,與他人分享寫作經驗和樂趣。

6-3-8 能發揮想像力,嘗試創作,並欣賞自己的作品。

6-3-8-1 能在寫作中,發揮豐富的想像力。

6-3-8-2 能嘗試創作(如:童詩、童話等),並欣賞自己的作品。

6-4-1 能精確表達觀察所得的見聞。

6-4-2 能精確的遣詞用字,並靈活運用各種句型寫作。

6-4-2-1 能精確的遣詞用字,恰當的表情達意。

6-4-2-2 能靈活應用各種句型,充分表達自己的見解。

6-4-3 練習應用各種表述方式寫作。

6-4-3-1 能配合各項學習活動,撰寫演說稿、辯論稿或劇本。

6-4-3-2 能培養寫日記的習慣。

6-4-3-3 能配合各學習領域,練習寫作格式完整的讀書報告。

6-4-3-4 能合作設計海報或文案,表達對社會的關懷。

6-4-3-5 能靈活運用文字,介紹其他國家的風土民情。

6-4-3-6 能撰寫自己的工作計畫、擬定各項計畫。

6-4-3-7 能以敘述、描寫、抒情、說明、議論等不同表述方式寫作。

6-4-4 掌握寫作步驟,充實作品的內容,精確的表達自己的思想。

6-4-4-1 能確立主旨,擬定大綱,並完成寫作。

6-4-4-2 能將蒐集的材料,加以選擇,並作適當的運用。

6-4-4-3 能依據寫作步驟,精確的表達自己的思想,並提出佐證或辯駁。

6-4-5 了解標點符號的功能,並適當使用。

6-4-5-1 能配合寫作需要,恰當選用標點符號和標點方式,達到寫作效果。

6-4-6 能靈活應用修辭技巧,讓作品更加精緻感人。

6-4-6-1 能養成反覆推敲的習慣,使自己的作品更加完美,更具特色。

6-4-6-2 能靈活的運用修辭技巧,讓作品更加精緻優美。

6-4-7 能練習使用電腦編輯作品,分享寫作的樂趣,討論寫作的經驗。

6-4-7-1 能透過電子網路,與他人分享寫作的樂趣。

6-4-7-2 能透過電子網路,與他人分享作品,並討論寫作的經驗。

6-4-7-3 能練習利用電腦,編印班刊、校刊或自己的作品集。

6-4-8 發揮思考及創造的能力，使作品具有獨特的風格。

6-4-8-1 能主動創作，並發表自己的作品。

6-4-8-2 能藉由擴充標題撰寫、表現技巧、圖文配合、字體安排等寫作經驗，使作品具有獨特的風格，並嘗試應用於編輯學校的刊物。

（資料來源：教育部，2003a）

　　林于弘（2004）認為能力指標是學生在各階段學習之後所應獲得的基本能力。在九年一貫課程中，能力指標是學校在各領域課程發展的重要依據，教師必須在教學歷程中不斷地檢視，修正與評估。但是當能力指標的編列陷於前後失據，輕重難衡的困境，重新思索按年級高低區隔能力指標的呼籲，也許就有重新考慮的價值。以教育部公布的能力指標確實有創意，但仍跳脫不了以能力為出發點的學習架構，而且有許多能力指標是雷同的，並無法將高低年級學習的層級很明顯地表達出來，許多能力是依循同樣的模式制定而來的。周慶華（2008）指出聽說讀寫等分段能力指標在總體綱要裡，已經讓人感覺是為了湊數才硬擠出一些名目，現在又為了符應總綱而強為支裂充填，顯然已經不是純為語文課程設想（被委託設計的人「一圖交差了事」，可能佔更大的比例）；何況分段能力指標的訂定還沒有擺脫萬金油情結呢（都是用「能」字開頭）！所有的學習能力範圍還是被學者所掌握住，和以往的學習有何不同？不免讓人聯想九年一貫課程改革也不過就是依照著「換湯不換藥」的原則下進行改革，這樣的改革所帶來的進步，想必也是很有限的。羅秋昭（2000）就表示編寫教材應對這三個階段的目標作明確的畫分，才可以避免教材編寫各自為政的弊病，減少學生重複學習的情形。造成重複學習雖不會影響教學品質，但倘若可以利用浪費掉的時間來進行更廣泛的學習，例如閱讀課外書，寫寫日記都是相當不錯的語

文學習活動。再者，馮永敏（2001）也指出要解決目前現狀，首先
應規畫建構語文教學整體序列，把應教給學生的語文知識和要培養
的語文能力、智力、學習習慣等，按照六個年級次序組合和排列，
以體現一個由淺到深的教學序列，和明確層次的整體，作到每個年
級教學目標明確，年級之間體現螺旋上升。以語文科領域分段能力
指標來看，由淺到深的層次學習模式並未架構得很完整，許多高年
級進階課程看起來很豐富且多元，實則充斥過多繁複且相似的活
動。以 6-4-8 發揮思考及創造的能力使作品具有獨特的風格和
6-4-8-1 能主動創作並發表自己的作品這兩點看來，既然已經先作
了發揮思考及創造能力，使作品有獨特的風格，爾後卻還要再重複
創作的部分，太過於細分學習層次，反而看不出學習效果和教師的
教學成果，因為呈現的東西大同小異，很難看出學生的程度高低，
對於九年一貫的精神希望能培養學生有創意和主動學習並未真正
達到。倘若過分強調在學習活動的練習，似乎是走回頭的作法。

　　游家政（2002）提到缺乏常設的課程研究與發展機構，進行長
期性的國小課程標準的研究與修訂。國小課程標準是編製國小課程
與教材的主要依據，其制訂必須建立在理論與實證研究基礎上。而
現今語文科的課程研究並未受到長期性的有關單位的監督，教育單
位缺乏課程研究與發展單位來進行嚴謹的監督和審核，開放民編版
本後，監督和審核的工作又更為重要。此外，課程目標並非能力目
標，學習課程內容是增進知識，並非只求能力的培育，所以教師必
須了解課程目標的內涵。游家政（2002）又提到課程目標具有指引
性、終點性與工具性，對課程與教材的設計、教師的教學和學生的
學習影響甚鉅。改進的途徑有二：（一）課程標準的內涵應著重在
學校目標的闡釋；（二）蒐集實證資料，建立「基本學力」指標。
課程內容倘若能因地、因時、因人而制宜，適時彈性調整內容更適

合學生需求。建立基本學力指標有其重要性，其為評量的主要工具，應包含更寬廣的施測項目和凸顯出各個階段應有的能力。

第二節　統整語文科課程的理念難以實踐

教育部（1998）在九年一貫課程改革政策下，國民中小學學校課程結構大幅修訂為「語文」、「健康與體育」、「社會」、「藝術與人文」、「數學」、「自然與科技」、「綜合活動」七大學習領域，以取代傳統的學科課程結構，並且特別著重在培養學生的人文情懷、統整能力、民主素養、鄉土意識與國際視野等，讓學生透過人與自己、人與社會、人與自然等具有統整精神的課程與教學，養成學生批判思考、善用科技與資源、解決問題的能力，以及促進文化參考、展現社會行動實踐的能力。換句話說，九年一貫課程所強調的「課程統整」概念，乃是為了促使學校課程的組織結構與內容的安排設計方面，朝向更加開放、更加多元的方向發展，一方面擴展課程範疇的橫向銜接，一方面加強課程進程的縱向連貫，讓學生的學習是有意義、有系統的學習，在參與的過程產生經驗的統整、社會的統整及知識的統整。（甄曉蘭，2002）以康軒版 2008 學年度第二學期二下的的國語為例，課程分為四個單元：有第一單元人與橋、第二單元鄰里社區、第三單元綠色的大地和第四單元書迷俱樂部等，其單元有符合多元化的方向發展，有不同的主題可以學習，倘若可以將這四個單元更具體地連貫起來成為進階的學習內容，應該對學生的學習會更有意義也更具系統性。

黃政傑（1997）認為統整（integration）一詞就字義而言，通常係指在概念上或組織上將分立的相關事物合在一起或關聯起來，使其成為有意義的整體。將這樣的觀念應用在課程上，就成為

一種課程組織的方式，強調「橫向」的聯繫，希望讓特定的課程內容能夠和其他課程內容建立融合一致的關係，讓學生能夠把所學的各種課程貫串起來，了解不同課程彼此之間的關聯性。

游家政（2002）指出統整為一種歷程，意指持續的、理解的、互動的調適，強調學習者在統整過程中原始的角色。因此，課程統整是要提供學習機會，讓學生以他們的方式去組織、關聯或統合學習和經驗。

教育部（2003a）也明訂「課程統整」是課程設計方式的一種，它可以是在不受限於學科界限的條件下，由教師與學生合作認定重要的議題和問題，而針對這些主題形成課程組織，增強人與社會統整的可能性。其目的在將不同的學科知識作相關的聯結，並將知識與生活經驗加以整合，以化解學科之間壁壘分明的疆界，將教育重心由學科知識的學習提升至生活知能的培養，使學生能在完整且貼近真實生活的課程架構中學習，增進其學習能力，它也可以是學習領域內知識的統整。

陳新轉（2001）提到課程統整的教育特性有五點：（一）關心「學習者」、「社會」與「知識」的整合；（二）以培養現代社會所需的「基本能力」、「實踐能力」為導向；（三）秉持普通教育的理念，強調教育內容應與整體性的生活經驗相符應；（四）學生為教育主體的體現；（五）課程統整是全人教育理念的實踐。教育部（2003b）強調應掌握課程統整精神主要基於下列理由：

一、由學科知識的學習，轉化為生活知能的培養：

九年一貫課程主張要使學生具備「帶得走的能力」，而非「背不動的書包」，更不希望學生所學習的是支離破碎、分科過細、偏

向背誦記憶的零碎知識。所以，希望教師藉著統整課程設計和教學，使學生獲得主要的核心概念，形成完整的認知架構，得到整全的知識和經驗，進而轉化成實際生活應用的能力。

二、避免重複施教，提高學習成效：

透過課程的統整，能組合性質相近的學科內容及相關的概念，提高學生的學習成效，並可避免於各學習領域及彈性學習活動中分別重複教學。

Beane（1997）認為課程統整是一種課程設計的方式，乃是在不受限於學科界限的條件下，由教師和學生合作認定重要的議題和問題，針對這些主題形成課程組織，加強人與社會統整的可能性。周淑卿（2000）認為 Beane 的定義中，課程統整並不只是課程設計的技術，更強調藉由此種設計方式幫助學習者達到「經驗的統整」、「學科知識的統整」以及與人協同合作的「社會統整」。張世忠（2002）認為課程統整是指課程設計或課程組織的一種方式，將知識、經驗與生活相互結合，讓學生容易學到整合有效知識與技能，並能應用在日常生活中。課程統整是為了尋求「過去與現在」、「學校與社會」、「學科與學科」的連結，而設計為一個特殊的整體課程。而課程統整的範圍，並不僅限於學科或科目，而是包括學校所設計安排的正式與非正式的、定期或不定期的、校內與校外的、動態或靜態的各種活動和經驗。因此，課程統整是以學生所有的學習活動和生活經驗為範圍。

高新建（2001）提到長久以來學校課程中的各個學科彼此獨立而且界限明顯，學生在科目林立的學校學習之後，不容易得到整體的知識觀念，並更進一步處理生活所需要的充分能力。同時，新興

課程也不斷地出現，要求加入學校教育的行列，使得學校的課程更難消化。因此，學校的課程確實有必要加以統整，以便讓學生在學校內的學習經驗和學校外的社會實際生活，能有密切的關聯；並且讓學生在學校內的各項學習活動，能夠和學生目前所擁有的生活經驗和學習興趣、及未來生活上所需要的經驗和個人發展，能夠有良好的結合。張世忠（2002）認為多年來，我國中小學生因為生活實際問題的能力不足，並非他們對學科知識的獲取不足，而是缺乏對知識與生活問題之間關係的理解；他們未能對統合不同領域的知識以解決一個實際問題。在任何一個生活情境中，我們所面對的問題都是多面向、複雜的，需要運用的能力與知識也不限於單一學科。換句話說，我們是以統整的知能而非單一學科知能去因應外在環境的變化。學科取向課程將知識分割成互不相干的幾個範圍，似乎毫無交集。以語文科統整而論，許多課程內容仍偏重於學科知識的學習，學習到的內容卻無法讓學生能運用自如於各種場合，學習本國語文，能在公開場合侃侃而談的學生是為少數，能寫出一篇文情並茂的文章也不容易，這都可以表示出語文科統整出了問題。語文的學科知識固然重要，倘若能將語文的知識與其他領域的學科進行統整，將語文科帶入各個領域（七大領域及重要議題：（一）語文：國語、英語、閩南語、客家語及原住民母語；（二）健康與體育：健康、體育與兩性；（三）社會：歷史、地理、公民政治、經濟、法律、人權；（四）藝術與人文：音樂、美術、表演藝術等；（五）數學；（六）自然與生活科技：生物、物理、化學、地球科學、環境生態、生活及資訊科技等；（七）綜合活動：輔導活動、團體活動、童軍教育、戶外教學、家政、生涯規畫等；（八）重要議題：資訊、環保、人權、兩性、生涯規畫及家政）。在語文領域裡，注重在基本溝通能力，除了注重聽說讀寫外，更應加強與各個學科的

聯結，因為所有的學科都是以語文呈現的，對於語文學科知識的靈活運用程度必須要整體提升，才能達到課程統整的目的。就廣義來說，課程統整可包括四個面向（Beane, 1997；歐用生，1999；徐靜嫻，2000）：

一、經驗整合

　　語文科的學習需以學習者的背景、生活經驗和體驗為主要統整內容，將語文科與自然與生活科技領域作結合，以學習者熟悉的方式，將要傳授的知識與其經驗統整成語文科課程會引起學習者的興趣。

二、社會整合

　　這個面向強調學校提供不同經驗與背景的學生生活共同經驗，或以社會議題和重要事件發生為課程統整的主軸，運用教授給學習者的語文知識，鼓勵學習者對社會議題提出看法，並且予以討論的機會，不僅可以達到基本溝通的能力，更能培養學習對於社會議題的重視，也可利用重要事件來進行機會教育，這也是達到與社會領域作課程統整。

三、知識整合

　　真正生活面對的問題需要統整而非分立知識來解決，知識應從各分立的學科中解放出來，以便學生能接近更有意義及系統的方式。此項整合與許多領域都有關，現在學生對於知識大多只抱持著

學習的態度，如何運用於各領域似乎未見成效，總是需要教師帶領，以語文科的知識來說，它可以應用至各領域，甚至上街買東西、與人問路和尋求協助等等，都是可以將語文知識運用的最佳機會。國小語文教育已將鄉土語和英語都列入學習領域，很可惜的是，對於學習者這兩種語言大多仍停留在「學科知識」的階段，真正需要使用到這兩種語言的場合，又有多少人可以懂得如何運用和表達得當？以閩南語來說，許多學生在學校學了閩南語之後，回到家卻無法用閩南語與家中長輩溝通，甚至是最基本的生活用語都無法說得流利，如此一來，閩南語的教學只成了一種語言的學習，一種知識的傳遞，但卻無法應用到溝通上。至於在學校學了英語，大部分學生對外國人的問候仍大多停留在：「How are you？」學生大多只會回答「I am fine.」無法將其他的用法適時地表達出來。因為學生只是用最熟悉的知識在進行回答，並非依自身的情緒表達出來。所以很多人學了很久的英語卻無法說出一口流利的英語，除了環境的影響之外，無法將知識轉化成生活的能力才是語文科無法與其他領域學科統整的最大問題。

四、課程整合

　　整合課程的內容應包括現實世界中對個人和社會有意義的議題。課程的設計要使學習經驗能在組織中心脈絡下統整相關的知識。知識的發展與應用並非用來準備考試及升級，而是用在日常生活之間解決。語文科統整的重點應該將與語文學科知識有關的活動和重要議題或有意義的節日帶入教學，都會讓語文科的學科內容更豐富有趣，更貼近生活。

　　游家政（2002）指出就目前國內學校的課程結構與教師的教學習慣而言，學校有固定的科目和選用不同版本的教科書，教師和學生的教與學仍然依賴教科書，倘若要教師拋開現行各科教科書，另行取代以議題導向的統整課程，恐難達成。因此，倘若以議題導向的課程統整來彌補學科導向課程的不足，或許可以為當前的學校課程革新打開一條新的出路。這樣的情形在語文科課程尤其嚴重，過分依賴教科書的結果，導致語文科知識學習模式趨於制式化，無法與其他領域作連結，更無法達到課程統整的目的。因此，如何將學科導向的語文科課程統整，和議題導向的課程統整作搭配教學，是語文科教學相當重要的課題；如何不侷限只學習教科書，而是更能跨學科地學習其他學習領域。周珮儀（2003）認為學科知識和課程統整事實上是相互增強的；學科應該被視為一套動態發展的信念和實施，學科之間經常互相影響；學科實施的演進重組了當前知識體系，以及學科的邊界、偏好的方法和假設。現行語文科課程統整出現了問題，也是基於普遍學習者學科知識有低落的現象產生，而無法進行統整，這不單單是學習者的責任，也是教師在面臨語文科無法與其他領域進行統整課程的問題，原本的課程內容就無法吸收，更遑論與其他學科的統整學習。

　　Beane（1991）提到典型的中小學學校課程中，學生像是在拼圖，各自獨立學科知識一片片拼湊出來，卻不知道完整的圖形為何。他們要靠信心和毅力，才能拼出一幅完整的圖畫。所謂統整課程，應該就是如此，由教師傳授知識，由學生自行運用所學到的知識，應用至各個學科才是真正的習得學問。然而，這樣的學習過程對於學習者是辛苦的，教師的責任應是盡力將與課程相關的領域和議題適時地帶入教學，減少學生摸索的時間。學習者剛開始接觸語文科課程時，教師就可以儘量用引導的方式將語文科與其他領域作

統整教學，而非只是單純的傳授語文學科知識。如此訓練下來，學習者會自動將所學到的知識與其他學科作連結，對於語文的學習也會有幫助。擔任語文科教師需要在準備課程時多花費心思，統整各領域的相關內容納入語文教學中，將學習者所學到的知識化為生活的力量，強化學生自我統整的能力，能將語文所學到的知識成為茁壯其他領域學科的養分。

第三節　語文科課程內容缺乏彈性

現行的語文科所教授的課程內容還是以教科書為主，並搭配相關參考書為補充教科書的不足之處；然而，所謂的參考書也只是將教科書的內容整理出重點並增加練習的評量而已，對於語文科的學習只能是加強複習的工夫，並未真的有補充到其他的語文知識和課外讀物。黃政傑（2003）指出教科書出版品與其他類型出版品無論在內容、通路、市場……等各方面性質上是迥異的。其中最重要的特質，是教科書的角色，和社會對它的期待。儘管學者對教科書的定義和性質眾說紛紜，但是任何了解教育制度如何運作的人，都不可能忽視教科書的重要性，現階段教科書仍然是我國中小學階段學生最重要的知識來源。既然教科書背負這樣重大的社會責任和眾人的期待，顯示其重要性不容忽視。對於現今所發行的民間編審的教科書版本，並未將學生的語文能力提升起來，而是讓許多專家和學者為下一代的語文教育感到憂心，也有不少重新採用國立編譯館版本的聲音出現；是教育政策的疏失還是民間出版社的出版品卻有其改進空間，這些都是值得討論的要點。

林倫全（2005）認為教科書對於其他圖書出版品，更肩負了知識傳遞及文化涵養的使命。由於教科書的角色和被期望的功能，教

科書的編輯、審核、流通過程，繁複嚴密、重重審核，無法像一般流行出版品具有寬廣的創作空間及快捷的產製流程。教科書出版業者在既定的政策、有限的調整幅度之下，必須要有不同於一般圖書出版公司的策略思考邏輯。出版業者倘若要讓自家的出版品得到選用的機會和資格，必須符合教育部訂定的政策（九年一貫的精神和特色），有別於一般的圖書出版品的製作過程外，需要更嚴謹的審核機制來檢視教科書出版品。除了更加審慎選擇教科書之外，對於語文科的課程內容應多採用更多元化的素材和重要議題，豐富學生學習的內容；也可以利用學習語文學科知識來了解不同學科領域。以現行的教科書所呈現出的內容，仍以語文學科本位為主，其實語文可以用不同的類型呈現與表達。除了刻板印象的生字新詞學習之外，對於閱讀種類的補充，在較為眾多採用的出版社所設計的課程內容，這個部分是欠缺的。

黃志生（2004）提到開放國小九年一貫教科書市場後，由於各出版機構各自發展領域專業能力，並在教育部公布的課程綱要範圍彈性中，致力於求新求變，從課程內容、字體大小、活動設計、教具研發、紙張的品質等方面不斷地推陳出新，使國小教科書真正落實於學童生活與環境的學習中，吸引學童學習操作與興趣並輔助各領域科目能融合統整教學課程，讓整個教育改革行動能真正落實，且能有具體進展與成果。

基於以上的理念，各家出版社為教材的設計的確煞費苦心，我們可以很明顯看到國小教科書都是包裝精美的書本，而課程內容也儘量與學生的生活貼近，也儘量簡化難度較高的文章，是為因應九年一貫課程綱要和語文科總體時數減短的問題。這樣的改革，似乎並未提升臺灣國小學生的語文能力，學習範圍較以前廣，學生的程度卻沒有明顯的進步，甚至要表達出完整的句子都可能會有問題，

更不用說是要寫出文章。到底這樣的改革對我國語文教育是正確的嗎?還是在某個環節出了問題?學生的表達能力就代表本身的語文程度,語文的聽說讀寫四種能力都同樣的重要,對於臺灣學生會有無法完整表達自己的意思,可能是因為過分使用網路作溝通媒介的影響。運用網路語言表達想法,通常使用簡化的網路用法,以圖像和同音字為主要書寫語言,久而久之,語言的書寫能力弱化,閱讀書籍的興趣也減低,因為瀏覽網路文章的時間多過於紙本的出版品,對於網路的知識無法慎選,只是依賴其便利性,快速地取得新知。對於網路上的文章並非都是不可選讀,只需要慎選資料來源正確的訊息,運用網路來增進學習語文科的興趣也是豐富語文科課程內容的方式。九年一貫的能力指標也不斷強調培養資訊的能力的重要性,可是在國小語文課裡,運用資訊能力來提升學生的學習興趣通常還是停留在網路上的瀏覽。雖然教育部有推薦許多互動式網站可供學生學習,但未能真正將語文學習風潮帶起來。原因有很多,可能因為城鄉差距無法達到資訊零時差、零距離的教學效果,也可能是缺乏教師帶領使用網站學習而是由學生自行上網學習。通常學生並不會將焦點聚集在語文學習的部分,而是沉浸在聲光效果的影音效果或因教學所設計的遊戲裡,所以真正能學好語文,還是需要有系統、有規畫的語文教材。

現行語文教材看似內容相當豐富,既要符合教育部所訂的綱要,也要將枯燥的語文科增添趣味性,有別於對語文的學習感到壓力和沉悶感。選用的文章也是儘量的精簡和改寫過,為了就是不要造成學生學習上的壓力。還有教師授課上的困難度增加,因為教師在準備語文科教學時,還要兼顧到九年一貫所制定的能力指標、自行訂定的教學目標,甚至還有出版社所提供的學習目標來作為備課的內容。因此,倘若課程內容程度過於艱澀對於教師的教學會產生

負擔，也會對學習較慢的學生增加學習的壓力；然而，考慮教師教學上的便利性和學生接受度難道就是出版商和教育單位考量教學內容最主要的標準嗎？

現行語文的教科書採用文章的種類，看起來似乎是將各種不同類型的文章都包含在語文科課程裡，而選擇的文章內容還是採取符合單元取向，所採用的課程內容仍屬狹隘。對於許多經典名著和另類教材並不受到教學者的青睞。因此，出版商也刻意不會將許多篇幅較長的經典名著加入課程內容，或者將名人自傳加以改寫成簡易版，減低教師上課的壓力，還有顧慮到整體學生的學習狀況。教學固然需要注意到學生的個別差異和學習的吸收情況，納入準備課程的部分；然而，所有提升語文能力的方法都脫離不了大量閱讀，我們卻在教材中最重要的的教科書所採用的文章內容是不夠多、不夠深的。其主要的問題是採用的課程內容彈性仍不足，以現行教材所提供的多元化題材文章，仍是達不到廣泛閱讀的層次，還是停留在文字識讀和了解的程度，對於文章所給予的深層意義卻鮮少有教師會主動提出並與學生進行討論；再者，對於語文科課程雖然會有改版的機會，但對於設計理念仍停留在滿足教師教學上的便利性、減少學生因為還要學習其他語言的壓力，因此所設計的課程內容與改版前的模式大同小異，讓人難以看出其創新和差異處為何。

柯華葳（2006）認為閱讀能力沒學好，就不容易透過閱讀學習知識。基本上，大部分學生在小學三年級以前都在學習如何閱讀。學習閱讀是有步驟的，相對來說，為了因應學習閱讀的步驟，閱讀的教材也作適當的搭配。本研究針對的是國小學生的語文教育，對於國小低年級應是以基本語文能力的培養為主要教學重點，到了三年級，應是將學習的方向逐漸帶入閱讀的學習領域，爾後循序漸進地，將閱讀成為一種生活習慣，無時無刻就是在閱讀。考試時，閱

讀的是測驗卷上的題目；看小說時，沉浸在其中的故事情節；閱讀繪本時，欣賞文字與圖案如何搭配在一起；讀報時，對於報紙上所刊出的議題，能有批判思考的能力去判斷，以上的種種習慣養成都是需要靠國小基礎語文教育來培養學生的語文能力。閱讀能力的養成除了按照學習步驟的進行之外，語文科課程內容能給予更寬廣的學習內容更是重要；不要讓語文科學習成為一種既定的形式，教師也只要依照教科書來呈現教學即可。如此一來，語文科的學習走不出舊有的教條式學習法，教師還是只能依靠著教學指引上來引領學生學習，這豈不是走回頭路，也是有違九年一貫的精神與特色。要將語文科課程內容廣度加大，教師的意願和專業自主的想法一定要堅持，對於出版社所提供的出版品在選用上應用不同的角度去慎選，並能主動將具有創意性的語文出版品一併帶入課程，給予學生不同的學習刺激。用鼓勵代替要求，多讓學生主動去嘗試學習閱讀不同的文學作品，也許學生不一定喜歡教科書的文章，而對學習語文的興趣缺缺；倘若教師可以提供更多元的教材讓學生學習，可以培養學生閱讀的習慣，也可以啟發學生主動學習語文的動機，用如此潛移默化的方式引導學習，對於學生未來學習語文的態度是有正面效果的。這樣的啟發性學習應該在三年級就要開始進行，對於學生以後升上高年級面對更多的文章需要閱讀時，較不會感到無法適應，而且也可以減低學生學習個別差異的情況，避免造成語文能力程度差距大的問題。

　　柯華葳（2006）提到一般而言，學生倘在四年級還未掌握閱讀的能力，包括識字還不能自動化，沒有猜字策略或說不出所讀的全文大意，一定需要進行補救教學，否則四年級以後有能力的學生開始大量閱讀，不會閱讀的學生將明顯落後。倘若語文科課程內容能更具有彈性，也能將閱讀文章的種類淺顯易懂和語文用法層次較深

的文章都可以帶入教學，讓學生可以依自己的能力去選擇讀物，讓教師可以從旁協助選擇，這樣也可以將需要進行補救教學的學生的語文能力提升，不至於一定要接受輔導，並且可以自行閱讀文章，進而更喜歡語文，會主動閱讀，這樣對於整體語文教育的能力才能有進步的機會；單單靠教科書上的文章學習，對學生的幫助有限。因此，將語文課程內容不再只侷限於語文學科能力知識的學習，也可以把語文的學習變成一種習慣，真正讓學生自然而然主動學習語文，這也是語文科教師最大的期望。換句話說，教材不能只有教科書，還要有課外書，最重要的是教師的帶領學習。語文科課程就算不斷擴充課程的寬廣度，也依照學生的學習差異安排適合的書籍，沒有教師的引導還是沒有用的。因此，以課程內容為輔，如何讓語文科教師的教學發揮最大的效果，教育單位應該要重視這個問題。

第四節 九年一貫課程綱要制定本身的盲點

九年一貫課程強調國民教育的學校教育目標在「傳授基本知識，養成終身學習能力，培養終身學習能力，培養身心充分發展之活潑樂觀、合群互助、探索互思、恢弘前瞻、創造進取的健全國民與世界公民」。因此，要成為健全的世界公民，必須要具備人本情懷、統整能力、民主素養、鄉土與國際意識，並能進行終身學習，能適應二十一世紀的要求。為了要達到這樣的理想，新課程訂定了人與自己、人與社會、人與環境等三個層面的十種目標，並依據這十項目標，擬訂了十種基本能力，以作為課程設計的主要架構和依據。這十種能力分別是：（一）了解自我與潛能發展；（二）欣賞、表現和創新；（三）生涯規畫和終身學習；（四）表達、溝通和分享；（五）尊重、關懷與團隊合作；（六）文化學習與國際了解；（七）

規畫、組織和實踐;(八)運用科技和資訊;(九)主動探索和研究;(十)獨立思考與解決問題。基本能力培養的必要性受到不少教師和家長的質疑,難道以前的課程都沒有培養這些能力嗎?所以九年一貫是為了培養這些能力而進行改革的嗎?

林進材(2000)認為基本能力的培養係源自於以往的學校教育經常淪為「教是一回事,學是另外一回事」理論與實際產生乖離的現象,讓學生運用學校教育所學的知識、基本能力,解決生活上的各類問題,適應未來的社會生活。基本能力的培養,讓學生不再只是知識的貯存者,而是知識的應用者,以帶得走的能力取代僵化的知識體系。因此,基本能力的培養是活化所學到的知識,訓練問題解決的能力。

歐用生(2000)指出擬訂基本能力作為課程設計的依據,這是九年一貫課程的最大特色。可以想見的,九年一貫課程的發展將與英國的國定課程一樣,採用目標模式,強調合理的課程設計要將教育目的特定化、明確化,繼而將它們化為行為目標,就是化為有意圖的學習結果的敘述。很明顯可以看出來,九年一貫與英國的國定課程相似程度頗高,這不禁令人匪夷所思。教育單位不是為了九年一貫課程絞盡腦汁地要進行改革,採用多方的專家、學者和家長團體的意見,才讓這項重大教育改革得以問世,為的就是要減輕學生的學習壓力,將臺灣的教育帶領至真正的多元化教學;然而,改革主要的力量還是來自學者和政府單位,還是依循以往複製國外經驗,然後套上臺灣的名字,就成了影響千萬人的教育政策。國外經驗固然有其參考的價值,但並不一定適合臺灣的教育體質,試想臺灣的人種、文化、生活背景和成長過程等等都與外國大不相同,如今面對重大教育政策,這樣一項重大決定會影響臺灣未來數十年發展的重要決定,在最後關頭還是得向國外取經。

　　以行為目標為主要課程所依據的架構，也就是九年一貫再三強調的分段能力指標，也是九年一貫課程精神相當引以為傲的特色。分段能力指標與國外所設定的行為目標本質基本上是相同的，一樣是採取目標模式，強調合理的課程設計要將教育目的特定化、明確化。回到教育的基本面，如何將教育目的特定化和明確化？是特別要求全體學生都要學好、並達到分段能力指標的水準，還是教師的教學必須要達到教學目標？教學目的的特定化並不適用每個教學場域，教學目的應首重注重每位學生的學習個別差異，並實施因材施教，並不強求達到所「齊頭式」教學模式和學習結果。歐用生（2000）認為傳統的全國標準的能力觀著重熟練各個學科領域的內容，而非統整或使用知識以解決問題。以效標為基礎的課程幾乎都是依傳統學科而組織的，能力指標的制訂者都是從各學科學會或學科專家界定的學問知識來制訂，缺少民主社會中青少年面臨的問題或爭論。國定課程或能力指標幾乎只呈現主流文化的觀點，或者是由教科書的出版商或標準化測驗的製作工廠界定的。課程設計應該是回歸基本面，以學生的學習需求來進行教學才是真正有效的課程設計，所謂的行為目標和能力指標，都應只是參考；甚至有許多能力指標已經超過學生本身能負荷的程度，而臺灣似乎習慣將不可能的任務賦予我們的下一代，這樣真的是為學生好嗎？這樣的九年一貫精神難道不會受到質疑嗎？能力指標的存在只是喊口號嗎？

　　我認為與其強調分段能力指標在課程設計的重要性，不如鼓勵教師主動去發掘學生的潛力來得有意義。教師是與學生接觸的時間長也相當頻繁，由教師當觀察者藉由上各種不同課程去發現學生的潛能和適性發展方向，因為教師最懂每位學生的學習個別差異，也能將學生學習情況掌握得宜，沒有比教師更適合勝任這份工作。九年一貫課程綱要強調要培養學生帶得走的能力，還有減輕書包的重

量，教育單位的培養能力就是把能力指標訂定出來然後要求教師要協助學生培養這些帶得走的能力。真正帶得走的能力並不是白紙黑字書寫得出來，而是學生學到知識後懂得如何應用，至於應用的層面為何並不需要教育單位特別明訂，所以更沒有要求教師以能力指標為教學主軸的必要。

　　周慶華（2008）指出大體上，九年一貫課程的構想，作為一種意識型態（去疆界觀）的實踐，仍然有它存在的合法性，只是得不斷遭遇泛多元思想的抗衡。所謂「九年一貫課程強調的是以『人』為中心，關聯至人和社會及人和環境間的關係，而提出十項目標。只是在此十項目標中，並未見到國家目標的具體敘述，也就是希望國民教育達成何種國家目標並未詳述。此或許是基於以往臺灣教育常因國家政治意識形態介入過深遭致批判所作的修正，希望保持教育中立，不致遭到人攻訐為作為國家政策和種族情緒等主流意識形態宰制的工具。但國民教育階段作為國家重要基礎建設之一，不可免的應有一些基本國策、民族情感和社會倫理須藉其加以完成。在後現代主義的狂潮中，九年一貫課程似乎也過度感染了顛覆和反抗主流的意識，走向為反中心而反中心、要全方位而實際上卻沒有任何方位的困窘中」（中華民國課程與教學學會主編，1999：48-49），指的就是這種狀況。因此，九年一貫課程不應因為特定政治意識形態的關係而漏了國民教育如何達到國家目標。教育是國家發展的根本，所以更應該保持中立且客觀的態度面對敏感的政治議題、存在已久的種族問題、甚至是兩岸的相關議題，這些都是可列入九年一貫課程裡。既然是講改革，為何會有因事廢事的顧慮存在？唯有理性面對越具爭議性的問題，才能培養下一代正確的觀念，也才能養成遇到相關問題予以應變的能力。我們也應該要有臺灣有天也會成為地球村，會有許多不同的種族加入臺灣這塊土地，成為臺灣的一

份子；倘若我們還是對我國政治都不能對外侃侃而談，也不會將自己的意見勇於表達出來，這樣我國的教育豈不是走入戒嚴時代？

蘇永明（2000）對九年一貫課程提出以下反省要點：（一）「實用能力」概念的模糊與狹隘；也就是實用能力的定義未明，因為「問題解決的能力」本身就是集「實用能力」的大成，這在概念上是重覆的。對於「實用」的界定，九年一貫課程是以十大基本能力來界定，可是仍偏於狹隘。照常理推論，十大基本能力應該是以在臺灣生活所需的最基本能力。（二）知識與基本能力之間未必有直接對應的關係；在知識轉化成能力的關係上，九年一貫課程似乎認定每一個科目都對應於每一種能力，以致於在暫行綱要中有對照表的排比。（三）「綜合活動」的定位問題：在暫行綱要中對「綜合活動」的定位，很容易令人誤以為它和其他領域平起平坐。蘇永明認為「綜合活動」肩負著將其他六個領域所學轉化成基本能力的重責大任。

鄭新輝（2000）引林殿傑的說法：有反對者對九年一貫課程提出許多疑慮與問題，包括：九年一貫課程的改革幅度太大，研訂的時間太短，所得結果未盡周延；專案小組與研修小組的代表性恐有不足且決策匆忙；質疑將二十二個學科歸併為七大領域的合理性與理論基礎；教育部未進行課程實驗與適用評估程序，不宜貿然全面實施；分科培育的教師擔心無法勝任領域教學，而面對統整課程、主題單元、協同教學、編選教學資源、彈性課程規畫、基本能力的評量技術、參與學校課程發展等能力，充滿疑惑與惶恐；此外，對課程的分或合、基本能力、統整的意義、師資素養與培育來源等問題也還有爭議，仍待溝通和釋疑。

這樣改革的速度與幅度不禁讓人感到憂心，教育部大刀闊斧對九年一貫課程進行改革，而改革的速度又快得讓人無法理解，不禁對教育部所成立的專業改革團隊抱持著懷疑的態度，這項重要的教

育政策也未經過完整的試驗過程，也未接受評估就急就章地進行，對教師、學生和家長無疑都是一種考驗。

甄曉蘭（2002）認為九年一貫課程也是在施政成績壓力下，開出的一張政治性教育支票，在只有總綱綱要的條件下，便大膽地提出三年的兌現日期，直到今日，相關細部問題卻仍無妥善的安排，七大領域的綱要內容與十項基本能力的具體內涵，以及其後相關配套措施、實際推動、接軌作業應該如何安排，許多配套措施或說帖，都是透過「發包」的專案研究形式而倉促完成的。這也難怪會引起這麼多爭議，因為事先的準備不足，貿然執行，必然會有許多的意外與難行之處。

鄭新輝（2000）提出學校在實施課程與教學革新過程中，還可能存在的問題與障礙：（一）課程規畫小組組織運作無模式可供參考，學校與教師信心不足；（二）對多元化與適性化的教學模式不熟悉，因此進行協同教學、班群教學、合作學習嘗試的老師很少，仍習慣傳統教學模式；（三）以現有的教師人力結構用於領域課程的實施，可能面臨師資困擾問題；（四）改變的教學時數；（五）分科的教師登記；（六）分科的授課時數影響合科教學；（七）從事行動研究教師不多；（八）升學方式愈多元，補習現象仍盛行；（九）學生的考試成績表現，仍左右教師對學生的評價；（十）學校評量仍以紙筆測驗為主。從以上十點可以得知，即使教育部積極推動九年一貫課程改革，仍有許多無法克服和配合的因素，導致形成「上有政策，下有對策」的處理態度，這些種種問題都在考驗教育部改革的決心和智慧。

廖春文（2001）提到推動九年一貫課程的過程中，定然會面對許多有待突破的困難，有以下幾個問題：

(一) 師資培育的問題：九年一貫課程架構內涵中，將國小六年與國中三年互不連貫的各科目統整合併為七大學習領域，有的科目名稱沒變，但內容綱要調整與生活結合；有些屬於科目的擴充，例如語文領域包括國語、外語及鄉土語等，特別是藝術與人文這項，頗具爭議；藝術與人文則是將音樂和美勞融合在一起，還要加上人文素養。至於教育部（2003）解釋藝術與人文領域中，人文素養在哪裡？藝術學習與人文素養，是經由藝術陶冶涵育人文素養的藝術學習課程，此理念在於凸顯藝術以外的素養，二者合稱為人文素養。藝術素養係指對於各種藝術型態的認知、分析、判斷、情意與創作，這些藝術型態包含涉及美感的人類活動及其產品，例如：純藝術、商業藝術、民俗藝術……等，或美術、音樂、舞蹈、戲劇……等，不論其活動或產品是否具有實用功能都算是。藝術素養可說是個人對於藝術的解析、判斷與產出能力的綜合體。舉凡生活中的食、衣、住、行、育、樂等項目，均與美感有關，也就涉及個人藝術素養。九年一貫課程綱要中有「藝術與人文」學習領域的基本理念，就是在透過藝術活動，啟發學生藝術素養與生活素養，以適應社會變遷。以九年一貫所規畫藝術與人文的課程倘若真要達到以上所談到的人文素養的養程，教師的確是要相當花費心思，除了藝術課程需要進行之外，還要陶冶學生的人文素養，這樣不切實際的課程規畫考驗教師授課的功力，對於學生能接受到多少藝術與人文素養的養成，實在很難讓人信服。

(二) 課程統整的問題：九年一貫課程的主要特色，就是強調以課程綱要取代課程標準；以學生為中心取代以教師為中

心；以學校為本位的課程設計取代教育部統一的課程設計，重視學生基本能力的培養，同時強調知識與生活的緊密連結。在教學上，因為課程統整的問題，所以特別強調協同教學；然而，並不是每位教師都願意接受協同教學，因此課程統整原本是件好事，由於無法要求每位教師都進行協同教學，讓課程統整成了影響課程設計的問題。

(三) 教師適應問題：九年一貫課程從各階段學習領域或綱要正式公布至實施，時間非常倉促匆忙，教師在思想觀念、態度行為、或教學習慣、課程設計等能力方面，是否已經做好了上路的準備。教師本身對九年一貫都有疑問，更遑論要接受教學的學生們，即使教師參加研習補足九年一貫的知識，但教師仍對許多課程上的問題感到困惑，這樣怎能將九年一貫課程徹底帶入課程設計？

(四) 家長觀念問題：九年一貫課程欲順利推動，非僅依靠政府和學校的努力，尚須仰賴社區家長的鼎力配合，始能克竟其功，尤其需要讓家長了解九年一貫課程係為配合多元智慧時代的需求而設計，而且不同的孩子有不同的特質和潛能。

(五) 相關配套問題：目前許多家長與教師感到疑惑的是，在學校本位課程發展的基礎上，不同學校不同年級不同老師對教育部所頒布課程總綱的詮釋方面，如何能與學習領域的主軸緊密配合。

對於九年一貫課程綱要的制訂，一定是許多專家和學者引領期盼能執行的重大教育政策，希望透過這項政策能徹底將多元化學習的模式建立起來。可惜的是，原本立意甚佳的政策，卻因為某些人為因素無法將政策擬訂至更完善的階段。九年一貫課程綱要的擬訂

為臺灣教育界注入一股新的氣息，將帶領國民教育發展進入新的境界，培養學生「帶得走」的能力，捨棄掉「背不動」的書包。

游家政（2002）提到教育不是將知識灌輸給學生，而是要培養學生獲得知識的方法和解決問題的能力。然而，課程的改革並不只是以一套新課程去取代舊課程，而是需要有完善的配套措施。針對學習領域的後續發展提出幾點期待：

(一) 澄清「學習領域」與「教學科目的關係」。

(二) 落實課程的縱向銜接和橫向統整。

(三) 訂定各學習領域一至九年級的學力指標。

(四) 提出新課程所需的師資條件與設備所需標準。

(五) 鼓勵學術機構和學校合作進行課程發展的行動研究。

簡宏江（2004）針對九年一貫課程執行的困境提出一些提升九年一貫課程政策執行力的途徑：

(一) 妥適選擇標的，營造夥伴關係：九年一貫課程政策目標的達成，除了教師是主要的標的對象之外，家長與書商的行為改變也重要因素。

(二) 工具組合配套，啟動改變能量：單一運用能力建立型政策工具有其限制，應予與進修券配套，以解決目前支出龐大、動員人力眾多，但效能卻有限的教師研習進修方式，此可提升辦理研習進修效率，又可滿足教師的需求。

(三) 建立互動規則，形塑執行體制：在九年一貫課程政策執行過程中，最基本的涉及中央、地方、學校及教師等政策參與者，如何透過設計一套健全的規則，導引各個參與者的行為邁向共同目標，分享共同價值，建構一個和諧感通的執行體制，以避免執行的紊亂，實屬重要的課題。

(四) 建立政策架構，強化配套措施：解決九年一貫課程政策根本之道，在於從事政策設計之前，應建立一套完整的政策架構，描述政策包含的層面與要素，指陳所要達到的目標，分析計畫要素之間的關係，各計畫要素與各項目標的關連性，如此政策內容才能有效的整合。有許多學者都相當關注九年一貫課程的執行與成效如何，即使發現問題，希望能儘快改善，不要有悖於當時改革的初衷，提供給學生更多元、更有彈性的學習制度。

　　語文科的課程設計對語文課程來說，是相當重要的，課程設計等於是語文課程的主軸。因此，課程設計並非只是依照教科書的內容呈現而已，能將與課程內容相關知識一併納入教學範疇才能真正達到多元化學習的目標。然而，現今語文科教學現場，對於課程設計的重視不足，加上過分依賴教科書所提供的教學活動設計，使得語文科的學習過程就呈現僵化現象。即使教育單位如何費心安排研習邀請學者專家為教師上有關創新教學方法的課程，教師的反應卻不如預期來的熱烈，還是循以往的教學方式來授課，造成這樣的情況，和語文科課程缺乏彈性有關。因應九年一貫政策的執行，所有教科書都需符合其訂定的細則，等於是為教材設了框架，教師與學生只能在限定範圍內進行教學和學習。針對語文科課程不應依學習能力的養成來選用教科書，而得讓語文課單純化，學生能隨時養成語文學習的習慣，自然而然接受語文科的教學，爾後能力的發展就讓學生適性發揮；不硬性規定學生需要達到所有的能力目標，而是讓學生有動機主動學習，這樣才能將語文能力紮實地建立起來，不會因為學習階段過後，忘記先前學過的課程內容和學科知識。會造成現有不堪的結果，就是教材缺乏生命力而導致教學過程形式化，無法讓學生能擁有深刻的印象，自然也就容易遺忘，也凸顯課程設

計的缺失和教材制式化的問題。而以上的問題，來自於九年一貫課程綱要制定細則不夠完善所致，所以要改革應從根源問題開始解決，避免治標不治本的情況出現。

第六章　語文科教材的編審問題

第一節　制式語文科教材編選的僵化現象

　　以教材的種類來說，教科書是佔最主要的組成成分，尤其是正在接受基礎教育的國中小學教育的學生，更是最重要的學習教材。國內教科書隨著教改也走向審查制，一本薄薄的教科書道出臺灣的教育所走過的痕跡，也因應各項教育政策改革後呈現不一樣的風貌。陳木城（2000）提到1994年民間發起「410教育改造運動」，主要訴求就是：小班小校，高中社區化、廣設大學，訂定教育基本法，隨後政府成立「教改諮詢小組」，在兩年間廣徵社會教改的意見，出版教改報告書，其中關於教科書的意見主要是：

(一) 廢除統編本，改為政府制定課程綱要，全面開放民間經營，由政府審定後發行。

(二) 學校教師擁有教科書選擇權，提高教師專業自主。

(三) 減少政府控制及行政干預，避免教育成為國家機器的工具。

(四) 增加鄉土題材及本土語言課程，改正重大陸、輕臺灣的課程架構。

(五) 設置彈性空白課程，建立學校本位的課程機制，以便隨機反映即時性的教育議題，如：兩性教育、環保教育、鄉土教學、人口教育、生命教育和安全教育等。

在 1994 年時，政府因為民間發起的教育運動對於當時教育進行了一連串的改革，其中開放民編教科書是為相當重大的決策之一，而當時所有科目的教科書都是由國立編譯館所主編，並且發行。當時國立編譯館館長曾濟群（1989）表示，國編館每年主編的中小學教科書，多達 94 科，704 種，印製數量每學期達 4600 萬冊，督導配發至 3500 多所國民中小學，供各校每學期開學之用。名目繁多，編輯過程繁複，動員學者專家、中小學教師、教育行政工作者總數達上千人。國立編譯館工作的重要，編輯出版書籍的數量，時堪稱為國內讀者最多，出版速度和數量最大的出版機構。因此，教科書市場幾乎都是掌握在國立編譯館，對於早期執掌全國中小學教科書這份重責大任，國立編譯館的確已經盡到責任和完成階段性的任務。然而，隨著時代變遷，人民的追求知識和探求真相的想法越來越趨於強烈，對於國立編譯館提供的教材內容產生質疑，例如過分強調國父和蔣公的生平、臺灣本身的歷史篇幅過少而卻偏重了解大陸的地理情況、教科書裡對於性別的刻板印象，還有需要教授的內容過多導致教師準備不及等等問題，這些都是促成日後教改將教科書開放民間編著版的重要因素。語文科教材也不可避免的，列入被民間出版社編輯的行列，以語文科教材來分類，語文科教科書是最主要的教學與學習教材。它不僅是學生學習的主要依據也是教師備課的重點；然而，先前相關章節所提到教科書依循九年一貫綱要所制定的能力指標來進行編選，編輯團隊為了配合教育部所制定的編選原則，將語文教科書每冊以單元介紹主要課文，符合教育部（2003a）所提到編選範文時：應將所選用的教材，按文體比例、寫作風格、文字深淺、內容性質，以單元或主題方式有系統的編排。同時也在教學指引部分將教學的要點都充分明示出來，為了讓教師備課起來容易，因此特別明訂教學宗旨、教學目標、教學準備、配

合九年一貫的重大議題一併帶入課程內容、教材分析、教學重點（六種能力：注音、聆聽、說話、識字與寫字、閱讀和作文）都詳細說明，教學指引儼然成了一部武功秘笈，讓教師在短時間內馬上成為教學中的高手，依賴教學指引的教學方式已不是新鮮事，許多教師都效法此道，並認為這是最安全也最保險的教法。因此，學校主動舉辦教師的教學研習看到的成效有限，教師還是習慣使用教學指引來教學，對於具有挑戰性的教學法抱持保留的態度，也讓教學研習成為了一種形式，而教育部的美意再次被辜負。

教學流於形式難道只是教師依循教學指引所導致的後果？最根本的原因還是出自於原教科書的內容，雖是由民間出版社主編，卻為了審核能過關，將一切編選原則都按照教育部所制定來進行，這與國立編譯館早期的編輯方式大同小異，只是現行教科書是按照教育部所制定的綱要來編纂，其主要選用規則還是有著當初國立編譯館編輯的影子，以能力指標代替行為目標的作法，不難看出教育部所制定的編選原則有換湯不換藥的情形。的確，過去編譯館也編纂過許多有益的教科書，才造就許多人才產生，它的存在不容忽略。既然已經開放教科書的編輯市場，應該是要藉機改革掉先前為大家所詬病的缺失，再次創造新的局面，真正將教科書進行改革才是，但教育單位的作法只是將市場開放給民間來經營，卻又規定一大堆原則要求要遵守，不然出版品不會有被選用的機會。這樣的作法，教育部扮演著國立編譯館的角色，掌握各家出版社的出版品是否符合規定，本身又不需要負責編輯和出版，只要將不按照編選規則來的出版商剔除即可。我認為既然已經希望下一代要有獨立思考和批判的能力，就不用再能力指標上規定太多細則，增加教師的負擔和造成學生的壓力。規定太多，學生不見得做得到不打緊，教師備課起來會顧此失彼，將造成語文科的教學方向偏離，也容易形成

學生對語文學習的定義失焦，只將教科書和教師所教的一切視為語文學習的全部。長久下來，學生學習的廣度和深度都會有影響。倘若此時，教師也無法將教學的範疇擴大，把其他文學作品納入學習的部分，只讓語文課停留在趕課和複習先前所學的部分，這樣的學習也未免太可惜了。先前相關章節雖然提到語文時數減少對語文科學習效果有直接的影響，但教師倘若能把握彈性時間和語文科的時間儘量讓學生學到更多元的教材，不受限於教科書的規範，不因教學指引的要求來趕進度，這樣對於提升國內中小學學生的語文能力才會有具體成效。此外，對於語文教科書的編輯人才也應該有更多元的考量。

司琦（1990）認為，教科書編審者應兼作家、學科專家以及教育學者所有的學識才能。對於教科書的審查是應放寬評定範圍，更廣泛接受不同專業人士的意見。現行語文教科是看似有符合上述的原則，從主任委員、諮詢委員、編撰委員和民間出版社編輯團隊都是具有不同的身分，但都離不開校長、國小教師、主任和大學教授這些專業學者的身分，對於聘用作家的比率卻明顯較低，而主要教科書還是由有經驗的教學者來編撰，這樣是最安全和降低出錯的作法；但也可看出教科書的編輯還是創造不出屬於自己特色的樣貌。既是編撰語文科教材，就應提高作家的作品的採用度，接受更多不同文化背景的作品，不特別設定選用文章的比率，而是精心挑選適合學生各個學習階段所需的作品來當作語文科教材。

以作家的作品納入現行語文教材的現況看來，還是以兒童文學作家居多，學生們閱讀的作品大多以兒童文學佔大多數。其實，文學不應限定種類，針對學習階段的學生而言，只要教師盡到把關監督閱讀的品質，並慎選閱讀的作品，提供給學生當作語文科教材來學習，都是很好的方法。甚至對於閱讀名人自傳，我並不鼓勵學生

閱讀改寫版本，應該是選擇一本名人自傳當成學生一學期的閱讀素材，讓學生整個學期能徹底將一本名人自傳讀完，勝過閱讀許多經過改寫的自傳版本；與其讓學生一口氣認識許多名人，倒不如由一本經典名著來告訴學生偉人的生平、輝煌事蹟和主要傳達的理念。這些都是現行語文科教材不能給予學生的重要學習觀念，而我們所選用的教科書還是沿用以往編輯的方式，冠上一家較大型的出版商的名牌，提供完整的教學指引的教科書被教師選用的機會較高，符合教育部要求的編選規則審核通過的機會也會提高，這些種種都是現行語文教科書脫離不了制式化的評價，儘管書中的插圖再美、運用豐富的色彩來點綴其版面和包裝不同於統編本的單調。以上這些優點都無法為教科書內容加分。由於教科書內容呈現不出有別以往統編本的不一樣的格局，只是跟著改革的腳步、配合政策進行著出版社的商業行為。

　　以前使用統編本最為人詬病的不外乎是流於制式的教材形式，過分強調意識型態等問題。吳正牧（1992）認為統編制可能流於僵化，只求專一的標準答案，或僅傳達特定的意識型態偏見；也無法有其他不同的選擇，不能符合地區性的特殊需要；低廉的售價，也間接迫使發展經費受限；加以獨家發行，缺乏競爭刺激，不利供應品質的提升。以往教科書採統編制，期望能將全國教育水準維持一樣的水平，並灌輸民族意識；然而，現在的社會已經對這樣制式化置入教學的想法無法接受，所以才會把教科書編撰這樣重大的工作交付給民間出版社，期待能將教科書拋掉統編制時的舊式思維，加入新的元素，使得教科書更貼近生活、更具有生命力。抱持著對教科書有相當大的期待，卻不見教育單位也跟著一起加入改革，以課程綱要訂定新課程之後編纂成教科書，以單元呈現的方式展現語文科教科書內容更多元的作法，似乎與統編本的選用模式沒

有太大的不同。選用的文章看不到真正的創意表現，大多還是以改寫或自撰的文章為主要授課內容，而文章裡的用語也大多採用學生習慣的用法，所描述的情節也儘量與學生的生活作聯結，這樣的文章裡鮮少看到要教學生什麼樣的想法，閱讀這樣的文章到底可以引導學生作何種的思考訓練？難道語文科課文的選用就是以學生看得懂就行的原則來作前提的思考方向嗎？我認為文章的選擇除了教育部強調的多元化，應該要加深閱讀文章的難度和長度，很明顯可以從教科書上發現每課的文章都不會太長，書本也沒有把每課要傳達的重點清楚明示出來，因為重點都在教學指引上，教師光要準備教學指引上所寫的教學內容就來不及，更不用說課外閱讀的補充，因此教科書的選文可以選用篇幅較長、較具有發人省思的文章。這樣一來，教學指引並不用再過分仔細羅列出教師需要教授的部分，也不用為了要配合課程綱要所要求的能力指標詳細將每種能力需具備的程度都標示出來，更應重視的是學生對選文的了解程度和是否能應用於生活才是最重要的。

　　教育單位對九年一貫這項教育政策頗具信心，事實上它也的確帶來改革的力量，將臺灣教育的歷史寫下嶄新的一頁，也注入許多新的想法與思維，對於整體提升學習品質絕對功不可沒。教育改革是持續不斷的歷程，而課程是發展出來的，非一朝一夕可以達成。因此課程改革政策制定並不等於課程改革任務的成功，還需要從實作中加以調整，使政策更符合國家社會的需求；課程改革方案的出爐也不意味著課程改革的落實，仍有待長期規畫及評鑑加以修正，才更能符應教育理想。既然課程改革非一朝一夕可達成，也代表教科書的編撰並非只是製作完成就可以，除了找出錯誤的地方外，教科書內容應更具有彈性，擺脫以往看到教科書就是先找習寫字，找修辭法和文體等等的表象內容，應是呈現的方式更具多元，不只是

在取材多元而已，表現出來讓學生感受到與以往統編本不一樣，這樣的教科書才算是成功；然而，現行語文教科書選文就算是選詩作為課文，也是和其他文體表現的方式一樣，一樣的生字新詞、一樣的找尋修辭法、一樣的教學法，更吊詭的是教學指引所提供給教師的教學活動提示，居然也和其他文體（抒情文、記敘文和說明文等）的課文教法如出一轍，這不禁會讓人感到困惑；詩歌教學竟與其他文體的教學是一樣的，這除了教學法出現問題，也是告訴我們語文科教材的制式化現象一直沒有改變，並沒有因為統編本走入歷史後，就擁有新格局、新面貌。因為教師的本身對語文科教材並沒有深入的探討，也對教材感受不深，真的只是把教材當成教學原料，而非將教材提升為知識，難以將它內化為自身的知識，導致教學成為教材介紹，教學法流於形式，使得通過層層審核關卡的教科書還是無法改變其制式的印象。造成這樣最大的問題出在語文科教材中的教學指引，以翰林版（2005）國小五年級下學期的國語教學指引第十三課為例，第十三課詩人的生活心情這課介紹了歸園田居和獨坐敬亭山，教學活動提示第二部分的概覽課文是這樣寫的：（一）第一首：歸園田居：1.師生配合課文及情境圖，聆聽課文朗讀光碟，掌握課文大意。2.摘取大意：教師配合課文及情境圖，引導學生回答問題，再歸納出本課的大意。（1）詩人在哪裡過著田園生活？生活的情形如何？（詩人在南山下種豆。每天「日出而作，日落而息」）（2）詩人對自己的田園生活有著怎樣的想法？（只要能夠快樂過田園生活的心願不要落空，就心滿意足了）（二）第二首：獨坐敬亭山：1.師生配合課文及情境圖，聆聽課文朗讀光碟，掌握課文大意。2.摘取大意：教師配合課文及情境圖，引導學生回答問題，再歸納出本課的大意。（1）詩人在山中看到怎樣的景象？（詩人在敬亭山中看到天空中的鳥兒都高飛遠去，孤獨的白雲也安靜自在的飄

向遠方）（2）詩人把誰當作相看兩不厭的知心好友？（敬亭山）3.歸納大意：教師歸納學生的回答，引導學生說出本課的大意。（當天空的飛鳥和白雲都各自遠去，在安靜的山中，只有敬亭山陪伴著孤獨的詩人）。從上述可以明顯發現，兩首詩都用同樣的教學方法，都是先聆聽光碟，再摘取大意而後歸納大意，雖然都是傳達詩人的生活心情，但這兩首詩所要表達的內容其實是不相同的，理應教學活動也要有不同的表現方式，所以可以從教學指引看出民間出版的團隊並未針對文體不同的選文作教學活動的區隔，只是建立起一套教學模式將課文內容帶入而已，這樣編纂的結果了無新意，與統編版時期根本無太大的差別。因此，編撰教科書的團隊應針對教學指引的教學活動部分作出區分，甚至更要進一步按照選文設計有別於其他文體選文的教學活動才是對教學者提供有益的協助。

教科書的編撰相當重要，因為其影響層面相當廣，它又是教師最為依賴的教學工具，是學生學習知識的依據；而教科書的選用也是同樣的重要，因此在統編本時期，就制定許多遴選教科書的標準。雖然現行教科書以由民間出版和發行，但先前所制定的標準仍有其參考價值。黃振球（1989）提到審定本教科書出版商很多，版本也多，水準不一，良莠不齊，因此如何遴選最好的教科書，至為重要。遴選標準可分內容和形式兩方面。（一）內容方面：1.選材：（1）應配合教學目標與學科目標；（2）應適應社會需要與時代精神；（3）應符合學生程度與興趣；（4）應內容充實有體系；（5）有助於學生自學輔導；（6）保留彈性，以便教師增刪。2.文字：（1）簡明生動、切實，不空泛；（2）音節和諧，便於誦讀；（3）富於暗示性，以便啟發學生思考；（4）層次井然，前後連貫，結構嚴密，前後勿矛盾；（5）每段或每課中的要點，運用適當語句，敘述清楚，不得含混其詞；（6）社會及自然學科應以文藝筆調，闡述課文內容，

增加學生閱讀的興趣。（二）形式方面：1.大小：瑞典式三十二開本；2.裝訂牢固；3.紙張潔白無反光；4.印刷；字跡清晰，宜用楷書；5.字體：大小適宜；6.插圖：活顯正確，顏色鮮明，大小比例適中。以上的規則可以列為選用教科書的準則，也可列為教師自用審核教科書內容的標準。

江文瑜（1995）提到「語言」的學習是多面的，並非只有特定的內容才算是語言課的學習範圍，雖然國小教科書其他有自然科、社會科和生活與倫理等，國語教科書內容只要不和前面各科重覆，取材的空間可以相當廣泛。內容可以擴及各各個層面。包括藝術欣賞、人文知識介紹、科學新知、醫學常識、環保觀念、世界現狀、弱勢族群的介紹（尤其是原住民）。要改變現行語文科教材的制式化現象，除了增加多元化的學習素材，課文的選用應更多元、更豐富，還有需具有足夠彈性可供教師選擇，並不一定每一課都需要教師教授，也可以讓學生自行閱讀。總而言之，要解決教師使用現行語文教科書遇到的問題，不只是依靠教育單位和民間出版商的努力，更需要是凝聚眾人對學習語文的共識並不只是再侷限於實體的教材裡，而是能在語文學科知識的學習後，能拓展學生語文學習的範疇。

第二節　非制式或另類語文科教材沒有被選用的機會

上一節已經談到語文科教材仍舊呈現制式化的現象，除了需符合九年一貫編選的原則，也要兼顧教師教學使用上方便性，因此在編撰的方式都以這兩個大方向進行編輯；然而在選文部分儘量以朝多元化、簡單化、口語化來選用文章，儘量表現出貼近學生的生活環境和方式，雖然盡力在選文部分作出與統編本時期的區隔，但選

出來的文章並沒有真正將教科書課文的特色呈現出來，仍舊有著舊時代教科書的影子。周淑卿（2003）指出在統編本時期，教科書是主要的課程來源，在審定本開放後，這種狀況也沒有太大改變。黃政傑（1995）觀察到教師誤用教科書的八種型態：分別是孤立型、奉若聖經型、照本宣科型、食譜型、畫重點型、忽視型、囫圇吞棗型和趕進度型。這樣的情況代表在選用教材的過程中，是否有疏漏之處？既然是已經交由民間來出版，可是編撰出的成品竟與統編時期相差不遠，由此可知民間出版的團隊和依循的原則並沒徹底因應教改所重視教材革新的部分。造成這樣的結果與九年一貫的政策制定有直接的關係，以能力指標取代行為指標，一樣是以結果論定學生的學習成效，這樣與還未依照九年一貫訂定的教材選用原則之前的情況是一樣的，等於九年一貫的教材選用原則並未真正的進行全面的改革。如何將語文科的教材走出現有的僵化局面，課文的選用是首當其衝需要接受改變的最重要部分。

　　游家政（2001）提到目前大部分學校對於教科書的選用，都是由教師根據先前的使用經驗，去選擇下一學期的教科書，缺乏系統性、整體的評鑑方式，來進評鑑教科書內容是否符合課程目標、學生需求與學習成效。以語文教材來說，教科書是為最主要的學習工具之一，也是教師最為依賴的教學教材。涂勝勇（2008）提到現今學校在教科書選用的過程中，大都以學校教師、行政人員及家長為主體，根據學校和教師教學所需，參考有關教科書與評鑑效標、理論，制定教科書選用、評鑑的方法及機制。這也表示教科書的選用的團隊所選出的教科書還是以學校教師教學為主要考量，教學固然佔學習相當的比率，但教師的教學也是依照教科書來傳授給學生，因此教科書的選用不是應以學生學習為主體考量因素嗎？而教科書的內容制訂是由民間出版社負責，那出版團隊應是要以學生的學

習為主要編撰原則，不應只是要配合教育單位政策和是否能受到教師青睞為主要商業考量。然而，民間出版商為顧及能否得到學校的訂單，無所不用其極地推銷其產品。李麗娥（2003）提到自從教科書開放選用以來，教科書已儼然成為一種商品，教科書的市場充滿商機，業者競相投入大量的人力和物力於教科書的爭逐戰中。有競爭代表是進步的象徵，但有可能會發生較為非主流的教材被選用的機會也降低。

由於出版商互相競爭下的結果，會形成一股主流的教科書選用標準，這樣的標準極有可能影響學校教師在進行評鑑哪間出版社的作品的觀感，這樣對許多具有特色的另類教材受到關注的程度被減少，因為教師會選用教材的主要原則還是考慮教學上是否達到便利性和是否符合教學目標的出版品。反而由國內知名文學家作品納入國小語文科教科書的機會並不高，比率也不高，通常不被選用的原因大多是教師會考慮到如何教學、教學進行順利與否、學生可以學到哪些生字新詞和修辭方法，這些原因都是造成許多相當優秀的作品只能成為學生課外讀物，而不能被納入正式語文科課程裡，也較無機會讓每位學生接觸到。教科書的選用與否取決於教師教學，而教師的教學又是依賴教科書的內容，這樣形成令人匪夷所思的怪現象。雖然教科書非為語文科課程的全部，但今日它在學校語文課教學進行時，又是不可或缺的主要教材；教師有選擇教科書的權利，教師是要將教科書上的知識傳授給學生，本就應該讓授課者來選擇適用的教材，才能達到有效的教學。

黃志成（1997）提出七項教科書選用的主要原則：（一）廣泛參與原則：參與教科書選用的人員應考量各方面的代表性，選用人員需要廣徵各方的意見，並充分反應老師、學生與社會的需求;（二）重視教師專業自主原則：選用人員應重視專業自主與倫理的法則，

以學生的需求與利益為考量，避免書商的不當行銷策略，才能選出適合學生需求的教科書；（三）經驗分享原則：在教科書選用的過程中，需要透過團體協商共議的方式來進行，因此教師間的討論、對話以及相關資料與意見的交流分享，都是決定版本時的參考；（四）民主原則：教科書的選用需要理性周延的選用流程，以及公平、公正、公開的原則作為選用的依據；（五）整體考量的原則：教科書的選用除了考量各方屬性、目標、方法等因素之外，尚需配合學校情境、地方特性以及學生的生活經驗等項目以為選用時整體的考量；（六）持續與評鑑原則：教科書選用後需要定期對書商的經營能力與版本的品質進行評鑑，作為教材是否具有統整性、連貫性、以及是否繼續使用該版本的依據；（七）協力合作原則：教科書的選用需要透過選用人員的共同討論、團體合作協調，此為教科書選用的重要原則。其中以第二點重視教師專業自主原則為最重要，應以學生的需求為重要的考量，避免書商競爭下形成的教科書主流的選用標準，影響學生學習的權利。

現行教科書的選用呈現侷限的現象，選文標準一律走向主流派，大部分都以市場佔有率較高的出版商得標。然而，語文科的教材是相當廣泛的，可是我們卻很少能見到有教科書將學生較不常接觸到的文章也納入教科書裡，讓教科書成為一本學生帶得走的故事書，學生可以隨時都帶在身邊閱讀，取代看到教科書就想到背誦課文，習寫生字和完成習作，這些形式化的學習過程，加深學習教材的廣度是現行語文科教材面臨最迫切的問題。我認為應增加散文和小說的比率，可以增加篇數來補足學生閱讀量不足的部分；也要增加詩的比率，各種不同語言的詩也有被選用的機會，可增加英語童詩翻譯的版本，讓學生真正學到多元文化，而非只是學習外語，並沒有利用語文課程來了解外國的文化。閱讀翻譯本是排除語言的隔

閱，讓學生能透過文字學到更寬廣的知識；還有本土文學家的作品也是值得被學生再三閱讀，與其放到鄉土課再上，不如一起納入語文科課程裡，讓學生能真正的接受語文科教學，不只是打破語言的藩籬，而是藉由不同語文的表達方式達到學習語文的效果。

選用民編本語文教材主要還是為拓展學生語文學習範圍，增加學習的廣度，並藉由閱讀不一樣的教材更了解各國文化。現行教科書受九年一貫的限制和學校教師選用的標準不一，都是造成許多具有創意和特色的教材不容易被採用的原因。此時教師能否接受挑戰將這些教材也帶入教學，端看教師個人的能否自我提升教學層次，改變語文課的教學模式，不再只是依賴教學指引給的教學活動來進行教學，而是真正能視教材的不同來應變教學方式。

第三節 開放審定本的自由度不夠

周淑卿（2003）認為掌控教科書的編輯出版，就相當於握有界定合法知識的權力。在實施教科書自由制的國家（如英、法），教科書須通過某些專家的評論、獲得採用單位或人員的認可；在實施審定制的國家（如美、日），教科書須經過審查單位或團體的檢查。通常只有合於主流意識型態的教科書得以順利發行。因應開放民間版之後，審定標準已成為教科書選用的重要依據，而國內對審定標準仍無一套真正具體的系統可供參考。首要需符合九年一貫的的編選原則，仍需經過教育單位所訂的課程標準審核過後，再由各學校選用其教科書，大部分由學校教師選擇適合的教科書。國編館中小學教科書組主任曾針對各國教科書編審制度有以下的見解：依各國實施現況，教科書制度主要可分為統編製、審定制、認可制及自由制等四種型態（表6-3-1），茲說明如下：

(一) 統編製：指教科書由國家教育行政機關按照課程標準或課程綱要統一編輯，適用於全國各地學校，各地方教育行政機關和民間出版業者不得自行編輯出版教科書。

(二) 審定制：指教科書由民間出版業者編輯出版，並經國家教育行政機關根據課程標準或課程綱要審定後，供各地學校自由選用。

(三) 認可制：指教科書雖不必經國家教育行政機關審定，但中央或地方教育行政機關於選用教科書時通常會組成委員會建立認可名單，並要求各學區只能選用認可名單上的教科書；這種決定教科書的過程，既不屬於審定制也不同於自由制，一般稱為認可制。

(四) 自由制：指教科書由民間出版業者自行編輯出版和發行，供學校自由選用，無須經國家教育行政部門的審查。

表 6-3-1　各國義務教育教科書制度比較

國別	教科書制度	教科書供應			書價	選用權
		借用	購買	免費		
澳洲	自由制	公立	私立		出版商定價有折扣	教師
紐西蘭	自由制	＊	＊（參考用書）		N/A	
英國	自由制	＊				教師
義大利	自由制	＊（小學）	＊（初中以上）		政府定期發布書價	教師及家長代表
荷蘭	自由制	＊	＊（高中以上）		N/A	教師
瑞典	自由制	＊	＊（非義務教育）		N/A	學校／教師

芬蘭	自由制			*	N/A	學校／教師
挪威	審定制	*	*（高中以上）		N/A	
瑞士	審定制	*	*（非義務教育）		N/A	教師
加拿大	認可制	*	*			學校
美國	認可制	*	*			
法國	審定制	*			出版商定價有折扣	教師及校長
德國	審定制	*			政府規定售價	各學科教師
匈牙利	審定制		*			政府補助	教師
西班牙	審定制		*		N/A	學校／教師
日本	審定制		*（高中以上）	*		地區教育委員會、校長或教師
南韓	審定制		*（初中以上）	*（小學）		
中華民國	審定制	*	*	*	出版商與政府議價	學校
中國大陸	審定制	*	*		政府定價	地方教育行政部門
新加坡	審定制統編製		*		政府規定售價	學校／教師

（資料來源：楊國揚，2009）

　　以臺灣開放民間版而言，採用的就是上述的審定制，有別於統編本時期制度較具有彈性，可以選擇適合的教科書，尊重教師有選擇教材的自主權，也是更重視對學生學習的需求。民間出版商的出版品還是要經過國家教育行政單位根據課程標準和課程綱要來審核教科書，通過之後，再由學校自行選用；然而，既然已經開放民編本進入教科書市場，還需要通過課程標準和綱要的審核，才得以有被選用的機會，倘若有許多優質的教科書沒有通過課程標準和綱要，仍不能進入學校供教師選擇，而成為遺珠之憾。審定制的原則並無太大的問題，主要的問題是在課程標準和綱要的制定，國內對於教科書的要求有許多觀念仍停留在統編本時期，九年一貫綱要的制定也有著教改前的影子，對於學習目標還是以能力習得為主要取向，並未因為改革後就有較以往不同的學習目標，對於能力的要求只有變本加厲的情形發生，但對於學生是否真正吸收到知識卻沒有有效的評量方式，因此沿用以往的行為目標來作為評量學生學習結果，只是將所有學習目標都冠上能字，而這樣的綱要，竟是用來審核民編本教科書，這樣的審核模式與統編本時期強勢要求所有學校都必須使用國立編譯館的教科書並無太大差異。

　　吳心怡（2003）提到開放審定後，書商為了生存與獲利，紛紛推出了送教具、送贈品等等「促銷」方法。對教師而言當初期待透過市場機制淘汰不良教科書的美夢，恐將被一波波的贈品攻勢而模糊了焦點。此時，教科書審定制度的存在被漠視，取而代之的書商的行銷手法，將折煞當初開放民編教科書的美意，也讓人不禁質疑起民間審定制度的公平性。因此，教科書審定制度需要具體建立起來，加深審核的廣度是必要的，使其審定制度更具彈性和包容度，才能真正為開放民編本的教科書把關。為了不圖利書商，也為了學生真正的學習需求，審定制度建立得好也可嚇阻書商的過分行銷手

法。也許我們無法要求書商能以教育家的角度為學生著想，真正把教科書當成良心事業在經營，因此健全的審定制度是必要的。吳俊憲（2001）歸納出教科書出版商的三個角色：

(一)「獲利取向」的角色：教科書市場開放之後，教科書出版商為追求利潤、攻佔市場，無不使出各種商業手段，其扮演的角色就是「生意人」。

(二)「服務取向」的角色：教科書出版商倘若想能永續經營與成長，就必須對教科書的改進有所貢獻，而不該一味的僅著眼於做生意。因此，有良好的售後保證服務通常可決定一本教科書的成功與失敗。

(三) 教育改革中的角色：教科書不應只是一件「商品」。教科書出版商倘若能懷抱支持教改、回饋社會的理念，以做一個「教育者」、「文化人」自我期許，廣納國內外各種課程論及教科書發展經驗，發展多元、具國際觀，並符合社會潮流的高品質教科書，以提供學校、教師及學生多元的選擇機會，自然可以營造出好口碑，並獲得應有的合理利潤及商機，如此則必能兼具獲利與服務兩種角色。

由上述的觀點，可以得知教科書出版商的眼光需放遠，以永續經營的想法來經營教科書市場，一味的符合規定，討好決策團隊未必是唯一成功的方法。倘若也能站在教育者的立場，為學生著想，創造真正有品質的教科書，不僅可以通過審定，也能得到學校的選用，更能得到獲利和信任。

歐用生（1996）指出教育部為因應教科書審定制，已公布「國民小學教科用書審查暫行作業程序」和「國民小學教科用書送審暫行注意事項」，作為教科書審查的依據。該兩種規定，詳細說明了送審資格、審查項目、審查單位、審查程序，以及諸多送審有關的

事項。明訂出審查作業程序和送審項目主要是要整個審定過程能透明化，達到公平、公正和公開的原則，也是要杜絕有心人士影響審定的結果。以往國立編譯館的編審制度最為人詬病的地方，就是編審委員會都自編自審，並未接受公開的審核制度就自行發行教科書，其品質受到質疑，編審過程無法公開也是令人批評的重點。教育部明訂審定規則目的主要是要透過審定制來選出適用的教科書，為維護所有學的權益，也減輕學校選用教科書的負擔；然而，現行語文教科書出版商有一家獨大的情況出現，有大部分學校都固定選用某一版本所出的教科書，似乎是又回到統編本時代。由於許多學校偏好用某家出版商的書也會影響到其他家出版商的編輯原則，會為了競爭而對品質妥協，會為了迎合學校選的口味而無法走出屬於自家教科書的特色，造成一家出版社獨霸整個教科書市場絕非好事，絕對會影響整個審定制度的公平性，相對也對課程的影響甚鉅，對整體課程的發展會有絕對性的影響。

歐用生（1996）提到從課程發展的觀點來看，下列四點可列為思考的主題：（一）送審資格除合乎規定的出版公司、書商和法定的國立編譯館外，能否更擴大，更開放？如師範院校、其他大學或學術研究機構？以他們的師資、人力和研究環境，應有發展教科書的能力，而且他們的投入，將使教科書更多元化。（二）審查標準要更明確。這二項規定均未提及審查標準，只有在附件的流程圖中有「依據課程標準和教材綱要審查」。這樣的規定，十分籠統，日後必有爭議。（三）建立申訴制度。教科書審查不僅是技術性審查，更涉及道德、價值的問題，爭議難免。尤其在我國，特殊的歷史情懷，曖昧的兩岸關係，複雜的政治生態，將使教科書問題複雜化。（四）加強教科書試用。課程發展要經由試用、實驗和修訂等步驟，才能適合教學現場的需要。以第一點而言，將送審單位擴大，並交

由更高的學術單位，可以得到許多寶貴的意見，也可提點學校沒有注意到的地方。而今送審單位往高等教育機構送的機會是罕見的，採用他們的意見更是機會不大，因為站在第一教學現場的教師會對學者的建議認同不高，主要是理論領導實務，而學者很難看到教師在教學現場會遇到的狀況和無法解決的問題產生。這也是送審至高等教育機構，所得到的建議並未完全被接納，導致成效不彰。第二點所談到審查標準要明確，即使明確標示出審查的標準，還是有其根本課程綱要制定的問題存在，本身課程標準和綱要就無法切合學生學習的需要，如此的審查標準存有舊時代的規定。第四點談到教科書的試用，需經過試用一年才能正式使用，經過修訂和試用真的就對國小教學現場有幫助嗎？試用的對象程度如何，使用的程度又如何，誰來使用試用版本進行實地教學，這些都是需要考慮的重點。新版教科書一定是需要經過測試才知道是否適合，問題是測試過後的合乎標準，就可安全上路嗎？這時教師的專業是最重要的輔助工具，而高等教育機構專家學者的意見也是不容忽略的要點。所以在第四點教科書的試用，需要資深教師給予意見，也需參考專家學者的學術研究結果，綜合以上的建議，進行試用過程，會較容易看到成效。楊慧文（1999a）談到臺灣原先也規定要有試用的過程，但卻為了避免「綁樁」的利益輸送而自 1996 學年度起取消試用，直接進入審查程序。要落實教科書的試用，在一定比例的班級數內，進行一輪以上的試用，並提出試用報告，供教科書審查及選用的參考。

　　臺灣語文教科書的開放審定版已有十多年的歷史，其中不乏看到知名出版社所出版的整套教科書。黃郁紋（2003）指出一般所稱的教科書主要有三種：一是教師教學準備所使用的教學指引（或稱教師手冊）；二是學生使用的學習教材是課本；三是提供學生練習

與回饋的習作。該具備的完整配套教科書（習作和教學指引）都一應俱全，將教學指引補充得越豐富、越精采，被教師選用的機會就越高。而編輯團隊似乎是有了這樣的默契，非常刻意地在教學指引內容上討好教師群，而習作也儘量呈現較好批閱的形式，減少教師改作業的壓力。這樣看來教科書的編輯原則是依照教師的使用習慣來編撰的，這樣的團隊是否真如課本後面所介紹的專家學者？真正優質教科書應是如實呈現好的教材給學生，而教師需要在備課時準備教科書的內容，教學指引的存在意義就只是指引，給個方向前進而已，而非像是輸入軟體般的，讓教師依樣畫葫蘆似的演出來而已。對於審定制度自由度不足的問題，導至臺灣出版教科書都限於出版商，無法由個人或專業團隊來發表，因為審定制度規定除了經教育行政機關委託或授權編輯教科書者以外，只要領有主管機關辦理的商業登記證，並依規定向主管機關辦理商業登記的出版公司、書局，都可以申請國民小學各科教科書送審。由於這樣的規定侷限了國內真正專業的課程編輯團隊。楊慧文（1999b）提到對課程與教學最有研究的師範學院則被摒除在外。臺灣的師範院校無權投入編寫教材的行列，民間的教科書出版商便高薪禮聘各學科專家來編寫教科書，因此有所謂「一流的人材編教材，二流的人材審教材」之說。無論「二軍審一軍」是否為事實，將師範院校摒除於教科書發展行列之外，實在可惜。這也凸顯出我國民編本教科書的審定度是不夠且缺乏彈性，才會導至真正的編輯團隊無法進入教科書內容編撰的核心，卻只能以研究抨擊當代教科書所呈現的問題。

　　雖有各學科的專家學者進入教科書編撰的行列，可是他們真正懂得教育嗎？真正懂得選出適合學生學習的文章嗎？還是就只憑自身的專業知識而忽略該如何把語文教育的特色表現出來，這些問題都值得討論。既然國內師範院校都以小學教育為主要研究對象，

在編審時就需要他們的意見，甚至是加入編撰的行列，可惜的是審定制度的缺乏彈性而造成這樣的奇怪的局面。

　　審定制度自由度不夠已是不爭的事實；然而，缺乏彈性的審定制度並不會依情況的不同而調整制度審定的標準，這是由臺灣的教育單位進行審定的，所以只有一套審定標準，因此這套審定制度就用在所有版本的教科書上。如此一來，針對某些學習弱勢區域或者情況特殊的學生所需要的教科書，也需通過這項標準，無法通過就無法進入主要市場，無法進入就沒有獲利，教科書商就會紛紛打退堂鼓，爾後教科書編寫的問題又落到教師身上。所謂的開放民間版本由教師自行選用本是希望減少教師的負擔，但卻為了一套不完整的審定制度，將教科書拒於門外，另外讓教師花時間自編教材，這真正達到為教師減少負擔嗎？所以審定制度的不全仍須教育單位重視所有學生的權益，修正其制度不完全的部分，需顧及各層面，否則開放民編本教科書只是在讓另一種統編本再次出現在教科書市場裡。

第四節　一綱多本嚴重影響教學

　　楊龍立（2005）提到自從 2001 年起教科書可以說完全處於一綱多本的狀態。所謂「多本」，只是民間書商出版多本教科書，其中不包含官方版本教科書。到了 2003 年，許多社會大眾、家長、教師及學生，對於現行教科書的使用問題都持著反省批判的態度。教育部又再次推出官方版本的教科書。再一次我國教科書成了全面性的兼有一綱一本和一綱多本兩種政策的特色。如下表可知十年來教科書政策的特色轉變：

表 6-4-1　教科書政策特色轉變

時間	教科書政策特色
1968 年以前	偏向一綱多本的政策（審定本）
1968 年起	全面一綱一本的政策（官方版統編本）
1989 年起	兼有一綱一本和一綱多本兩種政策（升學科目不開放）
1996 年起	全面兼有一綱一本和一綱多本兩種政策（全部開放）
2001 年起	僅有一綱多本政策（不允許官方版統編本存在）
2003 年起	兼有一綱一本和一綱多本兩種政策（少數科目有官方版）

（資料來源：楊龍立，2005）

　　以制定九年一貫綱要的目的，是要讓教科書以課程綱要為依據，將教科書徹底開放，脫離以往統編本的時代，將只有一種選擇，不能由教師自由選用教科書的時代完全結束。以一套綱要所制定的細則，開放給民間出版社出版，並要求需要按照綱要所規定的細則來遵守，而眾家出版社無不摩拳擦掌、等著搶下這塊教科書市場的大餅，結果就是造成一綱多本教科書，還有更多參考書和測驗卷因應而生。學生的壓力非但沒有減少，反而是不斷地增加。因為家長會擔心倘若不多買其他家參考書會輸在起跑點上；或者參加課後補習時，補習班又發給一堆講義和測驗卷，讓學生的學習還是跳脫不了填鴨的形式，不斷地練習，完成各家出版社的參考書。所以會有許多家長希望能回到教育部所出版的統編本。由國立編譯館主編的統編本時期，讓學生只需要練習一個版本的教科書和參考書，連練習的測驗卷也不用再多買。學生的壓力家長深深感受到，教科書制度走向一綱多本對家長的經濟負擔實在不小，更何況學生需要學習的科目不只有語文一科，而是有七八科之多，如果每科買下來是筆不小的開銷。以往倘若採用統編本，教科書不會有改版的問題，兄

弟姐妹之間可以互相流用，為家長省錢；而今不但要花更多買教材，教科書的品質並未因應開放政策後有明顯的提升，反而讓學生越學越差，學生語文能力低落已經成為眾人皆知的重大教育問題，卻不見教育單位針對一綱多本這個嚴重問題提出有效的解決方法。許多專家學者已經用相關文章對一綱多本的失敗作了詳細的描述；由這些專家學者的意見裡，可以明顯發現一綱多本不但增加學生的學習壓力、受挫折的程度加劇、家長的經濟負擔、未見有效的學習結果，和嚴重影響教師教學。

蘇進棻（2005）針對當前一綱多本的教科書政策衍生狀況與因應方式，可綜合歸納如下：

(一) 國中基本學力測驗考試壓力有增無減，相關單位應多宣導。

(二) 參加校外考試時，可能發生校內教的內容未考，考的未教的壓力。

(三) 以縣市或基測考區為單位選擇教科書，可減少轉學時教材內容無法銜接的現象。

(四) 強化各版本教科書編審功能，提升教科書品質。

(五) 各校選擇教科書宜有一致性規範，避免版本間教科書內容重複或部分教材遺漏。

(六) 課程綱要或教科書倘若經常修訂，將使審查速度無法配合學校作業時程。

(七) 宜訂定教科書出版的基本規範，縮小教科書難度差異，減輕學生負擔。

(八) 國中升高中職建議按在學成績採登記分發入學，實施免試入學。

(九) 管制試題品質，以確保試題能測出學生的基本能力。

　　以上雖是國中階段學生會遇到的問題，卻已早一步在國小教育階段產生作用，所有家長都批評一綱多本的政策不僅沒有減輕升學壓力，反而助長補習教育的快速成長，因為補習班可以幫忙從多本教科書中整理出重點，讓學生能得高分，徹底將學校教育往補習教育推，在學校學的是一套，到補習班再統整起來、再次複習。因此，國小教育階段許多心急的家長已經迫不及待將孩子往補習班送，就怕國語、英文、數學和理科會跟不上別人，也擔心學校所選用的教科書不夠讓學生應付考試，想盡辦法讓學生把各家版本都練習到滾瓜爛熟，就怕遺漏哪個部分，無法得高分；這樣對教師的教學也會有影響，教師除了教授教科書外，還要多準備其他版本的內容，因為怕學生參加考試會遇到沒碰過的內容，以致於分數受影響。

　　國中競爭激烈的升學考深深影響國小教育階段的學童，這儼然成為臺灣教育下的常規，彷彿國小教育都是為了國中升學考試接軌，而學習的樂趣是完全被忽略。一綱多本造就一群用功的學生和焦慮的家長，還有辛苦備課的教師。雖然學校教師已經擁有選擇教科書的權利，但面對家長的要求還是需要將其他版本的教科書納入教學，這樣的情況在國中尤其常見，在國小也有跟進的趨勢。當初希望由教學者親自選用適用的教科書，是想讓教學者使用起來有更多的發揮空間，而以依照課程綱要所產出的教科書卻有雨後春筍般地出版，只學一種版本顯然已經很難滿足家長的需求，所以將這樣的需求傳達給教師了解，教師的教學勢必會受到影響，可說是受到一綱多本這個結果間接的影響。

　　葉興華（2005）提到「一綱多本」的制度，主要希望能透過教材的市場競爭，提升教科書的品質；藉由課程權力的下放，提升教師的專業自主，幫助學生得到適性學習。然而，「一綱多本」的制度帶來的卻是另一種學習與教學的壓力。既然此政策是要重視教師

專業自主，卻只看見教師有選擇教科書的權力，但教學上還是受到家長和學生升學的問題所影響，教科書的品質也未受到肯定，因此重返統編本時期的聲音不斷出現。究竟「一綱多本」的制度是否完全無法被接受，或沒有其價值可言？葉興華（2005）認為「一綱多本」的制度存在是有下列三項其必要性：（一）符應學生多元特質；（二）反應社會的多元價值；（三）符應學科知識的迅速發展。隨著近年來推動的多元理論，讓教育單位更重視每位學生的多元智能發展，希望能藉由「一綱多本」這樣的政策早日發掘學生的潛能，因為以往只有一本教科書提供的經驗和知識相當有限。希望「一綱多本」的制度可以幫助學生在學科知識迅速發展的時代，能更有效的學習。葉興華（2005）也對落實「一綱多本」的制度後，提出下列問題：（一）學生學習負擔加重；儘管相關單位再次強調「只要熟讀一本，便可通曉一綱」，以多取勝的學習法成為許多教師和學生一起面對一綱多本的因應之道；（二）校外補習情況更加普遍；（三）學習結果的兩極化；（四）教科書品質提升的情形不盡理想；（五）教師專業知能的增進未如預期。「一綱多本」的課程政策也挑戰著教師的專業知能，教師的教學觀念、教學方法；領域專門知識、課程設計專業知能也需提升。並非每位教師都能接受以往的教學法完全汰換，而要學習另一種教學方法，只為因應「一綱多本」的課程政策，所以「一綱多本」的政策影響層面相當廣，教師的教學深受影響，也無法達到預期中教師專業知能的精進。

　　造成一綱多本所產生的問題，葉興華（2005）也提出幾點關鍵的問題：（一）綱要本身的清晰度不足：在九年一貫新課程中，以能力指標替代教材大綱或教材綱要，但各學習領域的能力指標存在著，指標的內容解讀不容易等清晰不足的問題；（二）教科書審查作業方式不夠周延：目前教科書送審方式採單冊送審，審查的範圍

僅限於教科書和習作，教師手冊不在送審範圍，審查委員採任期制一年遴聘一次；（三）教科書編輯人才不足；（四）教師教的和學生學的觀念難以改變，在升學考試中爭取好成績的想法，早已取代了教和學原本的目的；（五）升學考試試題取向不明。雖然教育單位已經一再保證只要「熟讀一本，便可通曉一綱」，仍舊無法平息家長的焦慮，也無法減輕學生的壓力；而教師的教學品質也大打折扣，原本上課時間就不夠用，還要準備其他版本的授課內容，常常讓教師光是趕課都沒有空，而忽略掉學生的其他的問題。

影響教師教學最主要的因素還是教科書的問題，教師本身具有專業知識，為配合教學上的需要，使用教科書來進行教學，而原本的教學時間已經很緊湊了，而今為因應「一綱多本」的課程政策，必須在短短的上課時間裡擠出時間上不同版本的東西，為了就是要達到學習零差距的效果，讓學生都有學到原本課本沒有的內容，不會因為沒有上到就考不好。為減少這樣的情況發生，教師通常是努力備課，深怕遺漏就會影響。

其實，「一綱多本」的政策是要提供學生可以學到更廣的知識，還有賦予教師專業自主權，行使選用教科書的權利，達到更好的教學效果；然而，當初的教育單位立意甚佳，盼能經由這樣的改革讓教學與學習雙方面都能達到雙贏的局面，卻忽略臺灣根深蒂固的傳統就是考試，整體國家教育單位只要是為了考試結果，任何一種政策都會被扭曲其原意，而被誤會為影響考試成績的原因。這樣的情況並沒有徹底被改善，教師的職責還是趕課，而且要將眾家版本的精華帶進課程中，教師的教學被更嚴格地要求，但每位教師的教學都能達到家長的期望嗎？恐怕是不可能，否則升學補習班不會一間接著一間開，而且打著集結精華部分的講義深深吸引家長，紛紛將

孩子送至補習班接受補習教育，而對學校教師的教學產生不信任感。我想這是所有老師都不樂見的。

　　學生真正的學習是在放學後才開始，學校的教師的教學對學生的學習居然是看不到效果的。在此，不是要哄抬補習班的學習價值，而是要針對學校教育能帶給學生什麼？是快速的解題技巧還是學校學不到的課程內容？可惜的是，許多家長和學生對於學習的定義仍舊停留在得高分、進名校，不管所謂「一綱多本」的政策到底為何會存在？難道只是要多買幾本參考書來練習，還是做做不同的測驗卷來培養解題能力？它原本是希望學生能多學習到不同的學科知識，拓展學習範疇；然而，在臺灣這樣扭曲的學習環境下，再好的想法都會被忽略，大家只會著重唸這個版本會不會考、考的部分多不多、測驗卷重覆考題的部分多不多等有關考試的問題，並未真的把開放教科書這項政策落實到每個教育現場。

　　羅天伶（2007）提到教師適應上有以下的問題：（一）教師選用、使用與評鑑教科書專業知識不足；教師在長期統編制度之下缺乏選用教科書的經驗，且師資培育階段也未有此專業的課程，造成教師選用教科書專業能力不足。（二）教師沒有改變教科書的使用與教學態度；在升學考試壓力下，教師擔心學生學習狀況，必須準備更多學習材料。（三）出版商行銷手法游走法律邊緣；由於市場競爭激烈，特別是首次訂購的爭取，因此市場上頻傳參與競爭的業者以贈送輔助教具為名，對於學校經辦採購負責人給予贈與，或其他變相不正當利益行為。教師因應一綱多本的教學方法就是以量取勝，不斷給學生練習和加強課外補充的課程內容，形成學校因應此政策的方法和補教業無異。

　　詹志禹、吳璧純（1995）認為教科書要進步，版本多元化與選用的理性化，二者缺一不可。一綱多本的理念本身並沒問題，只是

臺灣推動任何教育政策時，總會被扭曲其原意，一律都以考試為主要考量，實施這項政策是否會影響學生考試的分數結果，對於政策本身改革的內容和意義卻鮮少人願意真正探究和了解。通常大多以反對的聲音來回應教改的政策，讓許多從事教育改革的有心人士感到無奈。使用多種版本教科書的作法臺灣絕非首例，當初願意開放教科書政策，也是希望能達到教材多元化。課程內容多元化和讓教師能有使用教材的自主權，原本的用意也都以學生的學習需求為主要改革目的；然而，在民間出版商加入教科書市場，所秉持的想法倘若只是以營利為目的，那就會採取許多不正確的手段得到訂單。倘若書商又無法對教科書的品質控管嚴謹，編撰出的教科書錯誤百出，或者內容太淺且缺乏無深度，這對學生的學習都會帶來莫大的影響。尤其是語文科教科書的情況最為嚴重，每年研究教科書的相關論述不在少數，對於內容錯誤的地方也是常被人提出來討論，但卻無法看見教科書的品質跟著提升；再加上一綱多本所衍生出來的問題更是令人頭痛，教科書的品質無法提升，現在教學上又需要同時教授好幾個版本的教科書，也需要練習多種版本的參考書和測驗卷，不免讓人為臺灣的學生叫屈。本來只要學一套課程就好，寫一本習作、寫一種測驗卷即可，現在國中基測考試每個學校都準備各家出版社的測驗卷，不斷讓學生練習，可見一綱多本的原意被扭曲的厲害。而造成這樣的現象發生，該歸咎於僵化的國內考試制度和過度崇尚升學主義的思維。

陳清溪（2005）指出教科書出版商依據九年一貫課程綱要來編寫教科書，但因各家出版商編輯人員對能力指標的解讀不同，造成各家出版商各冊的單元內容不同，造成版本差異大。雖然各家出版商已經重金禮聘許多各學科的專業人士來進行編撰的工作，所編撰出的教科書也符合九年一貫的課程綱要，理應經過重重關卡而完成

的教科書，應該是屬於優良的出版品，卻還是無法得到眾人的肯定，對於教科書的內容還是有批評和質疑的聲音存在。畢竟編撰的團隊不像以往是統一由國立編譯館包辦，對於課程內容所有教師都有共識和可以依據的教材。反觀現在，即使是專業人士加入編輯團隊提供專業的意見，再由編輯團隊一同統整，教科書的內容還是無法得到肯定。當初大力疾呼要開放教科書，反對統編本影響教師專業發展的種種聲音，卻無法將此時教科書遇到的問題解釋清楚，反而是放棄現有的教科書，重新回到統編本的時代，還是用一本就好的聲音卻越來越大聲。開放教科書政策之後衍生一綱多本的問題深深影響現在求學的學生，教學品質也一直無法提升，教師的專業能力真的得到發展的空間嗎？教師擁有教材的自主權真正能將自身的專業能力全部發揮嗎？由現狀看來，教師不但無法將自選的教科書教出好口碑來，還要應付學校和家長的要求（多教其他版本的教科書），就算教師本身專業能力夠強、教材統整能力也夠，但面對眾多版本內容不同的教科書，真要統整出教學內容，還要在上課時間完全傳授給學生，教師身上的重擔似乎更沉重，不僅要顧及學生的學業成績，還要擔心課程上不完，對家長難以交代，教師的教學也無法有具體得成長。

　　張芳全（2007）提到一綱多本執行後的缺點：（一）造成教師能力兩極化，有些教師動嘴不動腦，依賴廠商所提供的教具與教學測驗卷；（二）教師無法作知識的創造者，而成為知識的傳播工具，缺乏創新思考能力；（三）加重家長經濟負擔，迫使家長要花更多錢買教科書，滿足孩子的需要；（四）增加學生課業負擔，許多家長、學生甚至贊成恢復聯考制度。以上種種的結果都明顯表示一綱多本執行之後，衍生出種種的問題，尤其是教師的教學最是嚴重的問題。原本是希望學生多元化學習，反而增加教師備課的困擾，教

學上情況難以預測，要同時兼顧到一綱多本的教育政策，對於某些學習弱勢的學生的受教權會有影響。因為教師無法兼顧到每個人的需求，也無充裕的時間為學生加強課業，久而久之，會有學生對自身的學習感受不到成就感，因而放棄課業。這樣的結果絕不是執行一綱多本政策的我們所樂見的。如何將教科書多元化真正落實在學校，而非因應教科書多元化而考試就多樣化（不同版本的測驗卷），這些都是執行一綱多本後產生教學上的影響，教育單位需體諒教師在教學現況的無奈、需重視專業團隊提升教科書的品質、採納各家學者對一綱多本精闢的分析，結合眾人的意見徹底改善教科書一綱多本所衍生出的問題，能將當初執行政策的美意真正傳達給教育現場的全體。

第七章　語文科教學法的更新難題

第一節　語文科教學法的概念有待釐清

　　前兩章提到語文科課程設計與語文科教材的問題，回歸到問題的原點，還是在教師的教學方法使用得當與否的問題。語文科的教學法目前並沒有一套完整的系統，它不像英語教學法一樣，可以針對不同的學習內容，有固定的教學法可供使用。國內對語文科教學的相關論述仍停留在個案研究的探討，並未真的有一套特別針對聽、說、讀和寫的能力培養的教學法，大多還是得仰賴教師的過去的教學經驗和先前相關章節提到的搭配教科書的教學指引。教學指引裡都是以教學活動安排（或稱為教學活動提示）的篇幅最大，由於是呈現主要課文內容，因此不論哪一種版本的教學指引都會以教學活動安排為主要設計的重點。因為教學活動安排寫得越鉅細靡遺、步驟設計越清楚都是對教師教學上有實質的幫助，教師只要依照教學活動設計的步驟完成教學，不僅可以控制教學時間，也可以省去備課的時間；然而，教學指引所提供的教學活動設計就是所謂的教學方法嗎？所謂的教學活動安排或教學活動提示，就只是具有提示的作用，僅提醒教師教學時需顧及聽說讀寫的這四方面能力的培養、提醒教師此課的教學重點為何等等；此外，現今的所發行的教科書並沒有真正是有關語文教學方法的專書。

　　以英語教學法的專書而言，性質大多屬於教學法應用的工具性質專書，而不同的語言教學方法必然不同。周慶華（2008）認為時

下所指稱的教學法，幾乎都在語文教學活動的安排上纏繞，而這顯然忽略了更基本或更重要的「取得」語文經驗的各種描述／詮釋／評價的方法。後面這些方法都是可以分別或合而獲取語文的知識經驗或規範經驗或審美經驗的憑藉。（周慶華，2004a）以下兩段有關教學方法的論說：「針對討論法既是教學法，也是教學技術，教學技術指的是單一分離的技巧，如發問、增強、敘述目標或綜合班級討論等；而教學法則融合了幾種技術，以確保目標的達成，如講述法、示範法、討論法、個別學習法和單元教學法……根據這樣的定義，常見的討論類型包括了辯論、個案研討、論文發表、腦力激盪和模擬遊戲，甚至有關情意學習的會心團體、感性訓練和角色扮演也可算在內」（黃光雄主編，2000：272）、「試對教學中多種方法論的處置加以系統化，著眼於教師、教材、學生的相互關係方式，可以歸納為三種基本樣式，那就是：（一）教師提示的方法；（二）學生自主活動的方式；（三）教師和學生之間的交談、對話、討論，一起思考、共同探討，合作解決問題，共同發現新知的方式。我們可以分別稱之為提示型教學方法、自主型教學方法、共同解決型教學方法……上述三種基本的教學方法都是實現教學本來功能的手段，即以喚起、活躍並引導學生掌握教材的學習活動為宗旨」（鍾啟泉譯，1995：278-279）。從以上的論述可見只涉及教學活動的安排。就像一般語文科教學情況一樣，教師也大多採用講述法、示範法、討論法、個別學習法和單元教學法為主要教學方法，就端看教師如何靈活運用和依教材內容的特性來決定採用何種方法。以討論法而言，林寶山（1998）認為討論法是由團體中的每一個成員共同參與的活動，在討論法中師生就某一個主題進行探討充分溝通，以尋求大多數成員多能接受的意見，因此討論法有助於思考能力和價值判斷力的發展，學生也可以培養接受不同觀點和意見的胸襟。而

以上所談到的方法大多屬於教學活動的進行方式，將課程內容以不同的教學活動呈現出來而已，卻鮮少見到探討課程內容的內在蘊含的用意，或者能將原本的課文加以變化，也同時變化出不同的教學方法。

不論教學法以何種方式呈現，國內有關於語文科教學法的概念仍舊停留在教學流程的順序和方法的使用，對於語文教學方法本身和語文教學者甚少有相關的討論。以下圖可解說語文教學方法和教學者的目的和其間的關係：

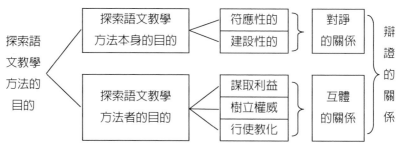

圖 7-1-1　探索語文教學方法的目的（資料來源：周慶華，2007：17）

從上圖可以發現，符應性的探索語文教學方法顯然不及建設性的探索語文教學方法要容易達到謀取利益或樹立權威或行使教化的目的（尤其是樹立權威的目的）。因此，即使符應性的探索語文教學方法依舊不可避免，也得在終點上把建設性的探索語文教學方法「推出來」以供他人參鏡仿效，才算完滿一個必要後後設論述語文教學方法的程序。（周慶華，2007：17）

至於探索語文教學方法的範圍部分，需涵蓋相關獲取語文經驗的方法和相關教學活動安排的方法兩個層面；而它們都可以有符應取向的和建設取向的兼取且容許對諍的演出，如下圖所示：

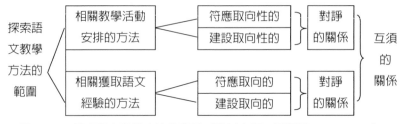

圖 7-1-2　探索語文教學方法的範圍（資料來源：周慶華，2007：17）

　　以現今語文教學方法仍舊屬於相關教學活動安排的方法階段，難以將教學方法提升至相關獲取語文經驗方法的階段。周慶華（2008）指出如果給語文經驗作個分類（以便認知和仿效），那麼它大體上不出人所能具備的「知識」性經驗、「規範」性經驗和「審美」性經驗等三大範疇。在以「教學方法」為論域限定的前提下，它們分別可稱作「知識取向的語文教學方法」、「規範取向的語文教學方法」和「審美取向的語文教學方法」等。以知識取向的語文教學方法所對應的知識取向的語文經驗，是從純理性的基礎來論斷限制的。它語文經驗是一種人類的理性架構，所以必須合理化；它的目的乃在求「真」。（姚一葦，1985：353-354）有別於現今語文教學方法著重於教學活動安排，所採用討論法、講述法、探究法和創意思考法等較常被使用的教學活動，大致都只呈現課程內容的演繹、強調教學活動的步驟進行過程順利與否，對於課程內容的知識的傳遞還是相當欠缺的；這可以凸顯出現今語文教學法的缺乏導致課程內容的學習表面化，無法將課文的內容學習層次提升，還是只能依照以往的教學模式來進行教學。如此一來，不論教科書多元化和語文教育制度如何的進行徹底改革，對於學習結果還是不會有顯著的效果。因為教學只求將課程內容教完，而非將課程內容的轉化成知識提供給學生，即使學會更多的生字新詞，對課文的了解也足

夠，該練習的作業也沒有少作；然而，達成的效果卻只有唸完了這課和寫完了練習部分，課文的理解只停留在表面，對於所蘊含的知識和文化背景幾乎是不清楚的。而造成這樣的學習結果，通常會被忽略，因為教師所認同的教學法還是像先前提到的以教學活動安排為主要教學方法，針對課文的呈現也大多採用講述法來教學，而對於課文所要表達的知識鮮少被教師提出來討論。這也是語文科教學法的觀念一直無法提升的問題。

周慶華（2007）認為從純理性的科學的觀點出發，找出語文成品所依據的是什麼以及更經由這一事物的邏輯架構或者說它的動作而找出它的意義，也就成為教學者的一項重要工作。以身為教學者而言，教學並非只是帶唸和解說，需要帶給學生更多有感觸的內容和所包含的知識都是身為教學者本身的功課，經過這樣的學習學生和教學者都可以同時獲得學習的機會。

周慶華（2007）還提到所要讀／說／寫／作對象的教學方法，轉移到關係規範性經驗的部分，在屬性上自然就成了「規範取向的語文教學方法」。這種教學方法所對應的規範取向的語文經驗，是從倫理、道德和宗教的立場出發，找出語文成品有助於教化的成分或質素，而印證語文（特別是文學）也是「約束社會成員思想、維繫社會存在的一種形而上的形式」的社會學觀念。以規範取向的語文教學方法可以區分出「倫理式」、「道德式」和「宗教式」等三種規範模式。倫理和道德的教學方法是可以一起討論的，語文科與其他科統整的部分也是讓人質疑的教育政策，可以明顯看到九年一貫政策執行後，語文科和其他科課程的統整相形之下就更重要了，學生以語文為基礎，不管在學習任何一種科目上都是有幫助的；然而，可以從教學方法看到統整課程並未被徹底運用至教學上。就以「倫理式」和「道德式」的規範模式來說，就可以將語文科和社會

領域裡的生活課程的作聯結。不僅是上語文課，教授語文的學科知識也可以將要傳達的觀念（有關生活課）作完整的呈現。所謂語文科的統整，應該是無時無刻都能與其他科目作完美的聯結。而運用「倫理式」和「道德式」的規範模式進行教學，對於學生的學習是有其實際上的幫助，而教師也可以藉由「倫理式」和「道德式」的規範模式這套教學模式達到教化人心的教學效果。另外一個宗教式的教學方法，周慶華（2007）指出倘若說倫理式的教學方法所著眼的「倫理」和道德式的教學方法所著眼的「道德」是關連世俗規範的，那麼宗教式的教學方法所著眼的「宗教」則要進一層到關連神聖規範。

周慶華（2007）又認為把所要讀／說／寫／作對象的教學方法轉移到審美性經驗的部分，在屬性上自然就成了「審美取向的語文教學方法」。這種教學方法所對應的審美取向的語文經驗，是從特定的形式結構的角度出發，找出語文成品所具有的可以感發的美的形式。培養學生擁有審美的觀念也是九年一貫政策所強調的重點之一，懂得欣賞身邊美好的事物，對此有啟發可以幫助學習，特別是語文和藝術與人文的學科上。審美不只是針對藝術作品而已，文學作品可謂是語文科的藝術品，學生在閱讀作品時，不應只是抱持著看懂多少、認識多少生字和修辭方法，更應該培養對文字的敏感度和懂得欣賞文學作品的能力。周慶華（2007）提到一個欣賞者從文學作品中所經驗到的是不單是知道那裏面說的是什麼，如同閱讀一篇報告或時事新聞一樣；而是能從中經驗到一種有異於現實感受的喜愛。這種喜愛，不是現實的喜怒哀樂，而是從現實的喜怒哀樂混合釀成的一種純粹的感情品質。倘若學生從小就有培養對文學作品的審美觀，能沉浸在其中，徹底享受閱讀的樂趣，這樣一來就不會有閱讀量不足的問題；而且教師進行語文科教學時能適度將文學作

品帶入語文科學習中，把握每一次能養成學生欣賞作品的機會，讓學生能從文學作品得到感動，以後不論是推動何種閱讀活動都會更得心應手，也能將學生的閱讀能力大大提升，這對學生未來寫作能力的培養也有相當大的助益。而如何選擇好的作品讓學生培養審美觀，應該是教學者本身應該要作的功課；而要選出一篇文學作品同時具有知識、規範和審美等作用，需選擇審美作用較為明顯的作品。例格林童話中的〈白雪公主〉一文，它雖然內蘊有「自卑者都有危險傾向」這一心理的反應（知識作用）以及善良勝過邪惡這一道德主題（規範作用），但它吸引人的卻是「魔鏡」、「毒蘋果」、「七矮人」、「鐵鞋」等生動意象的塑造和王后毒害白雪公主、七矮人解救白雪公主、王子獲得美人歸、王后遭到報應等曲折情節的經營上（審美作用）。（周慶華，2004a：134-136）以類似像格林童話中的〈白雪公主〉這樣的經典作品來培養學生的審美觀是必要的；而這樣的訓練是一般教學活動安排所缺乏的深度練習，因此提高學生對作品的審美度是教學者所必要也必經的教學過程。

　　不論談到哪一種教學法對語文科的教學上有幫助，都是需要教學者能靈活應用才能將語文科的特色凸顯出來。現今語文教學方法都還只是涉及到教學活動安排的階段，如何將其階段提升至獲取語文經驗的方法，則是教學者的主要教學任務之一。但如何把原有的講述法、討論法和創造思考法，拓展為更深入課程內容的教學法，才是能提升教學者的教學功效的有利辦法。

第二節　語文科教學方法的匱乏

　　前一節已經談到語文教學的概念應以獲取語文經驗的方法為主，如果僅以教學活動安排為主的教學，則難以凸顯其教學的廣

度，充其量只是完整地將課文內容呈現出來而已。而此節將要談論的就是現今語文科教學上語文教學方法匱乏的問題。倘若要細說語文教學法的重要性，可以有以下的思維方式：

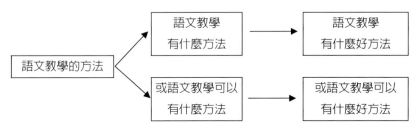

圖 7-2-1　語文教學方法（資料來源：周慶華，2007：8）

　　從上圖可以看出，語文教學方法有兩種思維模式：語文教學有什麼方法，推論到語文教學有什麼好方法，由原本的有什麼方法到有什麼好方法，就像是從無到有的觀念一樣，端看教學者如何看待語文科的教學，從原本的方法中找到更好的方法；而更深一層探討語文教學的方法，從或語文教學可以有什麼方法到或語文教學可以有什麼好方法，更是把語文教學的方法可以如何更好，點出目前國內語文科的教學法沒有突破的問題。至於欲結合上一節所談到知識、規範和審美三種模式來看待語文教學方法，周慶華（2007）則指出如果我們要了解有關語文的知識經驗或規範經驗或審美經驗，那麼就可以透過各種描述／詮釋／評價的方法來進行；而教學本身所要傳授的語文經驗以及所選用的方法，也就在那些描述／詮釋／評價等搏成的情境的「暗示」或「誘引」中主動去甄選慎裁，以便達到最高的教學效率。而這又可以形成一個稍微複雜一點的圖：

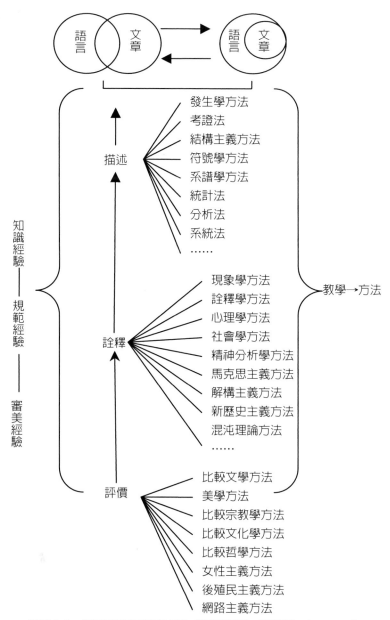

圖 7-2-2　獲取語文經驗的方法（資料來源：周慶華，2007：9）

上圖所顯現出的所有方法都可運用至語文科教學上；而且可利用上述的教學法將語文科和其他領域的學科作教學上的統整，徹底實現九年一貫所強調的課程統整的教育改革重點。以下列出幾項教學方法以供運用：

現象學方法可以探得知識對象所內蘊的意識作用，可以用於語文教學上，討論上下文脈絡的層次和意義。

詮釋學方法可以探得知識對象所內蘊的意義，可以用於討論課文內容時運用此法，可分為三個方面來探討：第一是詮釋的本身是什麼；第二是詮釋的對象有哪些；第三是詮釋的實踐如何可能（周慶華，2004a：103-104）；詮釋學方法運用至人文學科是常有的事，以上面三點的觀點去分析課文內容會更容易了解內容和建立起邏輯架構。

心理學方法可以探得知識對象所內蘊的心理因素。心理學方法屬於詮釋性的語文研究方法之一，已發展出以下四種具體的研究方法類型：

(一) 觀察法：心理學的觀察法是自然條件下，對一個人的行動、言說、表情、動作等進行有目的、有系統的觀察，了解他心理活動的方法。觀察法有自然觀察法和控制觀察法。前者是在自然情境中對人的行為的觀察；後者是在預先設置的情境中對人的行為的觀察。無論採用那種觀察方法，原則上都不宜使被觀察者發現自己的活動被人觀察；因為這樣會影響他的行為表現。

(二) 調查法：心理調查是就某一（或某些）問題請求被調查者回答他個人的想法和作法。根據調查方式的不同，又可以分為問卷法和訪談法。心理學常採用調查法蒐集資料，如學生讀書興趣、對社會問題的態度、消費者對商品的意見等。

(三) 測驗法：心理測驗是對行為進行量化研究的方法。根據研究目的的不同，已經發展起來的測驗，有智力測驗、成就測驗、人格測驗等多種類型。心理學採用測驗法，研究個體行為在一個層面上的個別差異以及個體的兩種或多種行為之間的關係。此外，在其他研究方法中，測驗法也常被用作輔助的研究方法。

(四) 實驗法：心理實驗是在控制變項的情境下，實驗者有計畫地引起或改變被試者某種心理活動，然後對被試者進行分析研究的方法。根據實驗是在實驗室進行還是在實際生活情境中進行，可以將該方法分為實驗室實驗法和實地實驗法。兩種實驗方法所依據的原理相同，只是在實驗室內進行的實驗能對被試者做到更嚴格的控制。心理學的眾多分支學科在發展中也都形成了特有的研究方法，但基本上可以歸於以上四類基本方法的一種或幾種方法的綜合運用。（王海山主編，1998：233-234）

　　以上的四種基本類型，均可運用至語文教學上。教師一開始進行教學時，可以先使用觀察法對學生進行觀察，爾後再用調查法對學生進行調查，普遍都是使用問卷和訪談這兩種方法。現今教學現場大多採用問卷法來評量教師的教學績效，而此時的調查法，可以藉由問卷的答案了解學生的學習狀況和學習興趣為何。至於測驗法和實驗法已是採取較屬於科學化的方式來了解學習狀況，較不常用於現場教學，但對於分析學生的學習情況會有很大的幫助。

　　社會學方法可以探得知識對象所內蘊的社會背景。周慶華（2004a）認為這種相關現象或以語文形式存在的事物所內蘊的社會背景的解析，大體上有兩個層面：一個是解析語文現象或以語文形式存在的事物是如何的被社會現實所促成；一個是解析語文現象

或以語文形式存在的事物又是如何的反映了社會現實。以語文教學為基礎與社會科作統整,除了教授語文學科知識外,還可以將社會的知識帶入教學裡,讓學生能更了解社會現實如何促成語文的發展。

美學方法可以探得知識對象所具有的審美價值,周慶華(2004a)指出所謂「美學的」這個詞,有廣義和狹義的用法。它可以用來指稱某件藝術作品相對於它的內容的形式或構成,指涉一貫的藝術哲學,或是指整體文化的藝術向度。美學方法與先前所談過的審美模式相當類似,培養學生懂得欣賞制式或非制式的教材對學生的語文學習有絕對的幫助。先前相關章節提過的另類教材,像詩、散文和小說等等,較少被納入正規教材內容的文章,倘若學生沒有審美的觀念,只會把作品讀懂,多認識幾個生字,這樣的語文學習效果對於整體提升學生的語文能力幫助不大。因為教學法沒有精進,仍保持舊有制式化的教學方法,自然讓學生只能學習到表面的知識,對於更深層的意義卻無法習得,因此培養審美觀也是教師在教授語文科時需要傳授給學生的。

女性主義方法可以探得知識對象所具有的兩性平權價值,這種方法可以用於性別平等教育課程。兩性平等教育為九年一貫的重大議題,黃怡瑾(2001)認為在政治開放多元的氛圍下;維護人權、平等意識不可逆轉的潮流趨勢中;以及教育體系和生活領域中不斷逼近的兩性相關議題,促使行政院教改會於 1996 年率先將兩性平等教育的主張注入教改理念,因而開啟了我國教育對兩性平等教育的發展契機。以女性主義的角度為教學出發點,教育學生對於異性的尊重,凸顯女性長期以來可能會面對的不公平現象;從小學教育就開始,灌輸男女平等的觀念對於學生日後會更懂得如何和異性相處。

　　比較宗教學方法可以探得知識對象所具有的信仰價值；比較文化學方法可以探得知識對象所具有的文化價值；比較哲學方法可以探得知識對象所具有的後設價值。以上三種方法可用於教師進行鄉土語教學，並可以和臺灣本身的文化作結合。

　　以上介紹許多不同於一般教學活動慣用的教學法，主要著重教材內容的深層意義和文化背景的了解，在臺灣受教育的學生對於習得文化的部分，通常不會有很深的感觸；原因可能是教師的引導作得不夠、介紹的題材不夠深入、討論的議題不具有多元文化的內容，以致於無法吸引學生。在語文科課程已包含鄉土語教學之後，我們更應該將重點放在臺灣文化的傳承，讓更多學生可以知道並了解身處的土地所經過的一切，這將會是臺灣鄉土教育所能帶給學生的重要資產；然而，鄉土語教育似乎也脫離不了其他語文科課程學習目標，就是能力培養導向，簡單來說就是要會說還要會背，因為會有相關的比賽舉行，會有考試要考。

　　無論有多有深度的教學方法，還是需要依賴教學者能將其運用至課程當中，無形中培養學生看待事物的能力，將語文科的學習賦予生命力，擺脫制式學習和填鴨學習仍是教師和學生的重大考驗。無法在教學法上的持續地精進，也是我國語文教育一直無法提升層次的重大問題。

第三節　閱讀及聆聽與說話教學的淺碟子化

　　在前章提到非制式語文教材沒有被選用的機會，造成學生的學習廣度不足，閱讀教材的種類被侷限住；學生閱讀的視野勢必會被窄化，也會影響學生爾後選擇課外讀物的項目呈現只偏好某一種特定文類的現象，以致於閱讀能力的學習效果進步有限。對於閱讀選

材部分，周慶華（2007）提到在「閱讀教學的選材依據」方面，可以放寬視野而有「制式的選材依據」、「制式的選材依據」和「另類的選材依據」等幾種情況考量設定。閱讀教學者所需要具備的廣博的語文經驗以及創新文化的洞見和實踐願力等條件，得部分表現在閱讀教學的教材選擇上。因此，擔任閱讀教學者的任務不僅是將課文內容完全傳授給學生，還要能拓展學生閱讀新事物的眼界，此時教材的選擇就更凸顯其重要性。然而，以臺灣現今發行的教科書的選文，卻難以將學生的閱讀能力整體的提升起來，不是選文的篇幅偏短就是內容程度偏易，與其採用這樣的選文作為課外閱讀的補充教材，不如選用一本經典名著或詩集作為一學期的教材來得好。既然閱讀的成效和選材有相關，那麼閱讀教學者就應該在教材的選擇上更下功夫。但以現在的基礎教育而言，所有教材都需要以《國民中小學九年一貫課程綱要》為依據，也需要符合五大基本理念、十大課程目標、十大基本能力和六大議題等主要條件：

一、五大基本理念：

1.人本情懷。
2.統整能力。
3.民主素養。
4.鄉土和國際意識。
5.終身學習。

二、十大課程目標：

1.增進自我了解和發展個人潛能。

2.培養欣賞、表現審美及創作能力。

3.提升生涯規畫和終身學習能力。

4.培養表達、溝通和分享的知能。

5.發展尊重他人、關懷社會和增進團隊合作。

6.促進文化學習和國際了解。

7.增進規畫、組織和實踐的知能。

8.運用科技和資訊的能力。

9.激發主動探索和研究精神。

10.培養獨立思考和解決問題的能力。

三、十大基本能力：

1.了解自我和發展潛能。

2.欣賞、表現和創新。

3.生涯規畫和終身學習。

4.表達、溝通和分享。

5.尊重、關懷和團隊合作。

6.文化學習和國際了解。

7.規畫、組織和實踐。

8.運用科技和資訊。

9.主動探索和研究。

10.獨立思考和解決問題。

四、六大議題：

1.資訊教育。

2.環境教育。

3.兩性教育。

4.人權教育。

5.生涯發展教育。

6.家政教育。

（教育部，2003a：3-15）

以制式語文科教材（就是教科書）而言，所有的標準都得依照上述的規則照辦，否則就會失去被選用的機會；但倘若以上述的細則來選擇符合資格的教科書，想必一定是經過挑選才能被選用，這樣選用的標準會將許多優質的教材排拒在外，也會影響教師在進行閱讀教學時，無法有新的突破，只能依照舊有的教法，大多讓學生自行閱讀，頂多進行討論而已。要突破原有的閱讀教學模式，只有要求教師是不夠的，教材的種類也是應該被要求的部分。現今國小已經有故事媽媽的進駐，利用早自修的時間協助學生進行閱讀，對於學生的閱讀能力有不無小補的幫助。但倘若只憑每天早自修短短的時間，則很難培養學生閱讀的能力，可能需要長期來進行這樣的教學才看得到成效。至於教材的選擇問題，並沒有真正獲得改善，因為許多故事媽媽都是使用繪本教導學生，繪本的字數和篇幅對於高年級學生來說不夠的。因此，閱讀教學有了故事媽媽的協助，對於引起學生的學習興趣和動機或許有幫助，但對整體學生的閱讀能力提升的幫助還是有限。我認為閱讀教學品質提升的最根本方法還是教材的問題，如何打破制式和非制式教材的界線，是教師和教育單位需共同努力的目標。制式教材受限於九年一貫教育政策的框架下，但非制式教材也需要合理的規範。

周慶華（2007）提到非制式的選材，則可以不受部頒的課程綱要的限制，但它仍有符合典範或典律的約定要求。換句話說，非制

式的選材是要進入一個更大的範圍，而這個範圍則有特定社群或歷史性的生活團體所公認的典籍為「指標性」的選擇對象。所以非制式的選材可以由個人為單位出版，不受限現今教科書出版限制所侷限，增加選材標準的彈性，活化整個選材過程，至於受到特定社群或歷史性的生活團體所選用，這時的特定社群也可以是正在使用中的學生、教師甚至是家長，而歷史性的生活團體不應只由國立編譯館獨攬大權，應該開放機會給社會上不同學群的專家或資深工作者，讓他們一起參與整個過程。

　　除了以上所談到的非制式教材外，有許多另類的教材也是閱讀教學時不可或缺的，像是基進性的新詩、散文和小說甚至是影片的部分，都值得閱讀教學者將它納入教學的範疇內。因此，以這三種教材的特色所聚集的教材，以制式教材為主要教材，而非制式和另類教材為輔助教材，將教材的完整度提高，教學方法自然就會具有生命力。

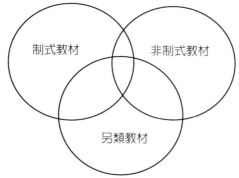

圖 7-3-1　教材種類（資料來源：周慶華，2007：56）

　　以制式教材（就是教科書課本）的特徵為例，何三本（2002）認為課本的語文教材，至少有下列幾種特徵：一為基礎性；二為精讀性；三為一般性；四為短篇性；五為侷限性；六為艱深性；七為

示範性。其教法也有下列現象：一為被動性；二為指導性。由上述可發現教材的特色容易被發現和表述出來，而教學法卻只有兩種，大多數教師的教學也跳脫不了這兩種教學方法。因此，提升閱讀的教學法不僅要在選用教材開放和採用多元化教材，增其廣度；教師本身的教學法也得因應教材的不同發展出不同的教學方法。很顯然，現今閱讀教學方法上並沒有所謂的改革精進的成果被看見，現今的教學法還是依循舊有的教學模式在進行教學。倘若可以在教材上開放非制式和另類教材，可以培養學生閱讀技巧和向未曾接觸的文章挑戰，加深閱讀的廣度和培養閱讀學習階段的理解能力。國外學者 Pressley（2002）認為一個有技巧的讀者在閱讀時除了能流暢解讀字詞（fluent word recognition）之外，遇到有挑戰性的文章時，會積極地使用許多理解策略。他認為有技巧的讀者在不同的閱讀階段使用的理解方法，包括：

(一) 字詞階段（Letter-and-Word-Level processes in comprehension）：閱讀專家在逐字閱讀（word-by-word）時相當流暢，不需要耗費太多心力；而對於字詞辨識不流暢的學生，仍會唸出聲音，以至於在短期記憶中會耗費太多容量。

(二) 超乎字詞階段（Above-the-Word-level process in comprehension）：字詞辨識之後，閱讀專家會在不同的閱讀過程中，積極的採取閱讀策略，例如：1.閱讀前：會先確定閱讀目標，瀏覽文章內容，以了解文章的長度和結構，並且進行預測，以活化先備知識。2.閱讀中：有選擇性的閱讀，很快的跳過無關的內容，預測接下來的內容，並隨閱讀的進展而修正；確認重要訊息，有時會重讀、畫線或用自己的話敘述一次；有意識的推論，並嘗試整合文章大意；解釋與評價文章內容與型式，並監控閱讀的進行。3.閱讀

後：嘗試背誦文章，形成摘要，並反思與評估文章內容，思考如何使用文章內的資料，並監控自己是否了解文章內容。（引自林男勝，2007）

以上的閱讀的三個前中後階段，教師可以帶著仿作，並提供學生閱讀上的協助，以這樣循序漸進地引導學生如何閱讀，日積月累下來成效會漸漸顯現出來。然而，現今的教學都太快講求快速理解、快速讀懂內容，鮮少教師會用引導的方式來訓練學生，造成這樣的現象可能是教學時數不足、學生學習的個別差異或者教師沒有這樣的共識要推動，畢竟倘若與考試或作業無關的教材被忽視的可能性極高。因此，閱讀教學方法的精進還是得端賴教師的推動，才會有成效。

閱讀與聆聽和說話的教學是相輔相成的，閱讀的東西多了，自然說話也會有進步，而懂得聆聽的人也可以從閱讀中找到答案，自然形成一種學習的網絡。

何三本（2002）指出聽、說、讀、寫是語文教學的四大領域，可是傳統語文科教學，偏重讀、寫訓練，忽略了聽、說，這種現象也就產生了以下幾項缺失：

(一) 等於忽略了對於聲音資訊的接受及傳播表達的機會。

(二) 學生失去了快速運用聲音閱讀的訓練。

(三) 違背了先有聲音，後有文字的自然順序。

(四) 讀、寫是靜態的活動，如不能與聲音結合，容易使讀書變成單調、枯燥、乏味，進而造成孩子的挫折感，喪失讀書的興趣，甚至厭惡讀書。

現在的科技日益進步，學生可以表達的平臺變得多，而且也更懂得如何發言，較以往的學生更主動、更勇於為自己發聲，但所表達出來的言談還是以接受的語文學習內容有關。近年來火星文的網

路語言盛行，也間接影響到學生口語表達的能力，以往較重視的讀寫訓練，也得跟著網路時代進步妥協，學生們練習寫字的機會不如以往；現在大多以電腦打字取代書寫，而語言的溝通管道以網路溝通平臺為主要媒介，這是一股無法抵擋的流行趨勢。此時，學生最需要學習的是懂得如何聆聽別人的想法和說法，爾後加上自己的意見再表達。以往的聆聽教學法的部分常常被忽略，教師通常在上課時所說的話，對學生來說就是一種聆聽教學，殊不知心不在焉的學生佔了多數；而其他認真聽課的學生也只是要將課程聽懂，對於聆聽的技巧大多是一知半解。我認為聆聽教學比說話教學更重要，學生一定要先懂得聆聽別人說話的藝術，爾後的言談才不會失禮或得罪別人。最好的聆聽教學法，應是教師上完課之後，換學生上去進行教學，用學生懂的語言表達出來；如果能將教師的意思完全表達出來，這樣才是成功的聆聽教學。至於聆聽教學通常被安排在說話課進行，以相聲、朗誦或戲劇的方式與說話教學一起進行。聆聽與說話的學習過程是不可分割的一項學習過程，但倘若同時一起進行學習可能無法兼顧，因此在平時就可以隨時進行聆聽和說話的訓練。

何三本（2002）提到在閱讀教學中進行說話訓練，有以下幾點：

(一) 看圖說話、觀察輪廓、理解結構、組織歸納主旨中心，展開聯想。

(二) 誦讀訓練，包括朗讀朗誦背誦。

(三) 複述課文。

(四) 以答問訓練說話。

(五) 獨白訓練。就是學生獨立自主地進行系統性的口語表達訓練，主要講述、複述、致辭、講故事、即席演講、口頭報告等。

(六) 對談訓練。就是面對面直接互相交談，如設問回答訪談。

(七) 課堂討論。課堂如遇問題可以先小組討論而後再發表。

(八) 將課文以相聲方式演出。

(九) 將課文改變戲劇方式演出。

(十) 論辯訓練。辯論是訓練說話最有效的方式之一。

　　閱讀能力是聆聽與說話能力培養的基礎，現在學生已經可以主動表達自己的意見，這也算是說話能力的一大進步；然而，如何言之有物是教師必須傳授給學生說話技巧和閱讀教材來豐富其內涵，而培養閱讀的習慣也是提升聆聽和說話能力相當重要的過程。因此，從現今閱讀的能力低落的狀況，間接影響到學生的聆聽與說話能力，如何在閱讀教材和改革閱讀教學法是有其必要性的。

第四節　注音符號與識字及寫字教學的效率不佳

　　注音符號教學是識字教學的基礎，所以注音符號的教學成效會影響到學生識字的學習。陳弘昌（2004）提到注音符號的教學目的有四：（一）學說國音；（二）幫助識字；（三）輔助閱讀；（四）提早寫作。注音符號是學習語言的工具，學會注音符號，可藉注音符號，學說標準國音，認識新字。由於學會拼音，在閱讀課外讀物時，也可藉著注音符號，大量涉獵課外讀物，擴大知識領域。

　　以閱讀教學來說，這兩種學習是無法分割的，都是無法單獨被獨立出來。而注音符號教學和識字及寫字教學都是幫助學生在語文科學習語義上的理解，和先前所談的聆聽和說話教學也都有密切的關係。因此，注音符號與識字及寫字教學的學習結果也都和聆聽和說話教學有交集。

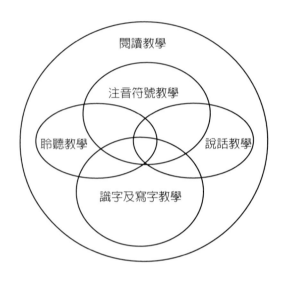

圖 7-4-1　注音符號與識字及寫字教學關係圖（資料來源：周慶華，2007：74）

　　以注音符號教學來說，一般不論是強調注音符號的單音節特徵，還是強調注音符號的聲母／韻母的發音技巧（包括發音部位和發音方法等），或是強調注音符號的「直接拼讀」和「由簡至繁」等，都只涉及「技術」的課題罷了，根本就未能一併透視注音符號的更深知識功用。周慶華（2007）認為要改善這種狀況，想辦法「另闢途徑」也就勢在必行。而這一點，關鍵就在容易被忽視它的重要性的聲調。現今的注音符號教學法較重於拼讀的過程，對於聲調部分通常只是帶過而已，並沒有真正針對五種聲調來進行注音符號教學訓練。聲調就是語言的表情，學語言不只是學會如何說，還要懂得如何用聲調來表達情緒和反應，漢語的語音都有聲調，這也是漢語這種語言的優美之處。陳弘昌（2004）指出注音符號教學須依教學對象而異其方法，可分為分析法、綜合法和折衷法。而以上三種

表 7-4-1　注音符號教材綱要分析

項目	年級					
	一	二	三	四	五	六
1.注音符號的認唸及書寫	◎					
2.發音的方法	◎					
3.拼音的方法	◎					
4.發音困難的各個音素的加重練習	◎	◎	◎	◎	◎	
5.音調的變化	◎	◎	◎	◎	◎	
6.ㄦ化韻	◎	◎	◎	◎	◎	
7.注音讀物的閱讀	◎	◎	◎	◎	◎	

（資料來源：鄭美芝，2003）

注音符號教學法是以教學對象為取向的教學法，現今的注音符號教學法卻鮮少看見以聲調為主要教學的方法。以聲調的變化來說，陳弘昌（2004）提到要把國語說得流利動聽，須注意聲調的變化，這是方言區兒童學習國語最弱的一環。臺灣地區的兒童說國語，都不成問題，但要正確把握聲調變化，卻尚待努力。國語中聲調變化的情形有：兒化韻的變化、輕聲的變化、變音和變調等。以現今的注音符號教學，聲調的教學部分比重應該要被提高。除了基本的拼讀技巧外，如何將國語說好，其中表情（就是聲調）不能少。因此，語文科注音符號教學的聲調變化部分應該要持續進行至高年級階段，徹底在學生接受基礎教育時都能培養說好國語的能力，也避免受到現今科技聲光影像和傳媒的影響。能將這項最基本的語文能力培養起來，可說是現今注音符號教學的最大考驗。

鄭美芝（2003）提到在課外閱讀教材綱要中也提及，國小低年段學童的課外讀物包含注音兒童讀物（童話、寓言、漫畫、兒歌、

卡通）、百科全書及兒童報紙。倘若低年級學童的注音符號學習困難，勢必將造成其未來識字、寫作的困難。

再以識字及寫字教學來說，一般不論是強調對文字的間架和結構的認知，還是強調對執筆和運筆的熟練，或是強調對書寫順序的掌握和筆劃名稱的熟悉等，同樣也都只涉及「技術」的課題罷了，根本就未能一併透視書寫文字的更深知識功用。如果要改善這種狀況，那麼想辦法「另闢途徑」也就一樣勢在必行。以「自」字為例，「自」為「鼻」的本字。周慶華（2007）認為因為中國傳統社會中的人習慣自指鼻，所以「自」字就類化成具有倫理意涵的承載力；而它所以要有「自指鼻」這個動作，就跟當事人內裡有不得不藉此一動作來顯義的心理因素相關。眾所周知，漢字是由象形符號發展而來的，在中學甚至在小學階段的基礎教育中，就開始透過列舉易於判斷的實例加以說明。（李運博譯，2005）就像是日、月、田和哭等字都是以字的形體來區分的。就以「哭」字來說，以繪畫的觀點來看，哭的上面是兩個口，可以當作眼睛；而下面的字就可看成是下半部的臉，一點可以看成淚水，這樣推論與「鼻」的演進類似。周有光（2003）談到漢字的結構，比甲骨文更早的時候，漢字可能主要是象形字和指事字。象形字是實物的簡單圖畫。以這樣推論文字的意義是更容易讓人印象深刻的。然而，反觀現今的識字教學法就沒有這麼有趣，每課都有生字新詞，教師的責任就是在帶唸完課文後，解釋生字新詞的意義後，接下來就是學生的責任了。何三本（2002）指出小學的生字教學，在字義方面，大部分都是以教師解說或學童查字典兩種方式；在寫字方面，筆順以模仿課本的筆順排序；在習寫方面，則始終沿用一字抄一行的方式。這種識字教學法最大的弊病，在於「只知其然，而不知其所以然」；尤其筆順，只是一味地模仿課本複習中所列的排序，而說不出為什麼要如此寫。

現今的識字教學法過度強調筆順的重要性，卻忽略掉解說字的來源和意義較教筆順而言來的重要多了。筆順只需要有描寫和教導順序的部分習寫即可，不需要花太多時間在練習筆順；更重要的是能否將字義和用法傳授給學生才是重要的，應將教育的主軸放在認識字的含意和如何運用，而非強調習寫字的練習量才是。

　　識字教學法對於往後的寫字教學有相當深的影響，先把字的意思弄懂了，再進行寫字的練習，讓對字的意思能更加深印象，這樣的學習順序才可以算是真正的學習到識字與寫字這兩種能力。何三本（2002）提到寫字是識字訓練的一部分，也是鞏固識字的手段，寫字教學在語文教學中佔很重要的地位，是聽說讀寫四大基礎訓練之一。因此，寫字教學本身在教育上具備有下列的意義：（一）鞏固識字；（二）書寫是手眼協調的訓練；（三）有利於培養學生認真負責的態度和堅韌專注的品質；（四）有利於促進學生智力發展。如何將識字教學真正把字的意義傳授給學生和延續寫字教學的訓練，使得學生的整個學習過程更紮實更有具體的意義，是現今識字及寫字教學中所呈現出的問題。識字及寫字教學還有一項因應課程綱要制度下所衍生出的問題，這個問題還是回歸到當初談的能力指標的為教學取向，就是九年一貫課程綱要中的語文學習領域有關本國語文的分段「識字及寫字」指標，下列就是規定要符合的能力指標：

(一) 能認識常用中國文字 1000-1200 字。

(二) 會使用字（辭）典，並養成查字（辭）典的習慣。

(三) 能概略認識字體大小、筆劃粗細和書法美觀的關係。

(四) 能養成良好的書寫習慣。

(五) 能認識楷書基本筆畫的名稱、筆順，並掌握運筆原則，練習用硬筆書寫。

(六) 能激發寫字的興趣。

(七) 能認識常用中國文字 2200-2700 字。

(八) 會查字辭典，並能利用字辭典，分辨字義。

(九) 能概略了解筆畫、偏旁變化及結構原理。

(十) 能養成執筆合理、坐姿適當，以及書寫正確、迅速、保持
　　　整潔與追求美觀的習慣。

(十一) 能掌握楷書的筆畫、偏旁搭配、形體結構和書寫方法，
　　　並練習用硬筆、毛筆寫字。

(十二) 能欣賞楷書名家碑帖，並辨識各種書體（篆、隸、楷、
　　　行）的特色。

(十三) 能激發自我寫字的興趣。

(十四) 能認識常用中國文字 3500-4500 字。

(十五) 會查字辭典、成語辭典等，擴充詞彙，分辨詞義。

(十六) 能透過臨摹或應用已習得的寫字方法與原理，用硬筆、
　　　毛筆練習寫出正確、美觀的硬筆字和毛筆字。

(十七) 能因應不同的場合，用毛筆、硬筆等書寫通知、海報、
　　　春聯等應用書。

(十八) 能用筆畫、偏旁覆載搭配、間架結構、布局、行氣和行
　　　款等美觀原理賞析碑帖與書法作品。（教育部，2003a：
　　　28-31）

　　以上的規定就是教師進行識字及寫字教學所需要達到的目
標，這樣的目標到底是為難了學生還是教師？許多能力指標的規定
幾乎是用一種霸權的型態存在著，強迫師生雙方都需要達到這樣的
目標，讓學習再也不是單純的學習，倒像是一個在生產線上的罐
頭，必須透過層層品管才能被販賣出售。教師要如何才能達到所謂
的課程綱要標準？就算達到目標，就代表學習有了成效，學生是真

的學到東西了嗎？還是只是處於培養能力的階段，對於文字的運用還是無法應用自如？這些問題都是在提醒著我們，缺乏彈性的課程綱要的存在一直在干擾教學，倘若無法正視這樣的問題，所作的改革都是徒勞無功的。

第五節　寫作教學的創意提升遙遙無期

寫作教學是在語文科教學法中佔有相當重要的份量，它是集所有教學法的大成，也是讓學生最後將所學到的語文知識化為文字來展現語文學習成果的關鍵。

林璧玉（2009）的創造性說法具體明確：以無中生有及製造差異來判斷作品是否具有創造性，有別於他人的創造觀：

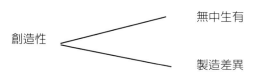

圖 7-5-1　創造性（整理自：林璧玉，2009：81）

由以上的模式可以了解何謂創意寫作：由無中生有憑自身想像出來的作品，由自己撰寫不依靠他人的點子；而製造差異，則是與眾不同，走出自己的風格。這兩點也是現今寫作教學無法帶給學生的學習層次。創意寫作已非是個新鮮的名詞，它事實上已經存在多年，許多專家學者這幾年努力推動創意在所有教學領域裡。寫作教學是個特別的教學方法，它與閱讀教學法某些部分重疊，它可以說是閱讀教學法後的最有發揮空間的教學法；必需有先前閱讀教學的過程，才能將寫作教學的品質提升，也就是表示學生先前閱讀工夫

作得勤快,寫作問題自然就少。兩個教學方法是相扣的,有不可分割的部分。可以用下圖來表示閱讀教學和寫作教學之間的關係:

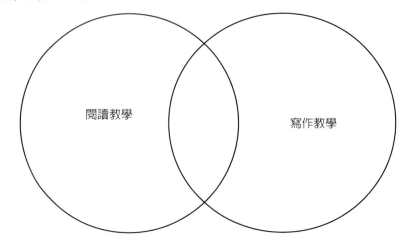

閱讀教學　　　　寫作教學

圖 7-5-2　閱讀教學與寫作教學關係圖(資料來源:周慶華,2007:97)

　　張新仁(1992)提到有關學習者「何得學習」考量部分,可以採用下列幾種教學方法來因應:第一,講述法/成果導向教學法:相關寫作活動由教師支配,例如:決定寫作題目和寫作形式(包括看圖寫作、聽聲寫作、仿效寫作、改動寫作、接續寫作、翻譯寫作和命題寫作等等),在寫作前以教學者講述或引導討論的方法,並提供範文、分析寫作技巧,然後要求學習者隨著練習寫作而將作品交由教學者批改。第二,自然過程法/低結構性過程導向教學法:相關寫作活動由學習者支配、主動發起,並按照自己的速度在進行寫作。第三,環境法/高結構性過程導向教學法:相關寫作活動由教學者和學習者共同責任分擔。第四,個別化法/輔助式成果導向教學法:相關寫作活動由學習者向小老師或電腦學習寫作,並獲得回饋;它強調以個別學習者為協助的對象。以上的教學方法可以互

相搭配使用，據研究顯示以環境法的成效最好（它比自然過程法的效果多出三倍，而比講述法和個別化法多出四倍；至於講述法、自然過程法和個別化法等三種教學方法彼此之間的差異並不明顯）。由此可見，以環境法的寫作教學法成效為最高，就是教師和學生必需一起同時都投入在寫作教學裡，以教師來引導學生，利用情境教學的方式讓學生寫作起來更得心應手，能更真實地用文字表達出內心的想法；而題目的提供也只是給個方向，倘若學生能自訂題目且自由發揮，這樣的寫作教學也算是看得到成效。

　　反觀現今的寫作教學模式還是脫離不了以考試為導向的教學，還是以範文的寫作格式化來完成作文，就好像看到作文題目，腦袋裡便可以叫出一套公式來解題一樣，起承轉合都有固定的寫作模式，不論是遇到論說文、抒情文和記敘文都是一樣的公式來作答；這樣的訓練寫作方式和練習數學的方式有類似的地方，但不同的學科應採用不同的學習方式，就以上述談到的四種寫作教學方法還是無法將學生訓練成可以以獨立寫作的能力，遇到考試題目還是得依賴範文的寫作模式來應付考試。因此，如何培養寫作的創意是教師的在進行寫作教學的重要任務，讓學生的寫作學習過程不再只是一連串的背誦和解題，而是可以真正運用文字表達想法和把自身的創意帶進所寫的文章裡。

　　陳龍安（2006）提到創造思考教學是為培養學生創造思考能力的教學，教師於教學時，以學生為主體，提供支持性的環境，配合創造思考策略，激發學習的興趣，令學生有表達己見、容多納異、相互激盪想法的機會，以啟發創造思考。這樣的創造思考教學與先前提到的環境法有雷同之處，都是需要教師與學生雙方有互動、激起討論的火花，引導學生能有靈感來完成作文。另外，也讓學生能主動表達自身的想法，並學會接納他人的意見。如此一來，這樣的

思維下完成的作品才會有生命力和更寬廣的視野，因為作品裡充滿作者自身的想法和將別人的想法也納入其中，增加作品的廣度，也讓讀者能看到更富有內涵的作品。

然而，國內的寫作教學風氣被帶動的原因，居然是恢復大考加考作文這項教育政策，因為專家學者認為國內學生的語文能力低落程度令人擔憂，所以加考作文讓學生再次重視作文的重要性。這樣不免會讓人有頭痛醫頭、腳痛醫腳的感覺。語文能力低落只呈現在寫作能力不佳這部分嗎？加考作文就能挽回語文能力低落這個頹勢嗎？這樣只會讓範本式寫作教學重出江湖，而學校的因應方法就是收集作文考題出現頻率較高的題目，再讓學生進行密集式的作文訓練，以便於能在升學考試中，作文分數不至於拖垮其他科目的分數。這樣的政策又反映出臺灣教育的特色，就是原本制訂政策時的美意，到最後都會因考試領導教學而扭曲其原意。爾後許多專家學者就會開會檢討政策的實施成效不佳，與當時預期的績效有差距，將問題的原罪推到教師身上是不公平的。因為這是整個教育環境的不健全而導致這種畸形的學習現象，教師本身背負的責任就已經夠沉重，還得隨時因應教育單位的朝令夕改般的教育政策，這只會讓教師疲於奔命於教學中，而學生的肩上的壓力卻是更加沉重。這樣還要談創意寫作教學嗎？再好的創意倘若無法得到評分老師的青睞，似乎是無意義的。賴聲川提到了兩個社會現象，其中一個就是僵化的創意。他表示在快速變化的消費社會中，個人對制式概念的認同無形中扼殺了創意。盲目追求社會既定價值的生活方式是現代人最深的悲哀，也是創意最大的先天殺手。即使沒有人這麼規定，我們總是把視線放在別人制訂的界限之內。沒有人教我們如何擴大界限，甚至毀滅界限；沒有人教我們，或許世界是沒有界限的。其實我們潛藏的創意因子是很豐富的，只是不知曾幾何時，就像那泳

池邊學急救而不懂游泳的人一樣，我們已經不知道如何創造創意產品本身了。（引自林璧玉，2009：75-76）

　　由以上的言論可以發現，創意也得屈服在眾人所認同的主流價值中，無法創造出特色來，因為缺少肯定和認同的力量，如何將創意融入所有學科中是臺灣教育中值得探討的問題。當所有專家學者和教育單位大聲疾呼，希望可以培養學生有創意的思維甚至有創作的能力，發揮至各學科當中，這樣的理念就像是選舉時候選人所呼喊的口號，過了時間就沒有再出現，喊過就算是有做到的意思。所謂的創意應該是隨時隨地都可以看到的，不只是侷限在語文科所有學習過程裡。而如今會造成學生語文能力不佳和寫作缺乏創意，還有教師的教學也呈現疲態和僵化的狀態，是整個教育單位還是以制式化標準來要求學生的語文能力表現，最根本的問題還是看重的是學生能力的展現，而非過程中的習得，缺乏對學生能力的包容度和彈性，只注重學生目前的能力發展程度，卻忽略在長遠的未來，學生的潛力是否有得以被發現的開發的機會。這都凸顯出創意教學只是紙上談兵，未曾真正進入教學的核心。

　　林璧玉（2009）提到目前寫作教學研究和場域的現況，以五大向度來進行分析。我採用第四點來說明為何看不到寫作創意的提升：學生心智年齡及態度。因材施教這是很重要的；而在教材的選擇上也必須配合學生的心智年齡，給予適當的教材及作業。這點在學校場域中，教師有可能因為學生人數及教學時間的限制，而顯得心有餘而力不足；但在教材的選擇上，除了配合學生的心智年齡之外，尚須配合課程綱要，與作文班、補教場域相比之下，比較無法作有系統的安排，學生的程度也有可能較其他場域更參差不齊。這時學校場域教師就必須在這樣的限制下，決定最適合學生的學習的教材及最有效的教學策略。以目前寫作教學所進行的場域而言，大

多是在學校、作文班或補教才藝安親班裡，以學校的學生人數和時間限制下，通常無法針對每個學生的個別學習差異來進行個別教學，所以教師通常使用講述法講解如何寫作之後，就是學生的功課；而在其他教學場域，像是作文班以小班教學，較可以照顧到每個學生的需求，也可針對個人學習的問題來解決，而且增加作文的練習次數，寫出來的作品自然進步得快。我認為場域也是可以培養創意的方法，除了教室布置的張貼文章，提供閱讀的機會，可以利用換句話說或字句接龍的方式，讓學生隨時處於練習的階段，並不浪費每一分一秒，畢竟已經身處補教業的作文班，已是接受額外付費的教學，更應該把握時間多加練習，這也是在學校場域較無法兼顧到的部分。

劉佳玟（2007）的「創造思考作文教學」，指的是依據創造思考理論、訓練技術與教學策略，設計符合學生程度且活潑、多元的寫作教學方案。期望透過此一創造思考作文教學，啟發學生對作文的興趣、增進作文能力。根據五年級兩班的研究的結果作出分析和討論，提出研究的結論：

(一) 創造思考作文教學法對學生的寫作動機並無明顯的效果。

(二) 創造思考作文教學法對學生的寫作表現有立即且持續性的效果。

(三) 大多數的學生能理解且喜愛創造思考作文教學。

創造思考作文教學法的寫作教學方案得到八成以上學生的喜愛，並同時認為透過創造思考作文教學法有助於作文能力的進步；大部分的學生都能理解所教學的創造思考寫作策略，但卻也有不少學生對這些策略感到困難或不知何時可應用。而大多數的學生希望以後的作文課都能用這樣的方式進行。

　　雖然創造思考教學法在引起學生的寫作動機的成效不明顯，不過這應該就是寫作創意教學的推動有其必要性。通常學生聽到要寫作文，反應都是不喜歡，像是必需要完成一項課業，造成學習上的壓力，這樣的情況是教師不樂見的，也是學生不想面對的狀態。提升學生寫作能力倘若可以往創意思考方面發展，更加引起學生學習的動機，對於爾後寫作教學的創意才有得以進行的機會。為了要減少學生寫作文的壓力，提升寫作教學的創意教學法是有其必要性的。

　　鄭麗玉（2000）指出傳統的寫作教學和閱讀教學一樣只注重結果或成品（product）。教師通常在提供作文題目後，稍為解說題意或提示段落，就讓學生自行寫作，然後重點放在批改學生的作文成品。如此只是結果的評估和驗收，也不能算是教學生如何寫作。所以現今寫作教學出現的問題也就是一直以來所存在的問題，寫作教學法無法精進至更新的不同的教學法，還是延續先前所教授的方式，反覆地使用，更不用說會注意學生的個別差異或不以考試為主要教學導向的教學方式來進行教學。寫作教學法可以是說一種相當深奧的教學方法，身為教師不只要有專業可以教學和批改作業，還要能視情況變化自己的教學，才能徹底改善現今學生語文能力和學習興趣低落的現況。

第八章　語文教育相關缺失的改善途徑及其推廣應用

第一節　語文教育政策與制度訂定的重新「活化」導向

在第四章已經談到現今語文教育政策制訂僵化後所造成的影響，此節將針對第四章的語文教育政策的問題提出讓它「活化」的改善方法。以第一節增加鄉土語文與外來語文的教學時數問題，倘若能將三種語文課都能調整為同樣比例的課程時數，是為最佳的學習時數，同時教師的教學也可以發揮功用；就可以減少因時數不足導致學生的學習的權利受到影響，因為每個學生的學習狀況是不同的，教師倘若需要兼顧到每位學生的學習需求，勢必一定需要充足的教學時數才能夠將教學的功能彰顯出來。倘若教學時數真的無法達到同樣的比例時，也應將國語科的時數比例維持在最高比例，絕不能因為將外來語課的時數增加就減少學生學習本國語文的時數，語言是可以同時學習的；但絕對沒有哪一種語言特別重要，因此偏廢了本國語言的學習。廖曉青（2006）提到我們提倡兒童學習英語，絕不能以犧牲母語為代價來培養英語天才，學習英語的目的也包括促進母語的學習。中文是文化的根，雖然未來會走向全球化，但全球化卻也會促使我們更加致力於本國語文和文化的維護，因為那才是每個種族社會不可取代的獨特性。學習外語的最大幫助是協助我們能與世界接軌，打破語言的藩籬，擁有可以了解世界的溝通工具；學好外語幫助我們更了解到外面的世界，也可以學習到

不同於本身的文化和背景，主要是要拓展我們的視野，將臺灣的文化資產推廣至國外和提升臺灣在國際間的能見度。會造成英語學習熱潮有部分原因來自於家長的過度焦慮，總認為英語的學習不能輸在起跑點上，應該越早學習越好。游光銳（2003）認為英語是當前國際強勢的語言，政府將英語列為最重要的外語來學習，似乎無庸置疑；但是將英語的學習提早到小學階段，其中一個理由是認為學習外語必須於學習關鍵期來學習，而且越早越好。這方面效果如何，並沒有強而有力的理論依據，證明小學階段學習外語的確成效良好。然而，增加外語的教學時數和提早學習的階段似乎無法降低家長的焦慮，反而增加學生課後補習外語的時數。Fathman（1975）認為學外語並沒有絕對的關鍵期，既然語言學習的成效如何並非是否因為錯過關鍵期的學習，就會降低學習成效，過度增加英語課的教學時數並不一定會達到預期的效果；反而很有可能因為這樣的時數調整，直接影響到本國語文的時數，因此這兩種語言的學習時數都固定比例，不應有輕中文而重英文的想法存在。

　　以鄉土語的學習來說，增加教學時數的問題依舊存在，尤其是這種近似母語的語文，它的存在會被忽略、它的學習價值也會被看輕和它的教學也容易受質疑。在語文教育有關鄉土語的政策方面，朱紹菱（2007）指出臺灣因為不同目的或利益的意識型態、語言政策及語言教育的錯誤，使得臺灣多語共存的榮景逐漸消失衰退，臺灣的新生代沒有意願使用自己的語言。現行鄉土語言（母語）教育並沒有達到預期的效果，學校推動鄉土語言（母語）教學雖然象徵著政治的民主化、語言政策開放，但語言學習應該要有其環境。鄉土語的學習成效不佳，也是一直為人所詬病的語文教育政策的缺失，對於一種沒有特定文字的語言，要讓正在接受基礎教育的學生學習本來就是一件困難的事，即使有教師在旁協助，有課本可以使

用，但鄉土語對於新生代學子來說，還是一種陌生的語言，要如何把它學好，應該不只是時數、師資和教材這些在學校就可以發現的顯性問題，在家的學習更是重要。倘若學生接觸鄉土語的時間就只有在學那短短的四十分鐘，而回家後卻都使用國語和家人溝通和進行交談，這樣在學校學到任何鄉土語的課程內容，回家都沒有練習的機會，如此一來，鄉土語的學習只成為一種課程，無法深入學生的生活核心，它的學習價值會被弱化，在學校的學習比重也會被輕忽。因此，增加鄉土語的時數似乎只是為了呼應九年一貫多元化學習的理念，把能學的語言都放進去，使得語文科課程成了一種大鍋炒的課程型態，我們卻還要在這種大鍋炒的課程中炒出特色來，著實為難了語文科教師，也影響了學生的學習心態，因為教師所重視的才會被學生所重視。增加語文學習種類還是增加時數都是教育單位需要正視的問題，或者將課程時數作調整並依學生學習狀態來進行彈性調整，這樣才有可能解決增加時數的問題，否則爾後要增加時數的課程就是語文補救教學的時數。

　　第二節接受的文化刺激不足問題，則是顯示出國內語文學習還是呈現表面的狀態，整體的學習目標都是以學會語言，學會如何應用語言，大多是以工具性取向的學習目標在進行教學，不只是教師是以這樣的教學目標在進行教學，學生也是照單全收將教師所教的語言技巧學好，好應付接受評量。倘若語文的學習就只是學會怎麼用，而對每種語文背後所蘊藏的文化和語言形成的過程沒有充分了解，那語文的學習成效也只是停留在運用階段，懂得用卻不懂得用來了解文化這樣的語文能力，很容易就會失去學習的樂趣和向上提升語文能力的想法。戴維揚（1999）認為實施國小英語教學的理由可以提升國民競爭力、增進本國學生對於外國文化的認識、可以培養英語文基本能力。在英語這樣強勢的語言加入國小語文科的教學

裡，已經造成本國語文學習的存在價值受到影響。周慶華（2001）指出創造觀式的文化中的相關知識的建構，都根源於建構者相信宇宙萬物受造於某一主宰（造物主）；如一神教教義的構設和古希臘時代的形上學的推演以及近幾世紀西方擅長的科學研究等等，都是同一範疇。氣化觀式的文化中的相關知識的建構，都根源於建構者相信宇宙萬物為自然氣化而成；如中國傳統儒道義理的構設和演化（儒家／儒教著重在集體秩序的經營，道家／道教著重在個體生命的安頓，彼此略有進路的差別。西方有「創造觀」（上帝創造宇宙萬物觀）；而在東方則有中國傳統的「氣化觀」（自然氣化宇宙萬物觀）和印度由佛教所開啟的「緣起觀」（因緣和合宇宙萬物觀）。不論語文科課程英語課程受到重視的程度為何，都應回歸到中國傳統氣化觀型的文化型態中。現今語文教育英語課程的教學部分，對於外國文化的敘述部分太少（因為大部分為本國人撰寫，缺乏對外國文化的考究），大多是語句的訓練和字彙的背誦，而選文部分也缺少對外國文化的介紹，倒是中國的重要節慶都被以英文書寫成小故事，可供學生學習；但卻都只呈現介紹節日，而對外國的風俗民情較缺乏介紹和解說的部分。像這個部分，就可和社會科一起進行統整課程，以介紹地圖和風俗民情與英語課作結合，幫助學生能更了解外國的生活、也順便學到更實用的英文。

鄉土語教學理應接受在地文化部分會較高，但顯然鄉土語的教學並未完全將臺灣文化真正融入學生的生活中。近幾年因為政治的因素，本土文化受到一定程度的重視，但是對於真正提升學生對於臺灣文化的認識卻還有一段距離，也就是臺灣的鄉土語教學只停留在語文的教學上。劉祐彰（2001）認為鄉土語言的重要性如下：（一）保存豐富的學術文化資源：如客家語、閩南語裡頭保留了許多的古音、古調及雅言、俗諺；（二）溝通成員感情，增進倫理親情：在

多元語言的時代，同一家族的成員彼此能用鄉土語言交談，更能增進親切感，拉近彼此的距離；（三）促使社會更活潑多元化：學生尊重包容不同族群語言，讓在臺灣的多元文化能相互融合，激盪孕育出新臺灣人的文化。所以真正能將鄉土語成為生活的一部分，需要學校環境、教師和家長家庭環境的力量，真正將鄉土語教學落實於生活中，是為達到所謂的鄉土語教學；否則鄉土語教學對學生而言會只是另一種外國語言的學習，因為陌生的程度相當於外來語。久而久之，鄉土語的流傳會產生停頓的現象；如何將它拓展為僅次於本國語的第二個母語，是我們要努力的方向。

國小基礎教育分為七大領域，課程包括語文、健康與體育、社會、藝術與人文、數學、自然與生活科技及綜合活動等課程，接受基礎教育的學生所接受的教育是相當多元的，就因為是基礎教育更凸顯出每個領域都很重要，學生的學習負擔也跟著加重，對於每天上課都有這麼多課程需要學習，光是應付考試和完成作業，就已經相當費時費力了，如何能將每個課程都學好？就連本國語的學習都看不到成效，這樣的學習領域的規畫是否有調整的必要？教育部（2000）有關我國國民中小學九年一貫課程的改革，是由中央政府主導的教育革新，強調學校本位課程發展。教育部透過官方政策，正式倡導學校本位課程發展，原則規定全年授課二百天、每學期上課二十週、每週授課五天，規範全國各校必須授課的最低「領域學習節數」；各校除此之外，每週尚有二至七節時間為「彈性學習節數」，留供班級、學校、地區進行適性發展的「彈性學習時間」，可執行教育行政機關委辦活動，及依學校特色所設計的課程。先前第一節已談過增加語文時數對學生學習造成的影響，應該要將教學的自主權還給各個學校，綱要的制定只須要列入參考即可，只要主要的課程精神沒有違背，學校本身應該有權決定該上哪些領域的課

程，教育單位需鬆綁各個學校的教學決定權，而非一綱綁死所有課程，連一點彈性都沒有。這樣缺乏彈性的課程綱要，以多科的方式顯現出所謂臺灣教育改革之後的特色，這樣的特色並沒有真正解決學生學習的壓力，而是用另外一個框架框住學生的學習領域，也侷限了教師教學的創意表現。課程多元化本身並沒有太大的問題，倘若只是單純上課，沒有添加考試的競爭因素，而是單純地讓學生盡情在各個領域學習，課程多元化可以豐富學生學習的內容、拓寬學習的範疇和提高學生學習的動機和興趣；然而，現今的課程多元問題已經造成學生學習的壓力，以學校的立場，也無能為力只能按照課綱來安排課程，至於教師的教學就是趕課，把考試重點教到最重要，整個教學呈現一種緊繃的狀態，這樣的學習效果的表現也只是表面成績的優劣，學生真的有學到東西嗎？還是繼續在紙上爭排名？這些隨著附加的問題，都是當初教育單位對課程多元化這項政策執行前，沒有預期會發生的現象。因此，開放學校的教學選擇權和給予教師的教學自主權，才能讓課程多元化政策所衍生出的問題得以解決。總之，就是給予學校、教師和學生多一點教學空間和學習彈性，才是能徹底根治問題。

　　語文的能力就是聽、說、讀、寫這四種基本能力，語文科教學最重要的目標就是要培養這四種能力。有關第四節應用層面不夠無法發揮學習效果的問題，我認為問題的根本還是在時數和教學上；時數不足造成學習不夠，學習不夠自然興趣難以培養，久而久之，就會淡化學習的熱情，爾後不管教師如何努力在教學，學生的回應永遠只有應付到底，應付教師、應付家長還有應付考試，先前談到的語文教育政策的改革似乎完全沒有發揮作用。解決這個問題除了教育政策的鬆綁外，更重要是要提升教師的專業知能和創意教學，主動將可以作語文練習的機會都當成學習的機會，日積月累下來，

學生四種能力能不強嗎？教師不應只依賴課本來教學，而是能建立屬於自己教學的方式，能以潛移默化地影響學生去主動學習，這樣才有可能克服因政策不全所造成學生的語文學習應用層面不夠的問題。這樣的解決方法，只有開放教師的教學自主權和教材的選擇權。邱玉玲（2000）談到教師需充實多方面知能，落實終身學習理念。學生需要學習，教師當然也要先當好榜樣，才能領導學生。而教師倘若能主動進修並提升語文教學的品質，自然會將學生的語文能力培養起來，也會利用所有時間增加練習的機會，這樣才能讓學生隨時都能主動學習語文，並懂得達到自學的目的。

第二節　語文科課程設計與統整的「主體性」強化

吳京、楊蕙菁（1999）談到實施統整課程目的應是要「減少學生上課時數，提升課程與教材的品質，讓學生在課餘有自行學習的空間。新課程的內涵應能充分尊重學生的個別差異、學校發展特色與地區資源不同等條件」。而現今的課程已經太多且語文科課程幾乎都需要和每個領域的課程作統整，但這不可能完全統整到所有課程。因此，如何強化語文科的主體性，才是進行統整前最需要的要務。

以主體性而言，可以從以下幾個面向來看：

(一) 以人為出發的主體性。

(二) 以所在環境的主體性。

(三) 以所隸屬文化的主體性。

語文科與其他學科的統整過程會出現問題的原因，就是語文科本身的主體性不夠強烈，而形成統整後輕語文、重學科的現象，語文的功能完全以工具性的取向存在；然而，當初統整的本意並非如

此，會造成這樣的現象，是因為所學的學科太多，語文科的統整看不出成效，也看不出對教學上的實質助益。以上第一個面向以人為出發的主體性，可以清楚發現統整的概念、進行的活動對人而言都缺乏主體性，人對自身的文化定位不清，所以進行統整後，完全失去其主體性。因此，首先需要先站穩腳步，對自身的文化先定位清楚；豐富自己，能站穩腳步後，再強化自身文化的地位和重要性。

以所在環境的主體性來說，對於自身所在的環境必需要認同，以語文科和社會學科進行統整為例，需先建立學生認同臺灣這個我們身處的環境，再加上語文的知識幫助學生能更快了解並能學到兩個領域的知識，達到減少學生學習的負擔。這樣才算是統整，而且不會因為統整過後只重視其他學科的部分。

以隸屬文化的主體性來說，東方有中國傳統的「氣化觀」（自然氣化宇宙萬物觀），即使語文科需和其他外來文化作統整，仍必須保持自身所隸屬的文化，不能輕易將自身文化遺忘，也不能因為接受外來文化之後，就減少對自身文化的學習。忽略傳統文化的延續是現今教育的一個問題；但更可惜的是，大家對自身的文化的支持度似乎不高，即使教育單位大力推動臺灣本土文化和鄉土語等相關課程的教學，但還是只看到學習並沒有將融入於生活中，形成一種生活方式。

周慶華（2008）指出語文跟其他各領域是隨機一體呈現而同時被注意和被理解的，我們很難在因應生活問題、知識問題、跟人互動問題和自我安身立命問題等等之外，再去學「純語文」而還能覺得受用。因此，所謂語文課程的統整，就是審美的、知識的和規範的經驗的統整，而不是像九年一貫課程綱要所說的將一些無關緊要的零碎的聽說讀寫知能合併的統整。以九年一貫課程綱要規定的語

文四種能力的統整，無疑是將統整課程的難度提高，還是以能力本位課程為主要學習取向。

　　鄉土語和外來語納入語文科課程裡，看似豐富了教學內容，能培養更多種語文的能力，但要學好一種語言就已經不是件簡單的事，更何況是面對如此陌生的語言種類？倘若所身處的環境也不是以這兩種語言作溝通的場域，增加這兩語言學習只是徒增學生的困擾，特別是對低年級的學生，本身母語就學得不夠，再加上這兩種語言多增加負擔。每位家長都希望自己的子女能具備雙語或多國語言的能力，所以無所不用其極想要讓學生提升自己的語言能力。但語言的學習還是要看個人的天分和經過學習階段之後的是否能跟上，在國小基礎階段就過分強求學習成效只會導致學生更早排斥鄉土語和外來語。倘若語言的學習只停留在學校上課時的學習，而無法應用至生活上，或者使用它來了解其文化和風俗民情，這樣的學習效果都是短期密集訓練出來的，並不是真正學到語言。想要統整語文科課程並不是依賴綱要就可以達成，綱要只是對教學目標和細則的參考，真正想以統整語文科減輕學生的壓力，還是得視學生個別學習差異來進行教材的調整和選擇，這樣才有可能將語文能力提升，也才可以凸顯出統整課程的成功之處。

　　九年一貫本身最大的盲點就是以能力指標為學習導向的制訂細則，打著培養帶得走的能力，但課程教學目標的能力細則卻過分要求「能」力的培養。顏慶祥（2000）談到九年一貫課程是以學生為主體，知識、技能和態度貫徹其學習內容；改革方向的「一貫性」強調知識發展的重要，教師在教學時應重視啟發及誘導。既是以引導教學為主要教學方法，那就不應該有太多聽說讀寫能力的要求。對於基本的語文能力可以提出適度的意見，但不應將所有想得到的能力都附上，而接受這樣標準竟是正在接受基礎國民教育階段的學

生，這已經有違綱要的制訂意義了。所謂的綱要，只需將課程的大方向帶出即可，制訂細則則該由身處教學現場的教師們來制訂。一套標準要衡量所有人，這對許多學生的學習已經造成影響，倘若一直無法達到這樣的標準，是否就代表語文科的學習效果是不佳，爾後學生自然就會對學習語文失去信心，也更沒有興趣再學更多不一樣的作品。這絕對不是當初制訂綱要時的用意，所以調整綱要的能力指標有其必要性。

針對學校如何因應九年一貫課程，邱玉玲（2000）有以下幾點建議：

(一) 溝通觀念，整合共識。

(二) 成立「學校課程發展委員會」。

(三) 成立「各學科領域教學研究會」。

(四) 促進教師同儕合作，發揮整體教育功效。

(五) 健全師資培育機構的師資，以培養育未來優秀的國教師資。

(六) 教師需充實多方面知能，落實終身學習理念。

(七) 教師要有反省能力。

以上是針對學校裡的因應政策所給的建議，其中幾點表示出教師在九年一貫執行後，需扮演著很重要的引導角色，不但要多方面充實，還必須時時檢視自己的教學是否可以幫助學生。這是屬於教師自身需要調整的部分，但最重要需要改革的還是屬於課程綱要本身。我個人認為以下幾點可以徹底調整：

(一) 將能力指標的制訂權交給教師自行制訂。

(二) 真正作到教師擁有教材自主權。

(三) 改變評量方式，以實作代替紙筆。

(四) 淺化分段能力指標與十大基本能力的關係。

　　教師自行制訂的能力指標可以視學生的個別差異予以調整，而不是由不了解學生的學習狀態的人來制訂的。這樣的標準失去測驗的公信力，其結果也失真。將教材徹底賦予教師權力，甚至教師可自行出版教材來當補充教材，並且要求由設計教材者務必親自使用於教學，並檢討再改進，再將其作品出版，達到資源共享的目的。教育單位可聘請專家學者進行評估和審核，可是務必給教師最大的教材自主權和教學彈性。改變評量的方式這個部分，雖然課程綱要已經表示教師可使用多元評量來進行評分，但這個部分需要徹底進行，才能杜絕再以考試領導教學的種種聲音出現。改變評量方式可以減緩師生間的緊張關係，也可以將學生的學習興趣更有效率的評斷出來。至於淺化分段能力指標與十大基本能力的關係的部分，不需要鉅細靡遺規畫出哪種基本能力和能力指標的關係，對於學習階段該具備的能力應給予更多的彈性和更高的包容性，不需要一定要求哪個階段就要擁有哪種能力。學習狀態本來每位學生都是不同的，不應訂定一套標準去規範所有人；倘若真的有學生辦不到，教師還是會視情況而作調整，甚至就不參考這項指標。這樣一來，課程綱要在制定這個部分的動作就成了多此一舉。

第三節　語文科教材編審的「創意」性開放

　　在第六章第二節談到的非制式教材和另類教材沒有被選用的機會，國小的選文缺乏文學經典性和敘述性的作品，大多看到的是改寫後的名人傳記，一般作品一旦經過改寫其中的內容真實度就會失真，這對讀者並非真的受用。我認為既然學校有意要讓學生閱讀名人傳記，就應避免改寫成短篇的出版品為教材，可以在學期初就列一本經典名著為學生的主要補充教材，讓學生一個學期只閱讀那

一本就可以，這樣的份量已經比現今所發行的補充版本來得更多。教材應該完全將選擇全交給教師，學校單位不需要介入，只需授權給教師就可以。雖說教材已經完全交給教師來作選擇，但離真正的開放教材自主權還有一段差距。既然是教育改革就應該要改革徹底才是，不應還有人事介入的問題發生。為避免這樣的情況再次發生，就應該完全將這項任務交給教師來處理。

　　非制式教材還有包括基進性的另類教材，尤其選擇超越既有寫作規範所呈現出的作品，更可以看出何謂好作品和值得一再咀嚼的佳作，這樣的選用標準在教材市場還是屬於罕見的方式。但不能因為不屬於大眾所認同的主流價值的作品就沒有被選用的機會；相反地，這些作品可以代替一般寫作規範的出版品，不但可以帶給學生新鮮的感覺，教師也可以順便機會教育給學生寫作有不同的型式。這對學生往後的寫作也會有幫助，因為經歷過這些非制式教材和另類教材，寫作的方式變廣了，看的東西也多了，了解的事情也可以用更不同的角度來看待，這些都是閱讀一些與既有規範的作品不同的作品可以獲得的不一樣的感受。

　　比較適合學生閱讀的作品，像是童詩是一種較容易得到學生的喜愛的作品，篇幅不長，卻相當有趣：

　　公雞　林良
　　公雞不管別人睏不睏，
　　只要自己醒了，
　　就不許大家再睡。
　　（林煥彰編，1980：37）

　　遊戲　詹冰
　　「小弟弟，我們來遊戲。

　　姊姊當老師，你當學生。」

　　「姊姊，那麼，小妹妹呢？」

　　「小妹妹太小了，她什麼也不會作。

　　我看讓她當校長算了。」

　　（林煥彰編，1980：82）

　　以上兩首童詩難度都不會太高，相當適合學生學習，在進行另類語文教材的教學時，教師可以試著營造學習的情境，讓學生能早點進入學習的狀況，這點也是呼應第六章第一節的制式教材的僵化現象。如果無法在第一時間更改教材，教師只好憑著自身的專業知識和情境教學把制式教材所呈現出不足的地方補齊，並試著引導學生能學習更快。Hofer（2001）提到在教室的學習情境中，教師的知識信念會影響課堂目標與教學實踐，進一步影響學生的知識信念與學生的學習結果，也就是教師的知識信念和教學行為的成效有關。不論教師所使用的教材是制式或者也有採用另類和非制式教材，都可以取二者來搭配使用，以制式教材為主教材，而另類和非制式教材可以當成輔助教材，以提升學生的閱讀能力。

　　第六章第三節開放審定本的自由度不夠，這節主要是探討教科書審定的過程只開放給登記的出版商有資格可以出版並獲得選用的機會，而先前在第六章第三節談過現今教科書的編撰大多由出版商重金禮聘的專家，這些專家本身的語文的專業是相當優秀的，可是真正要編撰適合學生使用的教科書不只是需要語文的專業，還有教育相關知識，其實最佳的團隊應該是請師範院校的專家學者一起加入編輯的團隊。這是國內教科書最欠缺的部分，也是最被教師批評的部分，認為編撰團隊教學專業不足，無法兼顧到教師教學時的需求。倘若今天可以開放審定本的審核制度，教師也有出版教材的

機會，不受限於有無出版登記證等問題，教師的教材也有送審的機會，提供多一種選擇給現職教師使用，並發揮檢討的功能，把優缺點列出，再經過修改後出版，會得到較多的迴響。

但是很可惜的是，現今的教師還是無法以個人名義自行送審教材，要送審教材都是需以出版商為單位，才得以送審和爾後有被選用的機會。如果可以放寬送審制度，提供教師能真正達到自製教材的自主權，也是為了教師對其他版本教科書使用感到不滿意；倘若教師可以依照學生的程度，編輯適合學生學習的教材，這樣一來，教師的教學一定可以更得心應手。

教科書的存在對教師來說是相當重要的，Elliott（1991）看過了有關美國教師使用教科書的研究文獻指出：教師不致於照著教學指引一字不漏地照唸，但也不會把教科書當作聖經，可是教師對教科書的依賴程度相當深，已經是如影隨形的地步。因此教科書的選用就成了相當關鍵的課題。陳怡芬（2004）將教科書的選用因素歸納整理為校內因素和校外因素：（一）校外的影響因素：包含社會環境、制度法規、教科書市場競爭問題；（二）校內的影響因素：包含選用人員特質、社會經驗與選用知能、學生狀況、學校規模、選用時間、家長意見。

放寬審定標準的議題是教育單位不容忽視的，既然九年一貫課程綱要的特色就是推動多元文化教育，開放教科書的種類也算現代新的教育思潮。臺灣的教育單位是不該繼續墨守成規地只准許出版商有送審的資格，應該有「創意」的將這個窄門開放，這樣才可以真正看到適合教學的教科書，也是提供市場的另外一種選擇，和增加競爭力。我認為增加審定制度的自由度是必要的，但必須要有以下幾點限制：

(一) 教師自行出版教材有得以送審的機會，其教材需經過專家
　　學者鑑定通過。
(二) 專家學者團隊的選擇必須由各界人士加入，以示公平。
(三) 師範學院得以出版相關研究的教材，但也必須通過鑑定。
　　教材需要經過審核是必要的，畢竟送審通過的出版品都有可能
成為學生手中的教材，它的重要性不可輕忽。張淵菘（2005）認為
在教學現場中，教科書一直是學生學習的主要資源，不只是傳遞了
文化的精髓、社會的價值，對個人的知識發展和國家文化水準的提
升，更是扮演不可忽視的角色。提供給教學者一個機會，是希望能
藉由他們的專業真正幫助到有需求的學生；此外，要求專家學者的
鑑定是希望讓整個送審過程更具有公信力，更能說服學校單位並且
接納教師的作品。而要求推派各界人士能加入審核的行列，希望以
不同的角度真正為學生做到把關的動作。還有身為培育國家優良師
資的搖籃（師範院校）也能貢獻自己的所學，不要只將研究能力用
在學術上，也可以對教育產業有所貢獻。
　　第六章第四節一綱多本嚴重影響教學，一綱多本的問題就是隨
著教科書開放而導致衍生出來的問題，這樣的問題源自於九年一貫
的課程綱要制定上，可以改善這樣的情況就是學校單位不需要跟著
一綱多本這樣的問題起舞，只要遵照綱要選出適用的教科書，而額
外補充其他的教材還是以教師所準備的教材為主，不需要讓其他出
版商再剝一層皮、再賺一次。以綱要為選用準則，學校本身的選擇
是掌握在學校手上，不需要比較哪家版本出題率高，只需要相信選
擇的出版商和教師的教學，不讓考試領導教學，也不要領導學校的
方向，更不需要為了迎合家長的要求就輕易下決定。學校需要對教
師的教學有信心，也不必過度擔心實作的練習不夠就會影響升學
率；學校教學的重點應放在把學生的基礎打好，而不是作過多密集

式的訓練。教科書種類多已經是存在的事實，教育單位這時再禁止也是於事無補。所以教育單位需認清事實，造成一綱多本問題的不是開放多家教科書商這項政策，而是那長久已經存在的考試機制，應該要進行改革的是考試制度，和念哪種版本會得高分是不相關的。教育單位應該做到考試制度的公平性，才能避免造成另外一種統編本再次重出江湖。張淵菘（2005）在一元化的教育政策下，不僅窄化了教師在教學現場的專業素養，無法作更進一步有效的提升，更限制了學生學習活動的多樣性及活潑性，影響學生多元能力的培養。一元化教育政策指的就是先前使用統編本時期，所以真正減少學生的壓力和根除一綱多本的問題還是出在考試制度上，如何設計出測得出能力而非練習功力的評量工具，有賴教育單位的努力。

第四節　語文科教學法的「後設翻新」取徑

　　語文科教學法的「後設翻新」，意指教學使用的方法要從後設的角度檢討其功效，試為翻新，以達最佳的教學效果。此節是針對第七章的語文科教學法的更新難題所提出對教學法的建議，以語文科教學範圍來說，包括了閱讀及聆聽與說話教學、注音符號與識字及寫字和寫作教學等項目，每個科目對接受基礎教育的學生來說，每項都很重要，所以教學法扮演的角色更是重要。然而，現今的語文教學方法卻相當少見，大多的教學方法都是以安排教學活動為主，鮮少真的去討論要教什麼、要怎麼教、要教給大家什麼；教學者應該要有這樣的認知才有可能真正使語文科的教學有內容，而不是看到教學指引提示哪一個部分要用講述或討論法，就直接採用那樣的方式，整個教學過程下來就是整個教學流程的安排，教師只要

懂得如何演繹出來，把課文內容教給學生就可以。這樣的教學越教越只是把課文內容表面化地傳授給學生知識，可是學生缺乏主動學習和思考的能力，因為大部分的學生都等著聽教師講，聽教師如何教，也就是所有的教學活動都是教師如何教，作業要如何完成，卻沒有人質疑教師要教什麼，只是教課本的內容嗎？還是作業的部分？又或者是在為考試而進行教學？

　　所謂教學一定是有依照的課程內容進度在進行的，可是一般看到教師在教授語文課時，還是以講述的方式來進行教學居多；除了用此法之外，應給予學生多一點討論和發言的學習機會，不應只是教師一直講，學生只負責聽。既然是語文科就要開口說話，也要動手寫字甚至寫文章，九年一貫的課程綱要不是一再強調聽說讀寫能力培養的重要性，倘若依照課程綱要的制定細則，教師在進行語文科教學時，所使用的教學方式是否要有所調整；就不只是將教學重點放在教學活動安排上，而是要獲取語文教學經驗的方法來規畫教學流程，以知識、規範和審美的三種面向去審視課程內容，先釐清到底要教學生什麼、為什麼要教學生這些內容；除了課本上的課文內容，還可以將哪些內容一併教授給學生。所以教師在準備課程時，應該用多元角度去思考的課程內容，先理出頭緒（就是確定要教哪些內容、哪些部分可以補充和複習先前上過的部分）。這不是說以現今常用的教學法進行教學不可行，而是說應該在教學的部分加入不同的方法，讓學生能更快進入課程內容，以達成教學目標。以現象學方法為例，就是以事情所呈現的表象，以課本的內容所呈現出的現象（意向性）加以討論，讓學生可以更了解課程內容也可以培養觀察事物的能力。

　　此外，以心理學方法來進行語文科的教學也是常用的教學法，教師可以利用讓學生閱讀像《哈利波特》或偵探小說類的讀物時，

主動和學生討論故事人物的個性和遇到事情的解決態度，可以探討當時角色的心理狀態為何，多與學生用這樣的方式互動，教學就不會顯得無趣和制式，還可以引起學生主動閱讀的興趣，也算是達到了教學目標。還有社會學方法也是相當適用的，社會學方法可以運用的範圍相當廣泛，幾乎所有學科都可以用得上。以語文科教學來說，教師在上課時可以運用社會學方法來討論課文所呈現的時代和社會背景，可以向學生解說因社會背景的不同和時代的轉變，很多事物呈現和表達的方式會不一樣；以社會學方法運用至語文科教學上，可以拓展學生閱讀的視野，對於看待人事物也會有不同的觀點和角度，這也是九年一貫所強調的多元文化教育和培養包容力。

此節討論的是語文教學方法的後設翻新，除了談到現今的教學法只停留在教學活動的安排，卻沒有將要安排活動的內容徹底了解。教師的角色就像是演員把課程內容演繹完畢就可以下臺，教學內容已經不是只有教科書，還需要教師將自身的所有涵養帶入教學裡，帶領學生學習到課程內容以外的東西。除了對課程內容的了解，教師需要做的就是引導學生自學，所以先前所談到的社會學、心理學和現象學方法都是很實用的。不管用在哪種課程內容或者哪個學習階段，方法論的功用是存在的，就端賴教師各展長才能否將方法帶進教學裡，並帶給學生課本上沒教的事，才是將教學法的層次再往上提升，也是教師個人專業發展的追求。希望這節能帶給教學者一個新的思考方向：教學不只是教而已，教師本身也要學，就是要先弄清楚要教給學生什麼，這也是教師的功課。

第五節　新思維在國小語文基礎的奠定與市場推廣

以上四節為特別針對國小語文基礎現階段的問題，提出討論和建議的改善途徑，希望把國小語文基礎教育現今遇到的問題，不論是制度面、課程統整、九年一貫的政策問題、一綱多本和教材的問題和教學方法論等等問題對國小基礎語文教育的影響，提出新的看法和想法，能夠重新訂定的國小語文基礎教育，有別於現今語文教育制度所培養的學生。

經過放寬的送審制度後的審定本，希望能提高其在市場上的能見度，也能被廣泛使用各個教學場域，在此不特別限定於學校。由於近年來考試增加考作文這個項目，也讓臺灣這個重理工科系勝於人文科系的國家教育市場起了變化；長久以來，文史哲的科目在大學裡的地位幾乎被邊緣化，學生忽略的程度有增無減，特別是以通識科目裡文史哲課程最不受關注，學生學習意願也低落。這樣的一個大考加考作文，到底能為國內的語文能力提升多少，現在還看不出來；不過，學生肯主動學習總是好事，不管是以何種目的學習都應該給予鼓勵，當然也包括接受補習教育。卿美玉（2005）提到目前大致可將坊間作文班分為以下幾種類型：（一）媒體、教育機構所成立的作文班；（二）作文、文字工作者所成立的作文班；（三）才藝、安親兼而有之的作文班；（四）連鎖式的加盟作文班。

以上所設立的補教單位，倘若能將以上四節所談論語文基礎的新思維參考為授課方向，未來必定可以看到不同的語文學習成效。一般補教業所追求的教學目標就是學習成效，不可否認這是最重要的要點，但除了提升作文分數和教學生會寫作文，是否在語文科的學習上能給予不同的學習觀點和態度，讓學生能真正培養自學的能力和九年一貫的特色，就是帶得走的能力，讓學生不只會寫作文，

在日常生活中也可以用語文為生活的一切作畫，用語文描繪出生活，更貼近生活中所發生的事物給的感受。這樣學生的學習就不會呈現僵化的現象，也會變得更主動學習和積極發言，因為深受生活周遭事物所感動，更容易用文字來表達情緒。如此一來，語文學習的場域能培養學生觀察的能力，也就不用特別侷限於在學校才能學到。雖然近年來作文教學受到各方的關注，也促進了補教產業的市場，但教學上還是不免會讓大家質疑和擔心。以卿美玉（2005）所提到的新式教學的隱憂，所指的是因應速食文化，並與聲光傳媒作競爭的作文教學，在方法上也從傳統式的口說解釋外，加入了遊戲、活動等教學法，可說是花招百出。傳統作文教學法大致可分為：（一）「看圖作文」：根據所提供的圖片進行作文；（二）「半命題作文」：按照規定的範圍自行確定題目；（三）「情境作文」：依照具體的事件、場景或問題，寫出適合某種特殊情境條件下的文章。作文教學的推廣勢必會經過新舊教學法進行中產生衝突的過程，如何化解這樣的問題，可以循制式教材、非制式教材和另類教材的選擇方法；新式教學法可以提升學生學習的興趣並豐富上課的內容。

　　本章的前四節都是在討論語文教育的缺失以及針對其缺失改進的建議。第一節就是呼應第四章的語文教育制度太過僵化缺乏彈性的問題，提出適度鬆綁教育政策。就增加鄉土語文與外來語文的教學時數問題來說，倘若真要調整本國語文科的時數應當要有解決方法，否則也應該要有比例上的安排，本國語文的比例應當加重。政策的規定應該是要有其彈性，並且視情況可以進行調整。現今學生的語文能力低落已經是事實，調整時數也許不見得馬上看得到效果，但倘若還是以現在的上課時數和必須同時學三種語言的情況，語文的學習對學生來說，會是更辛苦的挑戰。課程多元和應用層面

不廣的問題都是階段性可能出現的問題，因此這節所強調的政策和制度的活化導向，就是指教育單位應當鬆綁語文教育政策，將決定權交給學校，讓教師能決定要訂定標準才是符合學生的程度。所以賦予語文教育制度和政策彈性，能訂出最適合學生學習程度的標準，才是上策。至於語文種類的學習，也應視各個學校學生學習狀況來決定。第二節語文科課程設計與統整的「主體性」強化，強調則是語文科課程本身的主體性，不應因外來語的加入或配合九年一貫課程的能力統整而失去自主權。並且針對九年一貫所強調的能力指標部分建議只參考不強迫學生一定要作。這樣的想法不只應用在語文科的課程綱要，甚至可以推論至各個學科。基本能力的培養是必需的，但以能力為主要學習目標的學習方向是有值得考慮的地方是否該用這樣的標準去衡量學生。

　　第三節語文科教材編審的「創意」性開放，提升創意的學習是現今學習的潮流，在所有學科都打著創意教學時，我們是否應該先弄懂何謂創意，是否就只是做出與眾不同的事物就可歸類為有創意的一群？應該可以將創意的範圍定得廣一點，並以欣賞的眼光看待學生的表現，因為他們是最有可能即時發揮創意的一群。我認為語文科的創意教學可以發揮的空間是相當廣泛的，聽說讀寫四種能力的養成就可以激盪出許多創意的教學方法來。因此，這節除了談到先前章節的教科書政策問題外，也提出制式教材和非制式教材的搭配應用，另外還可以再加上另類的語文教材來增添學習的趣味性，相信對教師的教學和學生的學習都是有幫助的。此節強調的創意性開放，除了承接先前相關章節談的制度的鬆綁，更應該關心的是學生的學習教材和教師的選用標準是否也能跟得上創意的腳步。

　　第四節語文科教學法的「後設翻新」取徑，談到現今的語文科教學方法，大多是以教學活動安排為主的教學，鮮少真正針對課程

的主題使用適合的教學法。譬如今天上到人物角色的特性，應該採用心理學方法來探討角色的個性，不應還是用講述法講過、帶唸過和閱讀過，這樣就算是完成教學；應該要考慮要教什麼，要討論什麼，還有要教給學生什麼這幾點去設計教學。以探討現今教學法上的問題，提出其他可以應用的方法來幫助教學，豐富教學的內容。

　　以上四節都是針對先前所談過的章節所提出的問題，提供自身的建議，希望能整體提升語文教育的教學和學習品質，也能讓這樣的新式思維能深植人心，對語文教育的看法能改觀，不再認為是一門只要懂中文就可以學和教的學科。任何一種語文的學習和能力建立都不是件容易的事，期盼新思維能帶來新的方向，提供教育單位參考，也讓大家可以藉由這樣的新的想法再次思考語文教育的價值，應該為我們下一代著想，塑造一個更健全制度的語文學習環境。

　　教育改革的最終目的都是希望能提升更好的教學品質給學生，對於臺灣目前的教育環境，基本上是相當完整的；但在完整的體系下學習，還是會遇到因政策、因環境和教學法上改變所造成的問題。這時對於各科的了解就是教育單位需要更加注意的地方，希望藉由已談過的語文科的新思維和想法可以提供給其他學科作參考。首要解到底學生的需求和現今的教育狀況能給予學生學習到什麼，這是非常重要而需要我們深思熟慮的教育重大議題；此時希望討論語文科的論述也能推廣至其他學科。

第九章　結論

第一節　要點的回顧

　　我身為半路進入國小語文教育這塊領域的新人，對於現今語文教學的現況總是抱著一知半解的態度，了解學生的語文能力日漸低落，也了解學習外來語和鄉土語所帶來的衝擊和造成的影響。不過，經過這八章寫作的洗禮後，讓我更清楚知道所有教育發生問題，並非都是錯誤的決定和政策所造成的，有時會因為大環境的改變和時代進步太快所導致，或者就是教學方法無法跟上新潮流教學。以往值得學習的東西被淡化其學習價值，像作文就是很明顯的例子，因應考試政策而重新定位作文學習方向也是美事一件。希望經過這八章的研究探討所產生的結果能對現今語文教育的狀況有所貢獻；同時也對現今的語文教育政策提供個人的看法，並提出建議供教育單位參考。

　　從本研究所談到幾個教育改革的重大議題，如九年一貫的教育政策、開放民編本教科書、一綱多本的現象等等問題，以談論這些重大議題點出對語文教育的影響和實施政策後所衍生出的。以九年一貫政策來說，希望將國中小的基礎教育作一完整的連結，並列出每個學習階段需具備的能力。以語文學習階段而言，每項能力看起來都是相當實用和受用，但倘若要求學生達到能力指標的標準和學會課程內容，對學生造成不小的壓力，也讓備課的教師無所適從而徒增備課壓力。教科書的開放政策是教育改革必經的階段，也是進

步的一項重要改變，而教科書的選用落在教師身上，希望給予教師有選擇教材的自主權。鄧鈞文（2001）提到教師選用教科書的經驗和專業能力不足，教科書內容的評選並不容易，因此多數教師以明顯易見的教具作為評選教科書的主要依據。這樣的論述已經屬於常態，相當多的教師是以教具和簡單易懂的教材作為教學的教材，這對學生的學習來說，不盡然是件好事。以教科書如此重要的教材，實在不能輕忽整個選用的過程。黃政傑（2005）提到儘管學者專家對教科書的定義和性質眾說紛紜，但任何了解教育制度如何運作的人，都不可能低估教科書的重要性。透過本研究可以對於開放教科書的政策，有不同的看法和見解。

一綱多本的問題造成學生學習的影響也是相當深遠的，除了增加準備考試和經濟上的負擔外，對於多元化學習並未真正提供到多方面的學習內容，各家版本的內容雖不同，但還是可以從中發現有異曲同工之處。這是否意味大部分的出版商是以一家市佔率較大的出版商的出版品作為參考，而進行出版品的編輯，這都是一綱多本政策實施後可能發生的問題。

本研究從第一章緒論開始，以討論現行的語文教育制度上的缺失，包括九年一貫的關鍵政策、學生學習時數的減少、外來語文造成的學習問題等，將造成語文教育缺失的重大問題先點出。至於第二節，將把各章所運用的研究方法介紹清楚，並藉由解釋各個小節把問題帶出來，企盼將整篇論述的架構更清晰的呈現，而我也將針對各小節相關問題與制度現況作完整表達。第三節研究範圍和限制，這部分將會把討論範圍設定為國小語文科教育，由於語文教育本身範圍相當廣泛，我個人受限於教學經驗和時間不足，因此將研究範圍限定為國小的語文教育現階段的缺失提出來討論，盼能釐清問題並帶入爾後相關章節的討論裡。

　　第二章文獻探討的部分，我收集許多語文教育相關的論文、專書和期刊，期盼收集各個研究者的論著並討論其觀點，以第一節現行語文教育制度的檢討開始討論各家不同的說法，國小基礎教育分為七大領域，課程包括語文、健康與體育、社會、藝術與人文、數學、自然與生活科技及綜合活動等。其中語文領域分為本國語、英語和鄉土語。以現今的語文教育的現況討論出對學生的影響。第二節則是討論語文教學的現況，將九年一貫的課程綱要所規定的六種語文能力提出來討論，學生的本國語學習也大多依據這六種能力來設定教學目標和學習目標，至於是否真的以規定的能力就可以培養出學生真正的語文能力，仍需教育單位注重語文能力的養成並非一朝一夕，倘若只想利用上課的時間就要求學生必需備有這些語文能力，無形中是加重了課程的負擔和學生的學習壓力。以現今學生學習狀況帶入，並引用其他研究者精闢的言論加以驗證本研究的說法。第三節是現今語文教材的特色和缺失，此節與爾後要討論的第六章相關，在此節先將民編本的問題點出，並討論現行的語文教材的特色大多是較缺少文學性，而引用許多專家學者的言論一併討論。自從教科書開放之後，相關的研究一直不斷增加，不論是碩博士論文、教育學者的專書和論述、教改團體的意見和家長參與討論的文章不在少數，這表示這項政策對整個教育界所造成的影響是相當大的，不管是正面或負面的聲音都是值得我們加以討論和了解的。第四節鄉土語加入對本國語的影響，這也是九年一貫政策實施後對語文科學習的影響，這不只是本國語文學習時數減少的問題而已，更大的問題在鄉土語教學的學習效果不佳，表示增加語文學習的種類並沒有帶來更好的學習結果；相反地，以現今的鄉土語學習是很容易讓學生的學習造成混淆。如閩南語這樣一種特殊的語言，它基本上無特定文字也無特定發音的方式，倘若不是學生所處的家

庭環境以及從小到大接觸的環境和人都會說閩南語，否則只靠學校努力推動閩南語教學其效果是相當有限的。學習語言是需要接受長時期的足夠刺激，培養自然而然運用閩南語於生活上，這樣對整體閩南語的學習才會有所成長。像這樣的語言是需要有語言環境才能讓鄉土語教學的成效顯現出來；我想任何一種語言都是如此，都需要環境來培養，讓學生有運用的機會，最重要的是能開口說，這樣學習就算是成功一半。現今鄉土語教學欠缺的不只是時數、固定的文字和拼音系統，還有就是家庭環境的配合。第五節英語教學的崛起造成本國語文教學的影響，1998 年教育部公布「國民教育階段九年一貫課程總綱綱要」，將英語列入國民小學正式課程，並自2001 年起由國小五年級開始實施，此為我國英語教育初次由國中向下延伸至國小教育。因此，2001 年起五年級學生開始學習英語課程、2005 年起英語教學確定從三年級開始實施教學這兩項對語文教育上具有影響力的政策。英語學習風也是從這兩項政策陸續在小學語文教育發燒，所有家長、老師和學生無不卯足全力運用各種管道提升英語能力。自從英語成為語文科的一部分，就以強勢的姿態進入國小基礎教育裡，取得多方的關心和注重，也讓本國語文的學習時數和環境受到壓縮，造成這樣的情況，多半是家長的態度，認為語文學習不能輸在起跑點上，尤其是外語，將外來學習的重要性推到最高點，也形成重英語輕本國語教學的情形出現。我想不管學任何一種外來語都需要先把母語學好，對爾後外來語的學習才能事半功倍。雖有學者認為兩種語言一起學習並不會造成混淆現象，也有案例測試為證，但接受語文教育是所有全體學生，倘若只依個案就要全體學生也照辦，未免有失公平。語文教育是基礎教育的重要一環，必需要兼顧所有學生的需求才是。因此，不論幾年級學英

語都是會造成影響，如何將影響降到最低，應是教育單位和學校都
要努力的方向。

　　第三章語文教育史談到的是從 1949 年遷臺後，語文教育在臺
灣教育史發展的狀況，現行的國民小學課程標準歷經 1931 年、1936
年、1942 年、1948 年、1952 年、1962 年、1968 年及 1975 年等八
次修訂，而於 1993 年 9 月 20 日公布，並於 1996 學年度第一學期
起逐年實施。（陳弘昌，2004：6）並將大陸的語文教育史一併納入
一起討論。第二節談到語文教育上的重大轉變，自 1968 年政府實
施九年義務教育以來，國民小學課程標準經歷了 1968 年、1975 年、
1993 年、1995 年等四次修訂；不過，於 2000 年 9 月 3 日所公布的
國民中小學九年一貫課程暫行綱要改革卻有相當大程度的變動。九
年一貫課程暫行綱要要將以前的國語文和鄉土語言（閩南語、客家
語、原住民語）合併為本國語文，這樣使得原本的語文教學時數減
少，而需要教學的語言卻增加。在此節也談到部分教科書政策，政
府開始採用民間審定的教科書。所謂的教科書，為教材的一種，向
來是教師的「教」和學生的「學」所使用最廣泛且頻繁的工具，影
響初學者的認知、學習方向以及思考方式，更是政府藉以達成教育
目標的主要途徑之一。（陳淑華，2002：9）在此節也討論英語教
學的影響，我國在執行推動國小開始學習英語這項政策時，缺乏完
整的因應措施，包括師資、教材、甚至設備和整體環境營造不夠成
功所造成的。第三節語文科教學的改革與階段目標談到：（一）第
一階段：成立「國民中小學課程發展專案小組」（1997 年 4 月至 1998
年 9 月）。（二）第二階段：成立「國民中小學各學習領域綱要研修
小組」（1998 年 10 月至 1999 年 11 月）。（三）第三階段：成立「國
民中小學課程修訂審議委員會」（1999 年 12 月至 2002 年 8 月）。
此節主要討論九年一貫課程綱要制定後對語文教育上的影響，因為

這項政策是語文教育上一個相當重大的決策。語文科教學所面臨改革的狀況，就屬上一節談過的教科書開放民間審定本和英語教學向下延伸至三年級的問題，為九年一貫新課程實施之後語文科所面臨到改革後的狀況。此節的重點也談到語文科課程統整的問題，如何將語文科的各種能力進行統整和與其他學科能進行統整，讓語文科的學習又加重了負擔。第四節近年來語文教育上重大決策和施行談到，語文教育上重大決策就是 2005 年國小三年級開始學英語，以往是從五年級才開始學英語，而顯然地我國的語文教育對於英語學習的重視，不得不向下延伸至國小三年級就開始學外語。2002 年行政院宣布「六年國家計畫：挑戰 2008」，預計在十年內將英語列為準官方語，提升全民英語，規定公務人員參加英檢，英語環境建置等措施出列。教育部推動「e 世代人才培育計畫」，決定從 2005 年度提前至小三實施英語課程。

第四章第一節增加外來語和鄉土語時數問題談到，九年一貫課程的改革之後，對本國語文的教學時數幾乎減少一大半，而還要將鄉土語和英語一併納入語文科的學習領域時數，看似密集式的語文訓練課程，卻未將學生學習的個別差異納入考量。一般人同時要把兩種語言學好已經不容易，現在卻要求國小學生必須同時學好三種語言，並符合制定出的學習目標。倘若無法增加各語言的學習時數，就應調整各語文的學習時數比重。九年一貫實施以來，我們可以看見國中小學生的語文程度表現如何，不僅本國語文的能力低落、無法正確說出鄉土語發音（意思也不懂）、更遑論用英語作表達出具有國際觀的能力。整體語文的學習仍流於表面化，學到的層面太淺，無法作更深入的學習和探討。第二節接受的文化刺激不足的問題談到，以教學方面來說，教師是否可以將整個課文中所要表達的意念完整傳達外，能更深入發現新的解讀方法，學生對課文的

認識不再只是課文中的插圖與解說，還有更深層含意等著學生去了解。如果只是將課文讀至精熟卻無法更深層了解所蘊含的意義，語文的學習只停留在工具性而已，學生只是把語文這項工具磨得更亮，卻無更好的使用方法。語文的學習倘若只到工具性，未繼續往文學性和文化性這兩方面深耕，對於整個學習過程將會失去比知識更為重要的道理。至於鄉土語的教學部分是否能帶至學習臺灣文化的部分，想讓一個生長充斥國語環境的學童學會鄉土語言，首先要提供一個鄉土語言的環境。這也是現在學生在學習鄉土語所面臨到的困難之一。通常鄉土語不會被列為主要學科，也不會列入考試範圍，學生學習鄉土語的心態自然不會太積極，遇到一星期一次的課程，大多跟著帶唸就結束課程，真正花工夫去學習的並不多。倘若學生回家後，家庭環境又不是以鄉土語為溝通的環境，對於學習鄉土語的幫助實在不大。家庭環境是最好學習語言的環境，因為在最自然的環境下學習效果會更好。第三節課程多元的問題談到，近幾年有學者提出臺灣各級學生的語文程度嚴重低落，舉凡運用語文表達的任何考試，低落的程度令教育單位與家長憂心忡忡，原本是希望能多元學習多種語文以培養競爭力，不料不但原本本國語文的學習效果不彰，鄉土語和外來語的學習也不見其明顯的成效，真正的原因不只是時數不足的問題，本國語文的教學方法和內容也呈現不足的現象。這也是學生需要學習七大領域課程，語文科的學習份量又重，造成學習上的問題。第四節應用層面不夠廣的問題談到，語文這項學科是所有學科的基礎，所以從小打好基礎很重要，興趣的培養也相當重要。當學會一種語文之後，會有各種不同的應用方式來確認學好與否。可是臺灣的應用方式大多是以考試的方法來進行測試，考試領導教學一向是臺灣教育的重大特色，一旦讓學生認為是考試的方法來要求他們運用語文能力，通常會抹煞學習的興趣和

運用能力。學好一種語文本來就不是簡單的事，語文是一項工具，要將這項工具磨光、磨亮，都需要許多不同的練習方式來運用。

第五章語文科課程設計與統整的檢討談到，現行語文教材看似內容相當豐富，既要符合教育部所訂的綱要，也要將枯燥的語文科增添趣味性，有別於對語文的學習感到壓力和沉悶感。選用的文章也是儘量的精簡和改寫過，為了就是不要造成學生學習上的壓力。還有教師授課上的困難度增加，因為教師在準備語文科教學時，還要兼顧到九年一貫所制定的能力指標、自行訂定的教學目標，甚至還有出版社所提供的學習目標來作為備課的內容。還有教材僵化現象也會造成教學上的影響，語文科的學習走不出舊有的教條式學習法，教師還是只能依靠著教學指引上來引領學生學習，這豈不是走回頭路，也是有違九年一貫的精神與特色。要將語文科課程內容廣度加大，教師的意願和專業自主的想法一定要堅持，對於出版社所提供的出版品在選用上應用不同的角度去慎選，並能主動將具有創意性的語文出版品一併帶入課程，給予學生不同的學習刺激。第四節九年一貫制度本身的盲點談到，以行為目標為主要課程所依據的架構，就是九年一貫再三強調的分段能力指標，也是九年一貫課程精神相當引以為傲的特色。分段能力指標與國外所設定的行為目標本質基本上是相同的，一樣是採取目標模式，強調合理的課程設計要將教育目的特定化、明確化。能力取向的學習影響學生的學習甚鉅。

第六章語文教材的編審問題談到，以第一節制式語文科教材編選的僵化現象來說，以語文科教材來分類，語文科教科書是最主要的教學與學習教材。它不僅是學生學習的主要依據也是教師備課的重點；然而，先前相關章節所提到教科書依循九年一貫綱要所制定的能力指標來進行編選，編輯團隊為了配合教育部所制定的編選原

則。以已規範的規則規定教材，所有教科書要通過審核一定要符合編選原則，這表示教育單位還是沒有完全開放教科書民編本這項政策。第二節非制式或非制式教材和另類語文科教材沒有被選用的機會，提到出版商互相競爭下的結果，會形成一股主流的教科書選用標準，這樣的標準極有可能影響學校教師在進行評鑑哪間出版社的作品的觀感，這樣對許多具有特色的非制式教材和另類教材受到關注的程度被減少，因為教師會選用教材的主要原則還是考慮教學上是否達到便利性和是否符合教學目標的出版品。一旦規定標準就無法讓其他優質的非制式教材和另類教材有得以被選用的機會，這是開放教科書制度的疏漏之處。第三節開放審定本的自由度不夠，提到民間出版商的出版品還是要經過國家教育行政單位根據課程標準和課程綱要來審核，通過之後，再由學校自行選用；然而，既然已經開放民編本進入教科書市場，還需要通過課程標準和綱要的審核，才得以有被選用的機會，倘若有許多優質的教科書沒有通過課程標準和綱要，仍不能進入學校供教師選擇，而成為遺珠之憾。審定制度自由度不夠已是不爭的事實；然而，缺乏彈性的審定制度並不會依情況的不同而調整制度審定的標準，這是由臺灣的教育單位進行審定的，所以只有一套審定標準，因此這套審定制度就用在所有版本的教科書上。第四節一綱多本影響教學，提到一綱多本執行之後，衍生出種種的問題，尤其是教師的教學最是嚴重的問題。原本是希望學生多元化學習，反而增加教師備課的困擾，教學上情況難以預測，要同時兼顧到一綱多本的教育政策，對於某些學習弱勢的學生的受教權會有影響。江惜美（2005）提到一個小學生要學好七大領域，許多學科未曾作好分齡的提供教材，而就要學生遇到一個主題擴充學習各行各業的專精知識，不僅耗時、且無益。一綱多本更充填太多雷同的知識，使得學生無法將所學深化，反倒點到為

止，這樣的學習怎會有效率？以學生的學習需求為最主要考慮的因素，一綱多本已經讓學生的學習造成負擔，且徹底減少學習的興趣。

第七章語文科教學的更新難題談到，語文科的教學法目前並沒有一套完整的系統，它不像英語教學法一樣，可以針對不同的學習內容，有固定的教學法可供使用。國內對語文科教學的相關論述仍停留在個案研究的探討，並未真的有一套特別針對聽、說、讀和寫的能力培養的教學法，大多還是得仰賴教師過去的教學經驗和先前相關章節提到的搭配教科書的教學指引。教學指引裡都是以教學活動安排（或稱為教學活動提示）的篇幅最大，由於是呈現主要課文內容，因此不論哪一種版本的教學指引都會以教學活動安排為主要設計的重點。閱讀教學者所需要具備的廣博的語文經驗以及創新文化的洞見和實踐願力等條件，得部分表現在閱讀教學的教材選擇上。注音符號教學是識字教學的基礎，所以注音符號的教學成效會影響到學生識字的學習。寫作教學是在語文科教學法中佔有相當重要的份量，它是集所有教學法的大成，也是讓學生最後將所學到的語文知識化為文字來展現語文學習成果的關鍵。寫作教學需有創意才能寫出好作品，創意寫作：由無中生有憑自身想像出來的作品，由自己撰寫不依靠他人的點子；而製造差異，則是與眾不同，走出自己的風格。

第八章語文教育相關缺失的改善途徑及其推廣應用，此章針對從第四章的語文教育上的缺失提供建議，以便能改善現況。第一節建議制度需鬆綁，能賦予彈性。第二節以（一）以人為出發的主體性；（二）以所在環境的主體性；（三）以所隸屬文化的主體性這三個面向強調語文教育教材的主體性。第三節語文科教材編審的「創意」性開放，提及非制式教材還有包括基進性的另類教材，尤其選擇超越既有寫作規範所呈現出的作品，更可以看出何謂好作品和值

得一再咀嚼的佳作。這樣的選用標準在教材市場還是屬於罕見的方式，如何在制式教材、非制式教材和另類的教材中，取得平衡並截長補短地擇優讓學生能擁有真正具有創意的教材，是一大考驗。第四節語文科教學法的「後設翻新」取徑，以討論現今語文教學現況，提出教學過程都以教學活動安排為主要教學模式，應注重其教學內容，並運用現象學、心理學和社會學方法為例，提供教師新的教學新思維，對整體語文教學法有所幫助。第五節新思維在國小語文基礎的奠定與市場推廣，藉由已談過語文科的新思維和想法也能提供給其他學科作參考，首先就是要了解到底學生的需求和現今的教育狀況能給予學生學習到什麼，希望能打破只有學校才可以學習語文這樣的舊思維，讓語文教育能將教育產業塑造出不一樣的局面，也可以開拓各式各樣以語文為主要學習場域，豐富整個語文教育界。

第二節　未來研究的展望

本研究所探討的面向頗大，以後倘若有機會，我會依照每章節都再作詳細的研究，收集更多國內著名學者和專家的意見，一併再納入討論，期盼本研究能延伸至日後許多研究的參考資料。我希望有機會進入教學場域能將本研究所討論到的要點應用至教學上，能讓本研究的論點得到驗證，而非空談缺乏實質參考依據。倘若以後有機會進行本研究的後續研究，必定要讓實證研究的結果一併納入，克服本研究的限制。由於我本身並未在教學場域進行實證研究，所以希望有機會可以進行個案研究或質性的行動研究，將所得的結果一併呈現，能強化本研究所討論的要點。本研究的每一小節也都可以擴充為短篇論文或學位論文，倘若有心為語文教育盡一份心力的人士，也能一起加入研究的行列，一同切磋和探討。最後，

更衷心盼望，本研究的研究理念和看法也能讓正在進行改革時期的其他學科，以供參考。

以語文教育的發展現況，所受到的重視程度遠不及外來語教學。以本國語來說，幾乎沒有一套完整的教學方法可派得上用場，教師教本國語的壓力可想而知。以現今參考書所列的教學法很多還是參考國外的教學法書籍，都可找到雷同之處；教學方式或許有重疊的部分，但本國語的教學特色一直無法讓人印象深刻。倘若以後有機會繼續研究語文教育的議題，希望有教學場域可供實驗和觀察學生的學習狀態，還能訪談到數位資深和資歷較淺的教師，談談他們的教學觀和經驗談，也可以將他們的訪談過程和結果作成實驗組和對照組的模式來比較。有豐富經驗的教師和較資淺的教師對於語文教育教學的部分的看法為何，是否有何建議可以供教育單位參考採用。我想這些都是對以後學生接受基礎教育時會有相當大的幫助；尤其是像語文教育這樣重要的課程，有很多專家學者都認為語文教育是所有教育的基礎，大力宣導其重要性，以挽救日益低落的語文能力。但這方面的研究卻鮮少見到針對政策、教材、編審制度和教學法的全盤研究，大多是以單方面能力為主要討論的重點，像閱讀、寫作和聆聽說話能力部分的論述頗多。我希望能持續進行研究下去，將所研究的範圍再分割為若干子題，加以仔細研究。盼望未來的研究結果能為國內的語文教育提供新的看法，也能將其缺失部分儘量補齊，真正能為學生的語文學習把關，而真正達到提升學生的語文能力的目的。

參考文獻

一、中文部分

王海山主編（1998），《科學方法百科》，臺北：恩楷。

王素芸（2004），〈從教科書編審制度變遷看臺灣教育改革〉，《國立編譯館館刊》，32，4-14。

王基西（2002），〈談語文教育的目標〉，《中國語文》，542，4-5。

王基西（2003），〈論當前語文政策〉，《中國語文》，556，4-5。

王基倫（1998），〈開放革新——現階段臺灣地區小學國語語文教育政策之省思〉，載於《優質教育中文教育新趨勢》，香港：香港大學課程學系。

中國民國課程與教學學會主編（1999），《九年一貫課程之展望》，臺北：揚智。

中國民國課程與教學學會主編（2000），《課程統整與教學》，臺北：揚智。

方永泉（2001），〈九年一貫課程與教師行動研究〉，載於《教育改革的微觀工程——小班教學與九年一貫課程》，高雄：復文。

司琦（1990），〈近三十年來我國國民教育課程之演進〉，載於《教育資料集刊第五輯》，臺北：國立教育資料館。

朱紹菱（2007），《提升鄉土語言教學成效之行動研究》，國立東華大學教育研究所碩士論文，未出版。

吳京、楊蕙菁（1999），《吳京教改心》，臺北：天下遠見。

吳心怡（2003），《國小教師教科用書使用情形之個案研究》，國立臺北師範學院課程與教學所碩士論文，未出版。

吳正牧（1992），《我國中小學教科書供應品質研究》，臺北：臺灣書店。

吳宗立、陳惠萍（2005），〈國民小學教師閩南語教學態度之研究〉，《國民教育研究集刊》，13，209-229。

吳明雄（2002），〈九年一貫課程架構下實施英語教學之我見〉，《南投文教》，16，54-58。

吳俊憲（2001），《九年一貫課程社會領域教科書發展之研究》，國立臺灣師範大學教育研究所碩士論文，未出版。

吳根明（1988），《批評理論與教育》，臺北：師大書苑。

吳敏而（1998），《語文學習百分百》，臺北：天衛。

吳歆嬘（2007），〈母語好，外語才會好——幼兒英語教學的省思〉，《幼教資訊》，199，61-62。

吳履平（2001），《20世紀中國中小學課程標準‧教學大綱彙編：語文卷》，北京：人民教育。

吳耀明（2004），〈現代課程語言的分析與省思〉，《師友月刊》，444，38-40。

杜文偉（1994），《小學語文教學的理論與實踐》，北京：廣東高等教育。

呂宗昕（2007），《教出學習力》，臺北：天下。

李換（2005），〈教育現場寫真〉，《文訊》，239，89-91。

李世中（1998），〈語文教育中的文化課程〉，載於《優質教育中文教育新趨勢》，香港：香港大學課程學系。

李杏保、顧黃初（1997），《中國現代語文教育史》，成都：四川教育。

李昀華（2006），《臺灣與大陸國民小學1~3年級國語文課程教學策略比較分析》，私立銘傳大學教育所在職專班碩士論文，未出版。

李金燕（2004），《九年一貫語文課程第一階段教科書識字教材研究》，國立市立臺北教育大學應用語言所碩士論文，未出版。

李雅惠（2005），〈如何在國小英語教學中埋下英語讀、寫的種子〉，《教師之友》，46（1），51-55。

李運博譯（2005），藤枝晃著，《漢字的文化史》，香港：中華。

李漢偉（1996），《國小語文科教學探索》。高雄：麗文。

李瑞騰（2005），〈永續經營語文教育：專訪臺北市教育局長吳清基局長〉，《文訊》，239，110-114。

李麗娥（2003），《國民小學國語科教科書選用之行動研究——以新新國小為例》，國立新竹師範學院課程與教學所碩士論文，未出版。

江文瑜（1995），《體檢國小教科書》，臺北：前衛。

江侑蓮（2005a），〈保有華語優勢，全面推動閱讀「國小語文教育現況探討」座談會記錄：訪臺北市南港國小輔導室組長許育健組長〉，《文訊》，239，100-109。

江侑蓮（2005b），〈保有華語優勢，全面推動閱讀「國小語文教育現況探討」座談會記錄：訪國立臺北教育大學林于弘副教授〉，《文訊》，239，100-109。

江惜美（2005），〈國小至國中語文教育一貫性探討〉，《文訊》，239，26-29。

江惜美（2006），〈我國整體語文教育政策與執行現況——兼談國語文能力檢定〉，《文訊》，248，62-65。

何三本（2002），《九年一貫語文教育理論與實務》，臺北：五南。

何琦瑜、林玉珮（2007），《教出英語力》，臺北：天下。

林文虎（2005），〈語文學習，今日大不同〉，《文訊》，239，85-88。

林于弘（2003），〈國語第一冊生字選用原則與實踐——以審定版與九年一貫版為研究對象〉，《臺北師院語文集刊》，8，143-166。

林于弘（2004），〈九年一貫課程暫行與正式綱要之國語文分段能力指標之比較〉，《人文及社會學科教學通訊》，14（6），23-39。

林于弘（2005），〈九年一貫國語首冊內容暨結構評述〉，《國教世紀》，215，84-94。

林公欽（2001），〈九年一貫學習領域之教師任務〉，《美育》，124，62-63。

林文翰（1976），《國語科教學研究》，臺北：商務。

林男勝（2007），《相互教學法對不同理解能力之國小六年級學童在閱讀策略運用與閱讀理解之影響》，國立屏東教育大學教育心理與輔導學所碩士論文，未出版。

林武憲（2004），〈我們對多元語文教育應有的認識與素養〉，《教師天地》，131，8-14。

林佩璇（2002），〈課程統整在九年一貫課程革新中的理念與實踐〉，《課程與教學》，10（4），99-119。

林政逸（2003），《國民小學英語教育政策執行影響因素及實施現況之研究》，國立臺中教育大學國民教育所碩士論文，未出版。

林柔蘭（2002），《表演藝術融入語文教學之行動研究》，國立嘉義大學國民教育研究所碩士論文，未出版。

林倫全（2005），《國民中小學教科書市場變遷及廠商競爭態勢之預測》，私立南華大學出版事業管理研究所碩士論文，未出版。

林國樑（2001），〈編審教科用書的故事——以小學國語科為例〉，《國立編譯館》，14（3），23-32。

林煥彰編（1980），《童詩百首》，臺北：爾雅。

林智中（2002），〈課程統整真的比分科課程好嗎？〉，《課程與教學》，5（4），141-154。

林進材（2000），〈從課程改革論教師層面的課程實施——以九年一貫課程為例〉，載於《九年一貫課程從理論、政策到執行》，高雄：復文。

林殿傑（1999），〈九年一貫新課程政策之政策規畫與因應策略〉，《九年一貫課程系列研討會論文集》，臺北：國立臺北師範學院。

林瑞榮、楊智穎（2005），〈國小閩南語教科書評鑑之研究〉，《人文及社會學科教學通訊》，16（2），61-75。

林璧玉（2009），《創造性的場域寫作教學》，臺北：秀威。

沈惠芳（2005），〈語文課應該怎麼上？〉，《文訊》，239，78-80。

周有光（2003），《世界文字發展史》，上海：上海教育。

周祝瑛（2006），〈加強國語文教育刻不容緩〉，《師友月刊》，464，34-35。

周珮珊（2004），《九年一貫課程國小國語教科書故事類課文之分析研究》，國立臺中教育大學語文教育所碩士論文，未出版。

周珮儀（2003），《課程統整》，高雄：復文。

周珮儀（2001），〈課程統整的理念與實施〉，《屏師學報》，14（上），397-436。

周珮儀（2003），〈教科書的意識型態批判途徑〉，《教育研究月刊》，106，132-142。

周淑卿（2000），〈九年一貫課程之課程統整設計與問題探討〉，載於《九年一貫課程從理論、政策到執行》，高雄：復文。

周淑卿（2003），〈今是昨非，抑或昨是今非？教科書一綱多本爭議之分析〉，《國立編譯館館刊》，31，12-21。

周慶元（1999），《語文教學設計論》，北京：廣西教育。

周慶華（2001），《作文指導》，臺北：五南。

周慶華（2004a），《語文研究法》，臺北：洪葉。

周慶華（2004b），《創造性寫作教學》，臺北：萬卷樓。

周慶華（2007），《語文教學方法》，臺北：里仁。

周慶華（2008），《從通識教育到語文教育》，臺北：秀威。

邱玉玲（2000），〈談九年一貫課程學校應有的作為〉，《屏縣教育季刊》，創刊號，21-25。

邱燮友（2005），〈通識教育迎向全人教育的方向〉，《中國語文》，583，4-5。

姚一葦（1985），《藝術的奧秘》，臺北：開明。

施玉惠、朱惠美（1999），〈國小英語課程之精神與特色〉，教育部主辦、國立臺灣師大英語系承辦「國小英語師資培訓研討會」論文，臺北。

柯華葳（2007），《教出閱讀力》，臺北：天下。

高一菁（2001），〈談「課程統整」——以國民教育九年一貫課程為例：專訪淡江大學教育學院院長黃炳煌教授〉，《教育研究月刊》，85，4-7。

高新建（2001），〈發展以基本能力及能力指標為本的統整課程〉，載於《課程統整與教學》，臺北：揚智。

高強華主編（2000），《九年一貫課程革新論文集》，臺北：臺灣師大。

卿美玉（2005），〈坊間作文面面觀〉，《文訊》，239，95-99。

徐靜嫻（2000），〈課程統整的另類思維：談後設課程的統整〉，載於「課程統整與教學」，臺北：揚智。

涂勝勇（2008），《國小學生對國語教科書使用滿意度之研究——以桃竹苗四縣市為例》，國立新竹教育大學教育所碩士論文，未出版。

張文軍（1998），《後現代教育》，臺北：揚智。

張玉玲（1999），〈互動式英語教學〉，《敦煌英語雜誌》，15，26-28。

張芳全（2007），〈一綱多本的問題與對策〉，《教師天地》，特刊，61-73。

張容敏（2007），《國小國語教科書內容分析研究——以第二學習階段為例》，國立嘉義大學國民教育所碩士班碩士論文，未出版。

張惠貞（2007），〈臺灣閩南語教學概論〉，《中國語文》，596，43-45。

張新仁（1992），《寫作教學研究：認知心理學取向》，高雄：復文。

張隆華（1991），《中國語文教育史綱》，長沙：湖南師範。

張淵菘（2005），《國民小學教科書自由化之政策網絡研究》，私立逢甲大學公共政策所碩士論文，未出版。

陳木城（2000），〈臺灣地區教科書發展的回顧與前瞻〉，載於《教科書制度研討會資料集》，臺北：中華民國教材發展學會。

陳木城（2005），〈臺灣語文教育的危機思考〉，《文訊》，239，37-40。

陳弘昌（2004），《國小語文科教學研究》，臺北：五南。

陳伯璋（1988），《意識型態與教育》，臺北：師大書苑。

陳伯璋（1999），〈九年一貫課程理念與倫理分析〉，國立臺北師範學院、中華民國教材發展學會主辦「九年一貫課程發展系列研討會」論文。

陳怡芬（2004），《國小教師對國語科教科書選用因素與使用滿意度之研究》，國立屏東師範學院國民教育所碩士論文，未出版。

陳昌維（2002），《國民中小學九年一貫國語文學習領域暫行綱要決策過程之研究》，國立臺北教育大學課程與教學所碩士論文，未出版。

陳清溪（2005），〈升學考試科目不宜實施一綱多本教科書〉，《研習資訊》，22（3），7-17。

陳淳麗（2001），〈國小英語師資訓練手冊〉，臺北：師德企管顧問。

陳新轉（2001）〈九年一貫課程統整之特性〉，《竹縣文教》，23，36-47。

陳淑華（2002），《國小教科書開放審定版後衍生問題及爭議之探討——法律面與經濟面之分析》，國立交通大學經營管理所碩士論文，未出版。

陳義助（2000），〈與從事鄉土語言教學的老師們分享幾個觀點〉，《研習資訊》，7（2），10-19。

陳龍安（1996），〈國語科創造思考教學〉，載於《國語科教學法》，臺北：師大書苑。

陳龍安（2006），《創造思考教學的理論與實際》，臺北：心理。

馮永敏（2001），〈試論九年一貫《國語文課程綱要》內涵與特色〉，《應用語文學報》，3，167-186。

馮永敏（2005），〈臺灣中小學國語文授課時數與其他國家之比較〉，《文訊》，239，53-60。

教育部（1952），《國民學校課程標準》，臺北：正中。

教育部（1962），《國民學校課程標準》，臺北：正中。

教育部（1968），《國民小學暫行課程標準》，臺北：正中。

教育部（1975），《國民小學課程標準》，臺北：正中。

教育部（1993），《國民小學課程標準》，臺北：正中。

教育部（1998），《國民教育階段九年一貫課程總綱綱要》，臺北：教育部。

教育部（2000），《九年一貫課程的教與學》，臺北：教育部。

教育部（2003a），《國民中小學九年一貫課程綱要語文學習領域》，臺北：教育部。

教育部（2003b），《教學創新九年一貫課程問題與解答 2003 編修版》，臺北：教育部。

教育部（2008a），〈九年一貫「領域學習節數」與「彈性學習節數」分配表〉，網址：http://teach.eje.edu.tw/9CC/context/97-01-6.html，檢索日期：2008.12.20。

教育部（2008b），〈本國語文主要的課程目標和基本能力〉，網址：http://teach.eje.edu.tw/9CC/context/97-03-1.html，檢索日期：2008.12.20。

教育部（2008c），〈閩南語文主要的課程目標和基本能力〉，網址：http://teach.eje.edu.tw/9CC/context/03-1-2.html，檢索日期：2008.12.20。

教育部（2008d），〈英語課程的能力指標〉，網址：http://teach.eje.edu.tw/9CC/context/03-1-5.html，檢索日期：2008.12.20。

教育部（2008e），〈語文學習領域階段〉，網址：http://teach.eje.edu.tw/9CC/context/97-01-5.html，檢索日期：2008.12.20。

教育部（2008f），〈國民中小學暫行課程綱要與現行國民中小學課程標準之比較一覽表〉，網址：http://teach.eje.edu.tw/9CC/context/01-8.html，檢索日期：2008.12.20。

曹素香（1987），〈在兒童英語教學之我見〉，《國民教育》，28：4-5。

許德便（2007），〈九年一貫課程理論與實際問題探討〉，《菁莪季刊》，19（3），13-27。

許瓊文（2003），《國小國語教科書童話類課文研究》，國立臺東大學兒童文學所碩士論文，未出版。

國立臺南師院主編（2000），《九年一貫課程從理論、政策到執行》，高雄：復文。

國立暨南國際大學主編（2001），《教育改革的微觀工程小班教學與九年一貫》，高雄：復文。

單文經、陳美如譯（2000），James A. Beane 著，《課程統整》，臺北：學富。

黃光雄（1999），《課程與教學》，臺北：師大書苑。

黃光雄主編（2000），《教學理論》，高雄：復文。

黃志生（2002），《九年一貫國小教科書行銷策略研究》，私立南華大學出版事業管理所碩士論文，未出版。

黃志成（1997），《國民小學教科書選用方案之研究》，國立花蓮師範學院國民教育所碩士論文，未出版。

黃怡瑾（2001），〈兩性平等教育與九年一貫課程改革〉，載於《九年一貫課程新思維》，臺南：翰林。

黃秋芳（2005），〈作文教學的堅持與可能〉，《文訊》，239，81-84。

黃振球（1989），〈學校如何遴選教科書〉，載於《各國教科書比較研究》，臺北：臺灣書店。

黃郁紋（2003），《國民小學一年級國語教科書家庭概念之內容分析》，國立臺中教育大學國民教育所碩士論文，未出版。

黃政傑（1994），《課程教學之變革》，臺北：師大書苑。

黃政傑（1995），〈教科書的誤用與正用〉，載於《多元社會課程取向》，臺北：師大書苑。

黃政傑（1997），《課程改革的理念與實踐》，臺北：漢文。

黃政傑、張嘉育（1997），〈多元文化教育的問題與展望〉，《當前語文學習問題研討會會前論文集》，臺北：國立臺灣大學語言學研究所，

黃政傑（2003），《課程設計》，臺北：東華。

黃嘉雄（2002），《九年一貫課程改革的省思與實踐》，臺北：心理。

黃譯瑩（1998），〈課程統整之意義探究與模式建構〉，《人文及社會學科教學通訊》，8（4），616-633。

游光銳（2003），《九年一貫國小英語課程之政策分析》，國立交通大學教育研究所碩士論文，未出版。

游家政（1999），〈課程統整的概念及其行動研究〉，《花師院刊》，29，19。

游家政（2001），〈選你所愛九年一貫教科書〉，《教育研究月刊》，86，11-15。

游家政（2002），《課程革新》，臺北：師大書苑。

曾濟群（1989），〈我國編譯館之功能探討〉，載於《各國教科書比較》，臺北：臺灣書店。

楊秀芳（1997），〈閩南語文字化問題〉，《當前語文學習問題研討會會前論文集》，臺北：國立臺灣大學語言學所。

楊昭瑾（2005.6.30），〈課文錯誤一籮筐，誰為品質把關〉，《國語日報》，13版，臺北。

楊國揚（2009），〈教科書制度與政策改革〉，網址：http://Documents and Settings\教育2_0七區聯絡網-文章楊國揚.html，檢索日期：2009年5月11日。

楊智穎（2003），《國民小學鄉土語言課程實施之研究——三所國民小學為例》，臺灣師範大學教育研究所博士論文，未出版。

楊慧文（1999a），《大陸義務教育教材之研究——小學語文教科書分析》，高雄：復文。

楊慧文（1999b），〈海峽兩岸教科書審查及選用制度之比較〉，《國民教育》，39（3），73-78。

楊聰榮（2007），《教出英語力》，臺北：天下。

楊龍立（2005），〈臺灣教科書一綱一本到多綱多本的發展〉，《研習資訊》，22（3），37-42。

詹志禹、吳璧純（1995），〈教科書開放政策的挑戰與因應〉，《國立編譯館通訊》，8（4），15-20。

董忠司（1997），〈臺灣閩南語母語教學之教材編選〉，《當前語文學習問題研討會會前論文集》，臺北：國立臺灣大學語言學所。

鄒敦怜（2005），〈語文教育的希望工程〉，《文訊》，239，74-77。

甄曉蘭（2002），《中小學課程改革與教學革新》，臺北：高等教育。

廖春文（2001），《九年一貫統整課程——理念與設計實例》，臺北：五南。

廖春文（2002），《九年一貫新興議題——題統整課程設計實務》，臺北：師大書苑。

廖曉青（2006），《兒童英語教學》，臺北：五南。

趙鏡中（2000），〈以語文能力為中心的教與學〉，載於《九年一貫課程的教與學》，臺北：臺灣省國民學校教師研習會編印。

閻立欽（1998），〈我國語文教育與近代以來社會變遷的關係及啟示〉，載於《優質教育中文教育新趨勢》，香港：香港大學課程學系。

蔡尚志（2001），〈期待一套切合時空的國小國語課本〉，《臺灣歷史學會通訊》，12，21-23。

蔡婉君（2005），《兩岸現行小學國語文課程綱要之比較》，國立臺北教育大學課程與教學所碩士論文，未出版。

劉佳玟（2007），《創造思考作文教學法對國小五年級學童在寫作動機及寫作表現上的影響》，國立屏東教育大學教育科技所碩士論文，未出版。

劉祐彰（2001），〈多元族群的了解與對話——九年一貫鄉土語言課程的困境與解解決之道〉，《師友月刊》，403，24-29。

劉漢初（2005），〈以大量閱讀增進語文能力〉，《文訊》，239，34-36。

劉琴惠（2005），〈國小英語教學心得省思〉，《南投文教》，22，115-116。

劉福鎔（1998），〈落實鄉土教學——談鄉土語言教學的規畫與實施〉，《國教輔導》，37（4），28-30。

鄭美芝（2003），《國民小學低年級注音符號能力診斷測驗與補救教學效益之探討》，國立臺南師範學院國民教育所碩士論文，未出版。

鄭新輝（2000），〈從行政觀點探究如何落實「九年一貫課程」的因應之道——以臺南市為例〉，載於《九年一貫課程從理論、政策到執行》，高雄：復文。

鄭雅靜（2003），《國小國語教科書文體研究》，國立嘉義大學國民教育所碩士論文，未出版。

鄭麗玉（2000），《認知與教學》，臺北：五南。

鄧鈞文（2001），《臺灣地區國民小學教科書市場機制運作之研究》，國立政治大學教育研究所博士論文，未出版。

翰林版（2006），《國民小學教學指引五年級下學期》，臺北：翰林。

歐用生（1996），《課程與教學革新》，臺北：師大書苑。

歐用生（1999），〈從課程統整的概念評九年一貫課程〉，《教育研究資訊》，7（1），22-32。

歐用生（2000），〈九年一貫課程之「潛在課程」評析〉，載於《九年一貫課程革新論文集》，臺北：師大書苑。

歐用生（2003），〈教科書評鑑與選擇——政治、經濟的分析〉，載於《歐用生教授教科書之旅》，臺北：中華民國教材研究發展學會。

賴盈君（2000），〈全語理念在小學國語課實施情形之探討〉，《國教輔導》，39（5），15-21。

鍾啟泉譯（1995），佐藤正夫著，《教學論》，臺北：五南。

鍾樹橡、許淑燕（2005），〈當前英語教學的迷思與因應對策——小組合作與資訊科技的應用〉，《教師之友》，46（3），57-64。

鍾德馨（2002），〈從九年一貫課程看「課程統整與統整課程」〉，《教育文粹》，31，28-32。

簡宏江（2004），〈九年一貫課程政策的執行困境與對策：政策設計觀點〉，《教育政策論壇》，7（1），19-39。

戴振浩（2005），〈國民小學語文教學的探討〉，《文訊》，239，49-52。

戴維揚（1999），國民小學英語科教材教法，臺北：文鶴。

蕭梅香、江淑君（2003），〈英語教學經驗談〉，《南投文教》，19，70-71。

謝象賢（1997），《語文教育學》，杭州：浙江教育。

顏慶祥（2000），〈九年一貫課程改革的主軸與問題〉，《屏縣教育季刊》，1，7-11。

魏宗明（2002），〈學科知識及其在課程統整的意涵〉，《朝陽學報》，7（1），143-158。

魏曼伊（2000），《大陸小學語文教科書之政治意識型態分析研究》，國立屏東師範學院國民教育研究所碩士論文，未出版。

羅天伶（2007），《教師混沌理論觀之研究——從教科書「一綱多本」政策探討》，國立臺北教育大學課程與教學研究所碩士論文，未出版。

羅秋昭（2004），《國小語文科教材教法》，臺北：五南。

羅秋昭（2005），〈國小語文教育現況與教材分析〉，《文訊》，239，41-48。

羅秋昭（2000），〈面向新的語文學習——談九年一貫課程語文教材的趨勢〉，《臺北師院語文集刊》，5，113-130。

蘇永明（2000），〈九年一貫課程的哲學分析——以「實用能力」的概念為核心〉，載於《九年一貫課程從理論、政策到執行》，高雄：復文。

蘇進棻（2005），〈對國民教育階段「一綱多本教科書」衍生問題的幾點建議〉，《研習資訊》，22（3），63-70。

二、英文部分

Beane, J.A, （1991）, The middle school: the natural home of integrated curriculum, Educational Leadership, 49（1）, 9-13.

Beane, J.A, （1997）, *Curriculum integration：Designing the core of democratic education,* New York: Teacher college, Columbia University.

Elliott, J.（1991）, *Action research for educational change*. Milton Keynes, UK：Open University.

Fathman.A（1975）, The relationship between age and second language productive ability, Language Learning，25（2），245-253.

Hofer，B.K,（2001）, Personal epistemology research：Implications for learning and instruction, Educational Psychology Review, 13（4），353-382.

McLaughlin, B,（1978）, *Second language acquisition in childhood,* New York: Lawrence Erlbaum.

國家圖書館出版品預行編目

現行國小語文教育的缺失與改善途徑 / 石國鈺
著. -- 一版. -- 臺北市：秀威資訊科技, 2009.11
　面；　　公分. -- (社會科學類；AF0118)
(東大學術；13)
BOD 版
參考書目：面
ISBN 978-986-221-307-0 (平裝)

1.語文教學　2.九年一貫課程

523.31　　　　　　　　　　　　98017606

社會科學類　　AF0118

東大學術⑬

現行國小語文教育的缺失與改善途徑

作　　者 / 石國鈺
發 行 人 / 宋政坤
執行編輯 / 胡珮蘭
圖文排版 / 黃莉珊
封面設計 / 蕭玉蘋
數位轉譯 / 徐真玉　沈裕閔
圖書銷售 / 林怡君
法律顧問 / 毛國樑　律師
出版印製 / 秀威資訊科技股份有限公司
　　　　　台北市內湖區瑞光路 583 巷 25 號 1 樓
　　　　　電話：02-2657-9211　　　傳真：02-2657-9106
　　　　　E-mail：service@showwe.com.tw
經 銷 商 / 紅螞蟻圖書有限公司
　　　　　台北市內湖區舊宗路二段 121 巷 28、32 號 4 樓
　　　　　電話：02-2795-3656　　　傳真：02-2795-4100
　　　　　http://www.e-redant.com

2009 年 11 月 BOD 一版
定價：310 元

讀 者 回 函 卡

感謝您購買本書,為提升服務品質,煩請填寫以下問卷,收到您的寶貴意見後,我們會仔細收藏記錄並回贈紀念品,謝謝!

1. 您購買的書名:＿＿＿＿＿＿＿＿＿＿＿＿＿＿＿＿＿＿＿

2. 您從何得知本書的消息?

　　□網路書店　□部落格　□資料庫搜尋　□書訊　□電子報　□書店

　　□平面媒體　□ 朋友推薦　□網站推薦 □其他＿＿＿＿＿＿

3. 您對本書的評價:(請填代號　1.非常滿意 2.滿意 3.尚可 4.再改進)

　　封面設計＿＿　版面編排＿＿　內容＿＿　文/譯筆＿＿　價格＿＿

4. 讀完書後您覺得:

　　□很有收獲　□有收獲　□收獲不多　□沒收獲

5. 您會推薦本書給朋友嗎?

　　□會　□不會,為什麼?＿＿＿＿＿＿＿＿＿＿＿＿＿＿＿＿＿

6. 其他寶貴的意見:＿＿＿＿＿＿＿＿＿＿＿＿＿＿＿＿＿＿＿＿

　　＿＿＿＿＿＿＿＿＿＿＿＿＿＿＿＿＿＿＿＿＿＿＿＿＿＿＿＿

　　＿＿＿＿＿＿＿＿＿＿＿＿＿＿＿＿＿＿＿＿＿＿＿＿＿＿＿＿

　　＿＿＿＿＿＿＿＿＿＿＿＿＿＿＿＿＿＿＿＿＿＿＿＿＿＿＿＿

讀者基本資料

姓名:＿＿＿＿＿＿＿＿＿＿　年齡:＿＿＿＿　性別:□女 □男

聯絡電話:＿＿＿＿＿＿＿＿　E-mail:＿＿＿＿＿＿＿＿＿＿

地址:＿＿＿＿＿＿＿＿＿＿＿＿＿＿＿＿＿＿＿＿＿＿＿＿＿

學歷:□高中(含)以下　　□高中　□專科學校　□大學

　　　□研究所(含)以上 □其他＿＿＿＿＿＿＿＿

職業:□製造業 □金融業 □資訊業 □軍警 □傳播業 □自由業

　　　□服務業 □公務員 □教職　□學生 □其他＿＿＿＿＿

(請沿線對摺寄回,謝謝!)

秀威與 BOD

BOD（Books On Demand）是數位出版的大趨勢，秀威資訊率先運用 POD 數位印刷設備來生產書籍，並提供作者全程數位出版服務，致使書籍產銷零庫存，知識傳承不絕版，目前已開闢以下書系：

一、BOD 學術著作—專業論述的閱讀延伸
二、BOD 個人著作—分享生命的心路歷程
三、BOD 旅遊著作—個人深度旅遊文學創作
四、BOD 大陸學者—大陸專業學者學術出版
五、POD 獨家經銷—數位產製的代發行書籍

BOD 秀威網路書店：www.showwe.com.tw
政府出版品網路書店：www.govbooks.com.tw

永不絕版的故事・自己寫・永不休止的音符・自己唱